GASTURA

CB061022

Copyright © 2023 de Fernando Machado
Todos os direitos desta edição reservados à Editora Labrador.

Coordenação editorial
Pamela Oliveira

Assistência editorial
Leticia Oliveira

Projeto gráfico, diagramação e capa
Amanda Chagas

Preparação de texto
Iracy Borges

Revisão
Lívia Lisbôa

Imagens da capa
Granger, NYC./Alamy/Fotoarena; PA Images/Alamy/Fotoarena; Eduardo DiBaia/AP Photo/Imageplus; Stringer/Reuters/Fotoarena; Museu Evita/Buenos Aires; Arquivo Nacional dos Países Baixos/Haia; Arquivo Nacional/RJ; NASA; Arquivo Público do Estado de São Paulo/SP.

Dados Internacionais de Catalogação na Publicação (CIP)
Jéssica de Oliveira Molinari - CRB-8/9852

Machado, Fernando
  Gastura / Fernando Machado. 2.ed. — São Paulo : Labrador, 2023.
  304 p.

  ISBN 978-65-5625-317-6

  1. Machado, Fernando – Memória autobiográfica I. Título

23-1429   CDD 920.8

Índice para catálogo sistemático:
1. Machado, Fernando – Memória autobiográfica

EDITORA
Labrador

Editora Labrador
Diretor editorial: Daniel Pinsky
Rua Dr. José Elias, 520 – Alto da Lapa
05083-030 – São Paulo – SP
+55 (11) 3641-7446
contato@editoralabrador.com.br
www.editoralabrador.com.br
facebook.com/editoralabrador
instagram.com/editoralabrador

A reprodução de qualquer parte desta obra é ilegal e configura uma apropriação indevida dos direitos intelectuais e patrimoniais do autor. A editora não é responsável pelo conteúdo deste livro. O autor conhece os fatos narrados, pelos quais é responsável, assim como se responsabiliza pelos juízos emitidos.

FERNANDO MACHADO

GASTURA

Editora Labrador

2ª EDIÇÃO

ÍNDICE

Chegada da televisão ao Brasil, **25**

•

Primórdios de Santana de Parnaíba, **30**

•

Construção de Brasília, **34**

•

Eleição de Jânio Quadros como Presidente do Brasil, **44**

•

Morte de John F. Kennedy, **46**

•

Bill Clinton e Monica Lewinsky, **49**

•

Execução de Caryl Chessman, **50**

•

Onde está o corpo de Dana de Teffé?, **51**

•

Primeiro voo espacial de Yuri Gagarin, **55**

•

A Guerra Fria e o Muro de Berlim, **58**

•

Copa do Mundo de Futebol no Chile, **59**

•

Renúncia de Jânio e posse de Jango como Presidente do Brasil, **63**

•

Deposição de Jango e o golpe militar no Brasil, **64**

•

Manifestações contra a Guerra do Vietnã, **70**

•

Movimento da Bossa Nova, **73**

•

Festival de Música Popular Brasileira, **75**

•

Columbofilia no Brasil, **78**

•

Jovem Guarda e O Fino da Bossa, **80**

•

Mandato do primeiro presidente militar chega ao final, **82**

•

Assassinatos de Martin Luther King e Robert Kennedy, **84**

•

Movimentos revolucionários, **86**

·

Primeiro transplante de coração no Brasil, **88**

·

A batalha da rua Maria Antônia, **92**

·

30º Congresso clandestino da UNE, **94**

·

Atentado contra Carlos Marighella, **97**

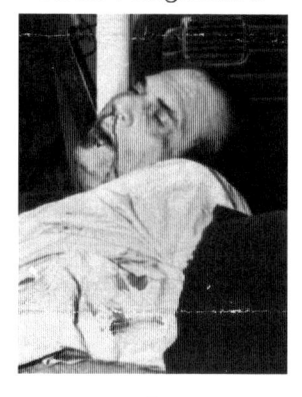

·

O Tropicalismo, **99**

·

Che Guevara, **101**

O primeiro homem a pisar na Lua, **106**

·

Festival de rock de Woodstock, **109**

·

Os "beatniks", os Beatles e os hippies, **109**

·

A seita "Família Manson", **110**

·

O sequestro do embaixador e a deportação de presos políticos, **112**

·

General Médici assume como Presidente do Brasil, **115**

·

Separação dos Beatles e as mortes de Jimi Hendrix e Janis Joplin, **125**

·

Copa do Mundo de Futebol no México/1970, **127**

·

Watergate e o "Fim" da Guerra do Vietnã, **129**

·

Morte de Leila Diniz e a tragédia de Orly, **133**

·

Deposição e morte de Salvador Allende, **139**

·

Yom Kippur, Ramadã e as guerras árabe--israelenses, **144**

·

A crise do petróleo, **148**

·

A volta do Peronismo / Evita Perón, **151**

Isabelita Perón e o golpe militar, **153**

Madres da Plaza de Mayo, **155**

Guerra das Malvinas e Fim da Ditadura Militar Argentina, **157**

A Copa do Mundo de Futebol na Alemanha/1974, **159**

Jogos Olímpicos de Munique, **160**

General Geisel assume como Presidente do Brasil, **161**

O "suicídio" de Vladimir Herzog e o assassinato de Lúcio Flávio, **161**

Morte de Juscelino Kubitschek, **164**

Assassinato de Ângela Diniz, **168**

Criação do Pró-Álcool, **174**

O desastre aéreo de Tenerife, **176**

Copa do Mundo de Futebol na Argentina, **179**

Morte de Elvis Presley, **183**

Suicídio coletivo na Guiana, **186**

Deposição do ditador iraniano Reza Pahlavi, **190**

Figueiredo assume como o novo presidente do Brasil, **193**

Margaret Thatcher, **196**

Trajetória do PT no Brasil, **207**

Garimpo de Serra Pelada, **210**

•

Lançamento da nave espacial Columbia, **213**

•

Atentado no Centro de Convenções Riocentro, **215**

•

Atentado contra o papa João Paulo II, **219**

•

Casamento da princesa Diana, **221**

•

Eclosão da "peste gay", **224**

•

Movimento "Diretas Já", **227**

•

Agonia e morte de Tancredo Neves, **229**

•

Posse de Sarney como presidente do Brasil, **231**

•

Copa do Mundo de Futebol no México/1986, **232**

•

O massacre na Praça da Paz Celestial e o declínio do mundo socialista, **240**

•

Collor e o confisco dos ativos bancários, **244**

•

Posse de Itamar Franco como Presidente do Brasil, **258**

•

Eleição e reeleição de FHC como Presidente do Brasil, **258**

•

Morte de Ayrton Senna, **259**

•

Copa do Mundo de Futebol nos Estados Unidos, **261**

•

Bug do Milênio, **280**

•

Freguesia do Ribeirão da Ilha, **288**

•

Ilê de Xangô, **292**

•

*Aos companheiros que, assim como eu,
conseguiram assimilar os "Doze Passos"
de Alcoólicos Anônimos.*

*Em especial:
Fizeram um minucioso e destemido
inventário moral de si mesmos (quarto passo).
Admitiram perante Deus, perante si mesmos
e perante outro ser humano, a natureza exata
de suas falhas (quinto passo).*

*E agora vivem uma vida normal
de construtiva sobriedade cotidiana.*

RASTREANDO AS PROFUNDEZAS DA MENTE

Que é gastura? A primeira vez que escutei essa palavra, há mais de quarenta anos, estava em Salvador, trabalhando. Foi dita por uma ingênua garota baiana que conheci ali.

— Que há com você?

— Estou com uma gastura.

— Que é gastura?

— Gastura é alguma coisa aqui — respondeu, com a mão no peito e com uma fisionomia aflita.

À época não atentei para o caso, mas por algum motivo a palavra perpetuou-se em minha memória. Recentemente, o episódio aflorou e lembrei-me do termo, quis saber o significado e resolvi pesquisar.

Desvendei que há muito tempo, segundo a datação do mais famoso dicionário brasileiro, o vocábulo "gastura" ganhou assento no léxico da língua portuguesa como um brasileirismo que tem parentesco com o verbo "gastar" e tem uma destacada riqueza semântica. A acepção mais comum aponta o sentido de sensação de mal-estar físico, que causa náuseas, comichão, arrepio e tontura pelos mais diversos motivos; esse elemento lexical remete também ao significado mais genérico: irritação nervosa, impaciência ou aflição.

As unidades vocabulares das duas acepções mencionadas constam dos dicionários que registram, ainda, os significados de pirose, sensação de vazio ou de bolo no estômago e desejo de mulher grávida. O melhor glossário da língua portuguesa entra em um terreno duvidoso ao relacionar o verbete a azia e vazio no estômago, remetendo ao berço da palavra o elemento "gastro".

Outra origem de "gastura", amplamente aceita pelos dicionaristas, é bem atípica, pois liga o substantivo ao verbo latino *"vastare"*, o mesmo do qual derivou o verbo "gastar". O elo perdido entre o gasto, o desgaste e a gastura pode ser encontrado em "agastar", um verbo do século XV, expressando irritar, aborrecer.

Com tantas elucubrações fomentando ambiguidades, não deixa de ser curioso saber como essa palavra tão complexa foi proferida pela garota baiana, há mais de quarenta anos, na cantina de um canteiro de obras, nas cercanias de Camaçari, Bahia, provavelmente significando mal-estar, azia ou enjoo.

Padeço dos efeitos de uma mesma doença há muitos anos, tantos que nem mesmo sei quando começaram. Segundo o que consegui apreender de meus terapeutas, trata-se de uma doença crônica moderada com crises cíclicas graves. Nunca ficou claro, para mim, nem o nome da doença nem o que motivou e continua motivando as desagradáveis crises cíclicas. Dessa forma, por similaridade, adoto como "gastura" o nome de minha enfermidade e seus efeitos, agregando ainda as emoções negativas de medo, remorso, culpa e desespero, mesclando causa e efeito numa conjugação confusa.

É comum ocorrer-me gastura sob uma de suas variadas conformações. Sinto medo, sofro de claustrofobia em ambientes fechados, percebo o coração disparar sem motivo, causando-me desconforto moderado, mas temporário. Quando desponta com força total, durante uma crise cíclica, entro em pânico generalizado e fico doente, muito doente.

Os insólitos acontecimentos que passo a narrar ocorreram num curto espaço de tempo, desde novembro de 2017 até março de 2018, e mostram como meu cotidiano pôde ser contaminado, chegando a debilitar minha saúde física, mental e espiritual, sem que houvesse um real motivo para isso.

APRESENTAÇÃO

Em minha casa, em Ribeirão da Ilha, Florianópolis, disponho de uma pequena sala de ginástica. Estava animado e sentia-me muito saudável até outubro. Praticava exercícios regulares com a assistência da fisioterapeuta e, quase todos os dias, caminhava velozmente ou corria na esteira ergométrica.

No começo de novembro, comecei a sentir dor na região lombar. Fiquei desconfiado de que a dor poderia ser proveniente de deslocamento de pedras no rim. Conversei com meu urologista em São Paulo — ele já havia me operado duas vezes para a retirada de cálculos. Orientou-me a fazer um ultrassom para um diagnóstico preliminar. O resultado do exame não mostrou alteração quanto aos anteriores. Poderia, então, ser problema muscular.

Marquei um procedimento com uma massagista, conhecida de longa data, que durante a manipulação notou uma área avermelhada no local em que sentia dor. Aconselhou-me a consultar um médico, pois desconfiava de que a dor que eu sentia não fosse muscular.

Fui a uma unidade do SUS e consegui ser atendido rapidamente. "Herpes-zóster", diagnóstico característico. Fui alertado de que se tratava de uma doença viral que poderia ser contagiosa, provocava dor intensa e requeria tratamento médico imediato; receitou-me um antivírus, fornecido pelo próprio centro médico.

Desconfiado da eficácia do medicamento, retornei a São Paulo para uma consulta urgente com meu clínico geral. Ele confirmou a doença e o tratamento, apenas acrescentando um analgésico forte para diminuir a dor. Perguntei-lhe o tempo de cura, pois havia programado uma viagem de navio para o fim do ano. "Cerca de vinte dias", respondeu, "mas depende de cada pessoa, não é possível prever com exatidão."

Passei a consultar o Google sobre a doença. Olhei as fotografias horríveis das erupções epidérmicas. Fiquei apavorado. Quanto mais lia sobre a doença, mais aterrorizado ficava. "Como viajar assim?" Passava pomada e tomava os medicamentos religiosamente.

Depois de alguns dias meu intestino parou de funcionar normalmente. Tentei vários procedimentos sugeridos pelo farmacêutico, mas não produziram efeito satisfatório. Consultei o Google, novamente. Verifiquei que, em alguns casos, a doença intestinal poderia se agravar. Como meu médico estava viajando, fui ao pronto atendimento de um importante hospital.

— Nada de grave — avaliou o médico — somente constipação intestinal. — Voltei para casa com mais receitas e preocupações.

Estava sofrendo demais, não conseguia me alimentar e sentia um enjoo persistente o dia inteiro. Passei a sentir fraqueza e tontura, além de sofrer com uma persistente insônia. Estava a cada dia mais preocupado com a planejada viagem de fim de ano.

Um telefonema, numa das tediosas tardes de repouso, devastou totalmente a minha saúde física e mental: o falecimento repentino de um dos meus amigos mais queridos, com 75 anos, minha idade, por causa de uma meningite bacteriana. Dois micro-organismos, um vírus e uma bactéria. Meu amigo morreu e eu estava sofrendo. Poderia ser o inverso. Credo!

Chegou o dia do embarque. Decidi viajar e esperar o término do ciclo da doença a bordo. Permanecer doente em São Paulo, no meio das festas de fim de ano, pareceu-me apavorante; perder todo o dinheiro investido no projeto de viagem, vergonhoso. Navegamos pela orla brasileira por dezesseis dias. Na noite de Natal, assistimos a uma comovente missa. Natal cristão. No réveillon, com o navio ancorado em frente à praia de Copacabana, acompanhamos o show da queima de fogos. Eletrizante. Não consegui, porém, relaxar em quase nenhum momento no decorrer da viagem. Pensava ininterruptamente na doença. Atrapalhei o lazer de minha esposa. Para todos os lados que olhava, via uma multidão de pessoas se divertindo. Viagem infrutífera. Culpa!

Inconformado com meu estado físico e mental, marquei uma consulta com meu psiquiatra. Já havia recorrido a ele, muitas vezes, nos últimos anos. Ele receitou-me um antidepressivo e um ansiolítico e recomendou-me que esperasse, serenamente, o efeito dos remédios. Como fazê-lo? Ansiedade!

Regressei a Ribeirão da Ilha no princípio de fevereiro. Tentei retomar os exercícios, mas sentia-me fraco e a tontura persistia. Fui ao SUS, perto de casa, medir a pressão: muito baixa. Fiquei preocupado. Tomava remédio, para baixar a pressão, havia muitos anos. Algo não estava certo. Telefonei a meu cardiologista, que suspendeu o remédio e orientou-me para que controlasse regularmente a pressão.

Outra semana e desmaiei em casa, seguidamente. Foi preciso chamar o SAMU; todavia, nada notaram quanto a uma anomalia mais grave. O médico da equipe advertiu que eu estava tomando remédios para a próstata, os quais poderiam propiciar essa hipotensão. Nova rodada de consulta aos médicos. Eles alteraram os remédios e passei a medir a pressão no SUS, diariamente, de maneira compulsiva. Anotava os valores numa tabela. Obsessão!

As condições físicas foram melhorando com o antidepressivo; as mentais, não. Reconheci que, sozinho, não conseguiria fazer um bem a mim mesmo. Marquei uma consulta com uma psicóloga da região, indicada pela fisioterapeuta. Começamos as sessões em março de 2018 e continuo até hoje.

O conhecimento adquirido com o tratamento terapêutico praticado até o presente momento possibilitou-me que recontasse os mesmos acontecimentos recentes, com uma nova percepção. Considero que, há pouco tempo, fui acometido por uma doença que, embora incômoda e dolorida, seja perfeitamente curável. É muito comum acometer pessoas de minha idade que, quando crianças, contraíram o vírus da catapora. O vírus fica em estado latente por décadas, esperando ocasião favorável para eclodir. Por outro lado, a verdade é que sofri episódios temporários de hipotensão, tontura e desmaio, por causa de uma interação infeliz de medicamentos. A baixa imunidade e o estresse foram fatores agravantes, todo o resto é gastura! Gastura total!

Numa dessas consultas ocorreu-me que, se eu escrevesse a história de minha vida desde quando a minha memória alcançasse, poderia terminar de abrir ou fechar portas imaginárias que estivessem apenas entreabertas. Dessa maneira, o tratamento psicológico está gerando uma visão simples e coerente de situações atuais e pretéritas que, comumente, sempre tive dificuldade de enxergar.

Minha gastura é assim. Causa anomalia física e mental, sem motivo relevante. É irracional, fomentada por um pensamento, uma lembrança, uma notícia. Quando um fato se destacou no passado, torna-se muito fácil relembrá-lo, mesmo tendo ocorrido há muito tempo. Entretanto, pequenos acontecimentos significativos ficaram perdidos no caos mental e tenho que procurá-los no berço de sua existência, escrevendo toda a minha história, de forma profunda e dinâmica, rememorando, buscando-os no refúgio mais remoto da memória. Um submarino com o periscópio para dentro. Invertido. Rastreando as entranhas.

LINHA DO TEMPO

Começo pelo dia em que comemoro meu aniversário de 75 anos. Vinte de junho de 2018. Hoje. Daqui a quatro dias será celebrado o de minha tia, vizinha de minha mãe durante minha infância. Cem anos. Um século! É a última das tias ainda viva. O primeiro tio que morreu foi em junho, há muito tempo. Quase setenta anos se passaram. Ele era vizinho dessa tia idosa. Estourou um foguete em sua mão na festa junina de meu aniversário. Na farmácia, aplicaram-lhe um antibiótico, pois, naquele tempo, era permitido, mesmo sem receita. Choque anafilático.

Durante o velório e o enterro, pessoas entraram na casa vazia. Roubaram dinheiro e joias da tia viúva. No dia seguinte, o ladrão deixou uma caixa com todo o produto do roubo, com um pedido de desculpas. Pêsames. Essas coisas não esqueço, mesmo quase uma vida depois.

Meu avô materno morreu pouco tempo depois de meu nascimento. Não tenho como me lembrar dele. Da avó recordo algumas passagens. Foi internada, prematuramente, numa clínica de doentes mentais — no Jabaquara — não muito longe da Vila Mariana. Minha mãe levava-me quando lhe fazia as visitas. Era um programa obrigatório, que eu não reclamava por ter de fazer. A aparência dela era engraçada, exageradamente pintada, com um borrão de ruge vermelho nas bochechas. Como um palhaço, lembrava o Arrelia, do Circo Seyssel. Quando me via, dava-me um sorriso, com os dentes enegrecidos e um abraço apertado e prolongado. Eu gostava, ficava comovido.

Nunca soube o nome da doença que a acometia. Todas as vezes me presenteava com pequenos saquinhos de areia, que ela mesma fazia, para brincar com as mãos. Jogue os saquinhos para cima e recolha-os com a mão virada para baixo, ela ensinava.

Havia outro tio que mal conheci. Tinha uma doença que me impressionava muito. Não conseguia ficar sossegado, apresentava contração muscular ininterrupta. Incontrolável. Morava em um dos dois sobrados anexos ao casarão de meu avô. Vivia com uma companheira, mas não tinha filhos. Interrompeu a vida, prematuramente, ao cair do último andar de um edifício em Santos. Terminaram as contrações, encerrou-se o sofrimento. Não conseguiram esconder isso de mim. Fiquei triste. Foi o segundo tio a morrer na família de minha mãe. Restaram quatro, um tio e três tias, para viverem, entre si, uma história conflituosa.

Minha mãe e dois de seus irmãos moravam na rua Pelotas e eram vizinhos. Três sobrados geminados. Siameses. Separados na fachada, unidos nos quintais. Faziam parte da herança de meu avô materno. Olhando pelas fachadas havia, à esquerda, o sobrado da minha mãe; no meio, o de minha tia, que vai morrer por último; e à direita, o de meu tio, que morreu primeiro, ficando para a tia viúva.

Em todos os sobrados havia porões. No da casa do meio morava uma velha preta, muito gorda, com quem gostava de falar; mas não me lembro sobre o quê conversávamos. Diziam que era neta ou bisneta de escravos. Se era verdade, não sei. Da senzala para o casarão de meu avô e dali para o porão da casa de minha tia.

Os quintais dos sobrados formavam um único terreno cuja parte do fundo terminava num barranco. Embaixo, um córrego de água ainda limpa fluía em direção aos lagos do Ibirapuera. Ainda não existia o parque. Na beirada do barranco, havia duas árvores, uma amoreira e um chorão. Havia outro chorão no jardim de minha casa. Chorão social.

Gostávamos de brincar de escorregar, do barranco ao córrego, com uma prancha improvisada. Fazíamos excursões pelo riacho, de um lado, até o pontilhão da rua Amâncio de Carvalho. Do outro, até um enorme matagal. Era sempre emocionante.

Nos meses de junho, nos dias de meu aniversário, meus pais organizavam festas juninas, com toda a família. Fogueira, bandeirinhas coloridas, quentão, pinhão, bombinhas, biribas[1] e música, muita música. Todos vestidos apropriadamente, calças e camisas coloridas com remendos e chapéus de palha. Barbas e bigodinhos feitos com carvão. Brincadeira de quadrilha. Ganhava muitos presentes e ficava eufórico. Adorava as festas de meu aniversário.

Nos dias seguintes às festas, sempre aparecia um preto de olhos avermelhados para limpar o terreno. Diziam que não dormia nunca, por isso a cor dos olhos. Trabalhava na prefeitura como porteiro do Teatro Municipal, assim, podíamos entrar de graça quando ele estava na portaria. Minha mãe levava-me sempre, para assistirmos ao programa chamado "música clássica ao cair da tarde". Ela era professora de piano e tocava muito bem. Quando ouço Chopin, lembro-me dela, comovido.

Meu tio, um dos irmãos de meu pai, também trabalhava na prefeitura. Tinha facilidade em conseguir ingressos para os brinquedos do Parque Shangai, na baixada do Glicério. Todos os anos ofertava-me uma tira com ingressos para os brinquedos. Era só destacar um a um. Montanha-russa, roda-gigante, carrossel, trem-fantasma, até acabar. Na época, era o único parque de diversões não itinerante.

O Shangai não foi simplesmente um parque de diversões. Foi conhecido também pelos eventos culturais, em que, às vezes, havia a apresentação de Luiz Gonzaga, o rei do baião!

---

1 Também chamadas de biribinhas, estalos, estalinhos ou beijinhos. São artefatos pirotécnicos que, ao serem atirados ao chão, explodem e produzem um estalo.

Aos domingos, minha mãe levava-me à missa católica na Igreja Santa Generosa, pertinho, à rua Cubatão. Missa em latim, incenso, ritual. Eu gostava muito. Confessava sempre os mesmos pecados e era punido com dez ave-marias e dez pais-nossos. Comungava e tinha medo de mastigar a hóstia, pois diziam que era pecado. Quando construíram a avenida Vinte e Três de Maio, a igreja foi demolida.

Era uma tradição de nossa família passar a noite de Natal na casa de minha tia, irmã caçula de meu pai. Meu avô havia falecido recentemente e minha avó passou a morar com ela, na avenida Pompeia. Era um feliz encontro de todos os tios e primos. A família de meu avô paterno era grande: meu pai, três irmãos e duas irmãs. Naquela época, o trajeto da rua Pelotas até a avenida Pompeia, calma e muito arborizada, era uma viagem demorada. Minha avó recebia-me com um caloroso abraço e mais de vinte beijos. Na sala de visitas, montavam a árvore de Natal, mas naquela noite ninguém recebia presentes, já que a tradição era diferente. Havia um banquete ao jantar e logo depois íamos a pé até uma igrejinha bem pertinho em que havia quermesse e muitas brincadeiras.

Quando retornávamos para casa, era difícil disfarçar a ansiedade. Na manhã seguinte, receberíamos os esperados presentes de Natal, apenas um para cada irmão. Antes de dormir, colocávamos um sapato ao lado de fora do quarto e fazíamos um pedido ao Papai Noel. Eram quatro sapatos que, pela manhã, estariam com um presente em cima de cada um. Era muito difícil dormir nessas noites.

Depois de uma das festas de Natal, recebemos uma notícia triste: minha avó morrera dormindo. Chorei muito. Já não tinha nem avô nem avó paternos, mas a família não se dispersou. Continuou unida, e as festas não foram interrompidas, por um bom período. Algum tempo depois, a tia caçula adoeceu gravemente e morreu muito cedo. Restaram a tia mais velha e três tios, além de meu pai, vivendo em harmonia, até onde minha memória alcança.

Eu era um garotinho, mas já percebia alguma desigualdade de comportamento entre os parentes de meu pai e entre os de minha mãe. Todos os irmãos de meu pai organizavam festas, visitavam-se uns aos outros constantemente e, até quando meu pai se mudou para a chácara de Santana de Parnaíba, não só continuaram se encontrando como até aumentaram as visitações.

Constantemente meu pai organizava churrascos na chácara e, quase sempre, pelo menos um de seus irmãos comparecia, muitas vezes com os filhos, meus primos. Conhecia bem todos os parentes de meu pai, dava-me bem com eles e, até hoje, mantenho amizade com algum deles. A solução do inventário de meus avós paternos foi cordial e muito rápida, sem discussões.

Do lado materno foi bem diferente. Não observava nada diferente em relação à minha mãe e aos dois tios vizinhos, mas de um tio e uma tia, que moravam mais longe, as notícias dissiparam-se. Mal conhecia meus primos, não havia festas nem visitas mútuas. Depois fiquei sabendo: era uma complicação para resolver o espólio do meu avô. Tão embaraçado, que ficou sem solução até a morte de todos, exceto a de minha tia centenária, que vive até os dias atuais.

Iniciei meu aprendizado escolar no então Parque Infantil do Ibirapuera, à rua Curitiba. O uniforme era vermelho: calça curta, camiseta e bonezinho. Entrava chorando. No início não gostava, mas depois fui me adaptando. Eu levava uma lancheira, na qual minha mãe sempre colocava sanduíche de pão com ovo frito, que detestava, mas tinha que comer. Depois do recreio, éramos convidados a tirar uma soneca, sentados nas carteiras, com a cabeça apoiada nos braços. Começara a gostar do lugar; havia horta, uma grande área gramada com muitas árvores e pista circular para os alunos correrem, além de banho de chuveiro na hora da saída, para quem necessitasse. Ao redor do parquinho, só terrenos vazios e campinhos de futebol, várzeas.

Para o curso primário, fui matriculado no Externato Paraíso, à rua Cubatão, perto de casa. Não existe mais. Minha mãe levou-

-me algumas vezes; depois, ia e voltava caminhando sozinho pelas ruas da região.

Transcorria a remansosa década de 1950. Na esquina de cima, a rua Pelotas, onde morávamos, confluía com a rua Humberto Primo, local em que se encontrava o casarão de meu avô; na esquina de baixo, com a rua Amâncio de Carvalho, havia o ponto inicial do ônibus número 48, que fazia o trajeto para o vale do Anhangabaú. O bar estabelecido nessa esquina era o ponto de encontro dos motoristas e cobradores. Quando íamos ao centro da cidade, pegávamos esse ônibus. Outra opção era embarcar no bonde da avenida Conselheiro Rodrigues Alves, que seguia até a praça João Mendes.

A rua Pelotas, assim como várias ruas da região, era sem saída num dos sentidos e terminava em um matagal, que se estendia à área em que seria construída a avenida Vinte e Três de Maio. No local existiam inúmeras chácaras, pertencentes, na maioria, a roceiros portugueses; plantavam hortaliças e flores que eram comercializadas no centro da cidade.

A Vila Mariana da época evoca-me inúmeras lembranças, pois os meus amiguinhos e eu vivíamos zanzando pelas ruas do bairro. Na rua Domingos de Morais, havia a saudosa Panificadora ABC, famosa pelas enormes coxinhas de galinha, e a loja da Kopenhagen, que tinha na vitrine um aviãozinho imitando o *Constellation*, repleto de doces para chamar a atenção da molecada.

No largo Ana Rosa, localizava-se a maior estação de bondes da região, bem em frente ao luxuoso cine Cruzeiro; mais adiante, na mesma rua, havia o cine Phenix, que apresentava sessões com dois filmes seguidos e, em direção ao centro da cidade, o cine Leblon, já na rua Vergueiro, no qual ocorriam sessões — aos domingos de manhã — do desenho animado Tom e Jerry.

Naquela época, de ruas largas e pouca circulação de veículos, os episódios mais simples eram fonte de divertimento para as crianças e adolescentes. A molecada de toda a vizinhança, depois de terminar as lições de casa, formava espontaneamente uma grande turma e, com a criatividade aflorada, inúmeras brincadeiras, sobretudo no meio da rua, eram desenvolvidas.

Jogávamos várias modalidades de queimada; para brincar, era preciso dividir o grupo em dois times. O jogador que estivesse com a bola deveria arremessá-la, tentando acertar (queimar) um jogador do outro time. Quem fosse "queimado" saía do jogo. Vencia a equipe que conseguisse queimar, primeiro, todo o time adversário.

Eu brincava sozinho com o pião; utilizava um pequeno cone de madeira com um prego na ponta, enrolava a fieira de cordinha no pião e jogava-o com força no chão, para fazê-lo girar. Quando tinha sorte, conseguia transportá-lo, com ele girando, para a palma da mão.

Fazia pipas coloridas de diversos tamanhos e formas, que construía com papel de seda e varinhas de bambu bem sequinhas. Preparava a rabiola e o cabresto para amarrar a linha; a outra ponta enrolava em uma lata, sem sofisticação. Nas brincadeiras de desafio, eu preparava um pouco de cerol (mistura de cola de sapateiro com vidro moído de lâmpadas queimadas), passava num pedaço da linha e esperava secar. Procurava, por meio de manobras, cortar a linha da pipa dos adversários. Quando conseguia, gritava debochado: "Não ficou nem o fio da rabiola!".

Gostava de brincar de "taco", jogo inspirado no beisebol americano. Preparávamos os tacos com pedaços de madeira usada e montávamos pequenas armações com gravetos ou palitos de sorvete em cada lado do campo. Tínhamos que jogar a bolinha e derrubar a armação do time adversário. Quando não derrubava e o rebatedor acertava a bolinha, os adversários trocavam de lado enquanto a bolinha não fosse alcançada. Cada vez que cruzavam o campo, tocavam um taco no outro; a cada toque, um ponto.

O estilingue era composto de uma forquilha, encontrada em pequenas árvores, de dois elásticos, feitos com duas tiras de câmara usada em pneus de bicicleta, fixados em cada haste da forquilha, e de um pedacinho de couro, para acomodar as pedrinhas, amarrado na outra extremidade dos elásticos. Também utilizava, como projéteis para o arremesso, coquinhos e mamonas, existentes no mato que circundava o córrego, no fundo do quintal de casa. Diziam que a planta das mamonas era venenosa, tinha medo de apanhá-las. Usava o estilingue para caçar passarinhos, o que, naquele tempo, não era crime ambiental, ou para arremesso ao alvo, mirando em latas de diversos tamanhos.

Tinha coleção de bolinhas de gude, de todas as cores e de diversos tamanhos; jogava com um ou mais adversários. Aplainava uma pequena área de terra e fazia um furo no meio. Lançava-as com os dedos da mão e controlava a força e a velocidade: maior, para afastar a bolinha dos oponentes; menor, para embocar no furo do chão.

Construía carrinho de rolimã no barraco do quintal de casa. Ele costumava ser feito de sobras de madeira e de rolamentos usados, que eu conseguia nas oficinas mecânicas da região. Gostava de deslizar nos trechos em ladeira da rua Pelotas, mas não conseguia ganhar muita velocidade, porque a rua era revestida de paralelepípedos.

Brincava ainda de cinco-marias e de amarelinha, embora fossem consideradas brincadeiras de meninas. Os meninos que jogavam eram chamados de "mariquinhas", que seria algo como "bichas novinhas". Havia também o jogo de adivinhação e o do passa-anel.

O jogo das cinco-marias utilizava pedrinhas ou, preferencialmente, saquinhos de areia. Eram, na prática, os mesmos que ganhava de minha avó materna, quando minha mãe me levava ao sanatório. Jogava cinco saquinhos no chão, escolhia um e jogava para cima. Antes que ele caísse, pegava um, dois, três ou os quatro saquinhos restantes. Ganhava o jogo quem pegasse mais. Sem graça. Na amarelinha, eu desenhava no chão vários quadradinhos com giz. Primeiro um, depois dois, um novamente e, assim por diante, intercalando. Na parte de baixo, a área de "partida"; na de cima, a área do "céu", objetivo a ser alcançado. Tínhamos que sair da partida e chegar ao céu, uma vez com um pé, depois com os dois e assim sucessivamente. Também sem graça.

O passa-anel era uma brincadeira romântica, coletiva e, sobretudo, mista. Primeiro, era organizada uma roda com todos os participantes e um deles, no meio da roda, guardava um anel entre as palmas das mãos, como se estivesse rezando. Então, ele simulava passar o anel para os demais participantes em roda, com as mãos da mesma forma. Deixava o anel entre as mãos de uma pessoa escolhida. Depois da rodada, todos tinham que descobrir em que mão havia sido deixado o anel. O toque das mãos quentinhas da menina que eu gostava era estimulante. Adorava essa brincadeira.

Tentava capturar passarinhos no mato e, ainda que de pouca idade, conseguia fazer arapucas com varetas de bambu amarradas com barbante, em forma de pirâmide. Armava, colocava um pouco de alpiste misturado com frutas embaixo da armadilha e esperava até o dia seguinte. Às vezes, com sorte, conseguia um pardal.

Também no mato, ocorriam as brincadeiras erótico-infantis. Brincadeira de médico entre um menino e uma menina, para descobrir as diferenças, comum entre garotos espertos. Eu raramente conseguia alguma coisa. Havia ainda o troca-troca entre dois meninos; um fazia papel de menina, outro de menino. Depois invertiam-se as posições. Alguns faziam papel de menina e preferiam não trocar de posição. Viadinhos.

Muitos anos depois, mais de trinta, reconheci um deles em um evento no edifício "Sobre as Ondas", no Guarujá. Sou bom para reconhecer as fisionomias, mas ruim para nomes. Um alemão alto e forte. Conversamos, empresário bem-sucedido, casado com uma mulher muito bonita. Macho. Viadagem infantil.

Algumas brincadeiras que fazíamos à época eram tolas, de mau gosto e perigosas. Juntávamos, numa caixa, muitas cascas de banana e as colocávamos nos trilhos do bonde, na descida da avenida Rodrigues Alves, em direção ao Ibirapuera. Divertíamo-nos vendo o motorneiro descarregar a caixa de areia para poder frear. Brincadeira estúpida!

Quando a bola caía na casa de um dos vizinhos, ele ameaçava não devolver; às vezes, não devolvia mesmo. A vingança se dava na forma de taturanas sem pelos, nós as catávamos no mato em volta do córrego e as colocávamos em uma caixa de sapatos. Na calada da noite, as taturanas eram distribuídas ao longo da cerca viva, que ornava a frente da casa do vizinho perverso. Na manhã seguinte, cerca morta. Taturanas vorazes.

Na rua Pelotas havia duas "vendas" ou mercadinhos. A do Amaral, rua abaixo, e a do Porfírio, rua acima, perto da esquina com a Humberto Primo. No caminho para a escola tínhamos que passar, obrigatoriamente, em frente à venda do Porfírio. E não foram poucas vezes, foram anos. Morrendo de vergonha! Tinha dado uma festinha no porão de casa e comprado algumas garrafas de refrigerante na venda do Porfírio. Durante a festa, quebraram-se algumas garrafas, tinha que devolver os cascos ou pagar por eles. Não queria pedir dinheiro à minha mãe, havia comprado escondido e acabei não pagando a ele. A dívida infantil deixou cicatrizes, tantas que lembro dela até hoje, setenta anos após. Gastura na forma de medo e vergonha. Ai de mim!

Certo dia, meu pai anunciou que éramos sócios do Clube Banespa. Passamos a frequentá-lo em quase todos os domingos. Íamos de carro e, tempos depois, foi-me permitido que fosse sozinho, de bonde, do ponto da avenida Rodrigues Alves até a parada Piraquara, no Brooklin. Nos fundos do terreno do clube havia uma entrada secundária, que dava acesso pela linha do bonde. A entrada principal era e é, até hoje, pela avenida Santo Amaro. No caminho dos bondes, atualmente, localiza-se a avenida Vereador José Diniz. Apesar da grande diversidade de atividades esportivas e sociais que o clube disponibilizava nessa época, eu só me lembro das matinês de carnaval e da piscina. Havia um trampolim de dois metros e uma plataforma de cinco; o meu sonho era pular da plataforma. Um dia consegui, de pé. Tinha que fazer exame médico para entrar na piscina; algumas vezes, fui reprovado, com frieira não entrava. Chatice!

Nessa época, outro evento marcou alegremente a minha infância: o surgimento das primeiras transmissões de televisão. Os televisores chegavam, aos poucos, à casa de algum vizinho. No início, permitiam que todos os amiguinhos assistissem a ela juntos, até que um dia uma TV também chegou à minha casa. Muito emocionante.

A iniciativa da compra do primeiro equipamento de transmissão foi do empresário Assis Chateaubriand, em setembro de 1950. A TV Tupi Difusora foi a primeira emissora; a primeira imagem foi da atriz mirim Sonia Maria Dorce, então com 6 anos. Vestida de índio, representando o símbolo da TV Tupi, proferiu apenas uma frase: "Boa noite, está no ar a televisão do Brasil". Imagem congelada em minha mente.

O primeiro programa, "TV na Taba", teve a participação de Lima Duarte, Hebe Camargo e Ivon Curi. Nos anos seguintes foram surgindo novos canais e novos artistas.

William Fourneaut era virtuosíssimo com o assobio; a apresentação do "Tico-Tico no Fubá", chorinho de Zequinha de Abreu, imortalizado por Carmen Miranda, era extraordinária. Edu da Gaita, como o nome indica, também compunha as ótimas atrações da época. Eu gostava, também, de assistir à série do "Sítio do Pica-Pau Amarelo", baseada nos livros de Monteiro Lobato.

Sinto muita saudade do tempo em que os circos estavam na moda. Íamos a alguns circos famosos à época. O Circo Seyssel, do palhaço Arrelia, era um dos melhores. Exibia domadores de elefantes, leões e tigres, malabaristas, equilibristas, trapezistas e, principalmente, palhaços, em especial, Arrelia. Quem, com mais de 60 anos, não se lembra do início da apresentação:

Como vai, como vai, como vai.
Como vai, como vai, vai, vai.
Eu vou bem, muito bem, muito bem.
Muito bem, muito bem, bem, bem.

Infelizmente, só pude assistir a ela uma única vez, visto que o circo foi totalmente destruído em um incêndio em 1952, quando eu tinha dez anos. Estava acampado embaixo do viaduto Santa Ifigênia, no centro de São Paulo. Não sobrou nada. Tristeza!

Dois anos depois, o palhaço Arrelia passou a trabalhar na TV Record; criou o "Cirquinho do Arrelia", ao lado de seu sobrinho Pimentinha. A transmissão era ao vivo. Eu não perdia nenhuma apresentação, foi um sucesso extraordinário por muito tempo. Os palhaços Arrelia e Pimentinha gritavam para a plateia:

— Hoje tem marmelada?
— Tem sim senhor! — respondia a garotada.
— Hoje tem goiabada?
— Tem sim senhor! — respondia novamente a garotada.
Inocente, mas empolgante.

Certa vez, meus pais levaram-me a outro circo, no Parque Ibirapuera, de cujo nome não me recordo. O espetáculo transcorria normalmente, mas na apresentação de um quadro de equilibrismo, algo não deu certo; ao contrário, deu muito errado. O artista apresentava-se em uma pequena plataforma, no topo de uma coluna muito alta de ferro; equilibrava-se sobre uma prancha apoiada num rolinho, de um lado a outro da plataforma. Despencou e caiu em cima da armação redonda, usada para o acesso dos animais à jaula do picadeiro, muito perto do local em que eu estava sentado. As luzes apagaram-se por um tempo. Quando se acenderam, todos os palhaços entraram em cena, de uma só vez, para distrair a plateia. Não adiantou, fiquei horrorizado e quis ir embora. Gastura juvenil.

Em 1954 eu tinha 11 anos. Foi um ano de muitas comemorações, em particular para mim: nascia uma menina que iria se tornar minha segunda esposa, mais de quarenta anos depois. E estamos juntos até o momento.

O ano foi marcado pelas festividades do Quarto Centenário de São Paulo e da inauguração do Parque do Ibirapuera. Aviões liberavam toneladas de papel picado prateado, "chuva de prata". As plaquinhas comemorativas eram fixadas nas fachadas de quase todas as residências. Houve, então, a abertura do primeiro espaço de exposições de São Paulo. Toda a garotada do bairro ia até lá quase todos os dias, a pé, porque era pertinho. Entrávamos em todos os estandes das empresas expositoras. Colecionávamos os prospectos e cartões de propaganda ofertados e trocávamos como se fossem as famosas figurinhas de álbuns. Quando sinto cheiro de papel, lembro-me dessas exposições.

Embora com pouca idade, acompanhava algumas notícias mais marcantes. O suicídio do presidente Getúlio Vargas, o "Pai do Povo", foi surpreendente: "Saio da vida para entrar na história", frase escrita em sua carta-testamento. Até então, não conhecia nenhum outro político.

Passei a acompanhar as notícias pelo rádio, por revistas e também pela televisão, recentemente inaugurada: "Repórter Esso, o primeiro a dar as últimas". Chegavam ao meu conhecimento poucas notícias trágicas. Lembro-me muito bem do caso da adolescente Aída Curi, que foi empurrada da janela de um edifício em Copacabana por dois garotos da classe média alta. O caso ficou muito conhecido pelas reportagens espetaculares veiculadas pela revista *O Cruzeiro*. Primeiro pelo repórter Arlindo Silva, depois, por várias edições, pelo virulento e conhecido jornalista David Nasser, com muitos detalhes do crime e dos criminosos. Dessa revista, gostava muito das histórias do personagem "Amigo da Onça". Fazia um tipo enganador, falso e maldoso. Suscitou um dito popular: "Você é meu amigo ou é um amigo da onça?".

Às vezes, conseguia ouvir um programa da rádio Record que dramatizava as aventuras vividas por alguns criminosos famosos nessa época: Sete Dedos, Meneguetti e Promessinha. Sempre mandados para trás das grades e sempre protagonizando fugas sensacionais. Lembro-me de que diziam da agilidade de Meneguetti, o "gato dos telhados"; do sangue frio de Sete Dedos, invadindo casas à noite, enquanto as famílias dormiam; da perversidade de Promessinha, que mandava as vítimas escolherem: "Quer levar um tiro ou prefere um beliscão"? Só que o beliscão era com alicate no umbigo. No dia seguinte, as notícias, acrescentadas de muita fantasia, eram transmitidas para a molecada do bairro. Gostava de ser o centro das atenções, por isso mantinha-me "bem informado".

Aos doze anos, fui matriculado no Colégio Bandeirantes, na rua Estela, para o curso ginasial; também muito perto de casa, uma escola muito rigorosa, no tempo do professor Barifaldi. Terrível. O colégio existe até hoje e continua intransigente. Não consegui manter o ritmo forçado do curso e fui reprovado no primeiro ano, "raspando". Muita raiva!

Depois de muita insistência, convenci minha mãe a me transferir de escola, para uma mais fácil, pois tinha sido reprovado por muito pouco. Escolheu o Ateneu Brasil, na mesma rua Estela. Desta vez, não tive dificuldade em ser aprovado, fui até com facilidade. Gostava das aulas de música, soltava a voz, quando a professora mandava, regendo, "Vamos solfejar": dó, ré, mi, fá, sol, lá, si, dó. Inesquecível! Provavelmente a primeira semente para a florescência de meu abundante interesse musical. Um dos diretores, Sr. Mairá, era bravo demais e eu sentia muito medo dele. Já o outro, Sr. José Vicente, era bondoso e livrava-me de todas as encrencas em que me metia. Quando ele morreu durante o curso, fiquei muito triste. Terminei, com facilidade, o ginasial. Hoje a escola não existe mais, foi demolida e ergueram um edifício residencial no local.

Costumava passar fins de semana em Santos, com minha família. A viagem era uma aventura espinhosa: "Pelas curvas da estrada de Santos", como viajava também Roberto Carlos. Era difícil descer a serra e quase impossível subi-la; a água do radiador do carro sempre fervia. Precisava arrumar lugar para estacionar e esperar o motor esfriar para seguir adiante.

Meu pai alugava um apartamento no Jardim do Atlântico, rua Bartolomeu de Gusmão, em frente ao mar. Um conjunto de dois prédios de doze andares cada e, entre eles, um enorme jardim com bancos e equipamentos de lazer, no qual poderíamos organizar uma grande variedade de brincadeiras. Podíamos escolher ficar no jardim ou ir à praia, era só atravessar a rua e o caminho dos bondes. Quando a Igreja do Embaré, que se localizava perto do edifício, organizava quermesses, era muito divertido comparecer; o passeio de bonde até lá era pitoresco: no bonde-camarão, dava para viajar de pé, no estribo.

Outro passeio, que sempre fazíamos, era passar fins de semana na chácara em Santana de Parnaíba. Meu pai e alguns amigos haviam comprado uma área rural nessa cidade, em que moravam seus vários parentes distantes. Havia raízes familiares ali. A área foi loteada, mas parece que não deu certo a fase da venda dos lotes, então dividiram o terreno e meu pai ficou com alguns lotes que, juntos, formaram a chácara.

A cidade era pequena, basicamente três ruas longitudinais: a de cima, a do meio e a de baixo, além da praça pública com coreto e a igreja matriz. A chácara não era longe desse centro histórico, poderíamos ir caminhando. Nessa época, havia apenas um telefone na cidade, instalado no botequim: era um daqueles modelos de parede, com o fone de ouvido separado do discador, faziam filas para telefonar. Peça de antiquário.

> Fundada em 1580 e rival de São Paulo, durante o período colonial, a cidade resguarda marcas de importantes momentos da história nacional. As narrativas abrangem desde o movimento bandeirista até o pioneirismo na geração de energia elétrica, com a construção da Usina de Parnahyba, atual Barragem Edgard de Souza, primeira usina hidrelétrica da empresa canadense Light and Power no Brasil.
>
> Entre os nativos ilustres de Santana de Parnaíba, podemos citar, além do bandeirante André Fernandes e sua mãe Suzana Dias (fundadores), o poderoso capitão Guilherme Pompeu de Almeida; seu filho homônimo, padre, conhecido pela alcunha de "banqueiro das bandeiras"; e os bandeirantes Fernão Dias Falcão; Bartolomeu Bueno da Silva, o "Anhanguera"; e Domingos Jorge Velho, que fizeram de Santana de Parnaíba um ponto de referência para expedições desbravadoras ao interior do Brasil.

Na casa do meu pai havia uma varanda na entrada, em que todos poderiam se reunir para um bate-papo, mas o lugar preferido era a churrasqueira, acessada por uma pequena trilha revestida de pedras.

Quando se desquitou da minha mãe, passou a viver na chácara até morrer, trinta anos depois. Era prazeroso visitá-lo, mas não era uma tarefa fácil: ônibus da Vila Mariana até o centro; trem da Estação da Luz até a cidade vizinha, Barueri; jardineira, ônibus da época, até o centro de Parnaíba e uma caminhada até a chácara.

Na casinha havia um quadro de que sempre gostei: com o brasão da cidade, representado pelo mapa do Brasil, dividido pela linha do Tratado de Tordesilhas, com um "bandeirante" de cada lado. Ao lado do quadro, o capacete que ele usou durante a revolução de 1932, como tenente. Quando meu pai morreu, fiquei com o brasão e o capacete, estão pendurados numa das paredes de meu apartamento em Guarujá até hoje.

Meu padrinho de crisma era parnaibano. Naquele tempo, eu padecia de uma doença muito irritante, eczema nas duas pernas; muitos médicos consultados, muita pomada receitada e untada, sem resultado, pois continuava coçando. O padrinho levou-me até o pequeno córrego, nos fundos da chácara, montou um ramalhete de mato, borrifou a água do córrego em minhas pernas, orando rapidamente, ao mesmo tempo que fazia gestos ritualísticos discretos. Depois disso, não tocou mais no assunto, parecia convicto do resultado da reza. Não sem motivo. O eczema secou e não apareceu nunca mais. Valorizaria o acontecimento, no futuro, nas minhas convicções espirituais e religiosas.

Meus pais tinham um grande grupo de amigos no Rio de Janeiro, estavam sempre juntos e moravam em edifícios próximos, em Copacabana. A praia ainda era deserta, maravilhosa, com areia cor de neve. Ficávamos hospedados em um hotel nas redondezas e podíamos ir a pé ao apartamento de quase todos, menos ao de um dos casais, que morava em Niterói, ainda sem a ponte, e aonde chegávamos de balsa.

Todos eram militares e meu padrinho de batismo era general. Nunca deixava de me dar presente, geralmente dinheiro, quando íamos ao seu apartamento. Eu gostava. Todos eram muito animados, falavam com sotaque característico bem carregado e aparentavam estar numa festa eterna.

Sempre perguntavam como estava a "terra da garoa", referindo-se a São Paulo, e eu não entendia muito bem o motivo. Àquela época, provavelmente, fazia sentido o título, mas na atualidade essa condição deixou de existir. O desenvolvimento urbano desenfreado, a derrubada de árvores e a impermeabilização do solo paulista eliminaram drasticamente a umidade e prejudicaram a ocorrência de garoas. Estamos mais propensos a tempestades e a inundações. Lamentável.

Às vezes, eu ia sozinho ao apartamento de uma família ou outra, para brincar com a molecada. Uma vez fui ao apartamento de um dos amigos de meu pai e vivi uma situação inusitada: a molecada não estava em casa, somente o general e sua esposa. O general deu-me uma piscadela e perguntou se eu não queria dar uma volta de ônibus pela cidade. Sua mulher, com cara de muito brava, entregou-lhe só o dinheiro suficiente para a condução; mas não fomos passear, saímos direto ao Clube Militar, onde ele tinha crédito, para beber escondido. Ele era o ébrio. Eu, o álibi. O garoto e o general. Quando voltamos, fez-me jurar que não comentaria nada com a "fera". Foi minha primeira missão militar infantil. Triunfei!

Ele tinha três filhos homens e todos seguiram a carreira militar. Anos mais tarde, quando houve o movimento golpista de 1964, seus três filhos estavam lotados em quartéis de diferentes cidades do Brasil. Ele achou que haveria confrontos e, como não conseguia se comunicar com nenhum deles, ficou muito preocupado e assustado. Estressado, morreu de ataque cardíaco; em vão, pois a resistência ao golpe foi irrisória.

Uma coisa que meus pais nunca deixavam de fazer era realizar pequenas viagens de lazer, por ocasião das férias escolares; eu gostava muito quando acampávamos com as antigas barracas de exército de meu pai. Uma vez, acampamos na praia das Vacas, logo depois da ponte pênsil em São Vicente. Era uma praia pequena, calma e segura, e todos adoraram, mas nunca mais pudemos voltar, pois foi interditada para uso das Forças Armadas.

Passamos, então, a frequentar a Praia Grande, na Baixada Santista. Acampávamos nas proximidades do terreno no qual seria construída a Cidade Ocian, audacioso projeto de construção de um conjunto residencial composto de 22 prédios de quatro andares, no despovoado deserto de areia.

Meu pai possuía um automóvel importado Studebaker; naquele tempo ainda não existiam carros nacionais. Algumas vezes faltava combustível, racionamento ainda em decorrência da Segunda Guerra Mundial e da crise do petróleo. Muitos utilizavam carbureto como combustível que, quando acabava, fazia o carro parar de funcionar.

— Que houve?
— Mixou o carbureto!

Virou expressão idiomática. Quando qualquer fato agradável chegava ao fim, dizia-se, na época: "Que pena, mixou o carbureto!" — velharia.

Não havia estradas na Praia Grande. Viajávamos pela areia, sempre de olho no movimento das marés, para não ficarmos presos na maré cheia. Uma vez vi um carro submerso. Às vezes, meu pai convidava um amigo, que ia com a mulher e duas filhas, então acampávamos com dois carros, duas barracas e uma tenda interligando os veículos; algo como um conjunto residencial praiano.

Quando possível, na viagem de volta, passávamos no balneário do Boqueirão, início da Praia Grande, para um lanche no elegante

Restaurante Lagosta, recém-inaugurado em 1952. Sua aparência personalizou um estilo arquitetônico histórico, com linhas arrojadas características, que se tornaram referência do modernismo no litoral.

O sofisticado balneário, reduto de belas e amplas residências, recebia no verão a elite paulistana, que buscava as calmas e desertas praias do litoral paulista para veranear. Mazzaropi, conhecido ator e cineasta, tinha uma bela mansão na praia. Ele era o único artista que, até então, tinha ficado milionário fazendo cinema no Brasil. Era considerado o maior cômico do cinema brasileiro, seus filmes foram fenômeno de público por mais de três décadas. O governador paulistano, Adhemar de Barros, muito conhecido pelo bordão "Rouba, mas faz!", também possuía uma casa de veraneio no balneário. O bordão surgiu na política brasileira na década de 1950, quando os cabos eleitorais do político tentavam defendê-lo dos adversários que o acusavam de ser ladrão. Até hoje essa frase é repetida por milhares de pessoas para justificar o voto em candidatos sabidamente corruptos, desonestos ou irresponsáveis.

> Quatro anos depois, consolidou-se o estilo arquitetônico modernista, com a construção de Brasília. A nova capital federal, implantada no Planalto Central, foi a obra maior de Juscelino Kubitschek, ou simplesmente JK, recém-eleito presidente da República, e consagrou categoricamente o gênio arrojado do arquiteto Oscar Niemeyer.
>
> JK lançou sua candidatura com um discurso desenvolvimentista, utilizando o slogan "50 anos em 5". Na concepção de Brasília utilizou um antigo anseio de desenvolvimento do interior do Brasil. Ao longo de seu mandato, o país viveu um período de notável desenvolvimento econômico e

estabilidade política. "Anos Dourados". Nessa época, não havia reeleições; se houvesse, provavelmente conseguiria um novo mandato. Foi sucedido por Jânio Quadros. E deu no que deu!

Outro programa de férias escolares inesquecível: viajar para São Carlos, no interior paulista, para visitar primos de minha mãe, numa fazenda nas proximidades da cidade. No local havia uma usina elétrica, administrada pelos tios da minha mãe. Diziam que vieram da Alemanha para implementar, operacionalizar e administrar a usina.

Na casa da fazenda os dormitórios tinham janelas enormes e, na cozinha, um fogão a lenha era utilizado o dia inteiro. A varanda circundava toda a frente da casa, de onde se avistava o pomar de mangas, jabuticabas, abacates, laranjas, limões e uvaias. As mangas exalavam um perfume agradável tão intenso que aromatizava toda a região da casa. Ainda hoje, quando sinto cheiro forte de manga numa feira ou mercado, lembro-me da fazenda de São Carlos.

Na escuridão da noite, sentávamos na varanda. Meus primos gostavam de ficar me assustando com histórias de mula sem cabeça, lobisomem e fantasmas que apareciam no pomar, atrás das árvores. Eu ficava procurando, assustado. Durante o dia, nadávamos no canal da usina, caçávamos morcegos no alojamento dos imensos geradores e comíamos frutas colhidas diretamente das árvores. Eles preparavam um bambu bem comprido e ficávamos escondidos no mato e, se alguma menina, filha de um dos roceiros, ia fazer xixi atrás de uma conhecida árvore higiênica, deslocavam o bambu até atingir seu traseiro. Travessura!

Quando preparavam uma galinha para o almoço, eu gostava de auxiliar. Corria atrás da galinha escolhida, para cercá-la num canto do galinheiro e apanhá-la. Era uma farra e, depois do escaldo, ajudava a arrancar-lhe as penas. Sentia o cheiro inesquecível de pena queimada quando a passavam por cima do fogão a lenha para eliminar a penugem. Às vezes, sacrificavam um leitão para um jantar mais elaborado; eu corria para bem longe da cena, pois ficava impressionado com o som alto e agudo que ele grunhia.

Hoje, dia 27 de junho de 2018, interrompi minha soneca da tarde para assistir, apático e sem entusiasmo, ao segundo tempo do jogo Brasil e Sérvia, pelas oitavas de final da Copa do Mundo da Rússia. O Brasil venceu esse jogo, mas eu não confiava que o time seguiria vitorioso; de fato, foi eliminado pela Bélgica nas quartas de final e voltou mais cedo para casa.

Há sessenta anos o Brasil ganhou da Suécia, os donos da casa, só que na final. Eu não estava nem apático nem me faltava entusiasmo, pelo contrário, a empolgação tomou conta de toda a família desde as primeiras partidas do campeonato. Durante a semana colamos muitas folhas de papel de seda coloridos e fizemos um balão gigantesco, só a mecha pesava dois quilos.

No dia da partida final, meu pai nos preparou uma surpresa: colocou no jardim, perto do chorão social, um equipamento inusitado: móvel baixo e comprido, com três repartições, rádio, toca-discos 78 rpm e alto-falante. Era chamado de hi-fi, aparelho de rádio e vitrola valvulado com som em alta fidelidade; nessa época, ainda não havia televisores. A família toda, tios, primos e vários amigos ficavam sentados na grama do jardim de casa, para ouvir o jogo, bebendo cerveja e caipirinha. Meu pai era tolerante com um pouco de bebida alcoólica para os garotos; a cada gol, havia gritaria e fogos. E foram cinco!

Na hora de soltar o balão, um dos presentes segurou a ponta, em cima da cobertura da garagem da casa em frente; outros sustentaram a boca, para acender a mecha. Estávamos exaltados e mais ou menos mamados, e o balão pegou fogo. Claro! Munidos de apitos e bandeiras, organizamos uma imensa fila indiana e percorremos, em êxtase, as ruas do bairro; depois, adentramos o cine Cruzeiro, perturbando a sessão de cinema, mas ninguém da plateia se incomodou.

Foi a primeira conquista de uma Copa do Mundo que eu acompanhei até então; na de 1950, eu tinha 7 anos, mas sofri bastante com a incrível derrota do Brasil em pleno Maracanã. No último jogo, contra o Uruguai, a seleção brasileira jogava com a vantagem do empate, e o país inteiro estava à espera da conquista do tão sonhado título. Mais de duzentas mil pessoas espremeram-se no Maracanã para comemorar, mais do que para propriamente torcer.

O time brasileiro ainda abriu o placar, no início do segundo tempo, só aumentando a euforia e a certeza de vitória; depois, por incrível que pareça, os uruguaios empataram o jogo e ainda fizeram o segundo gol, momento em que se iniciaram os quinze minutos do maior silêncio coletivo da história do futebol brasileiro.

Chegara a hora de escolher o colégio para cursar o científico; transcorria o ano de 1958 e eu tinha 15 anos. Com sentimento de revanche, pedi à minha mãe para matricular-me de novo no Colégio Bandeirantes. Cursei o primeiro ano com perseverança e consegui aprovação em física, química e matemática, mas fiquei em segunda época em inglês. No exame final, fui reprovado na prova oral; indignado, fui até a casa da professora Elza, nome eternamente gravado em minha mente, para pedir reavaliação. Não adiantou, tive que repetir o primeiro ano. Derrota com sabor de injustiça, pois, na repetição, no mesmo colégio, o inglês foi retirado do currículo escolar. Foi a última reprovação em minha vida acadêmica. No terceiro ano científico, mudei para o curso noturno do Colégio Ipiranga, na mesma rua Estela, esquina com a Domingos de Moraes.

Eu estava entrando na adolescência; era costume na época os adolescentes pertencerem a uma turma nominada, eu pertencia à turma da rua Pelotas. Na região, havia ainda a turma da rua Bagé e a turma da rua Morgado de Mateus. Lembro-me vagamente das festinhas na casa de uma das meninas da turma da rua Bagé: bailinhos com as músicas da época, discretamente observados pelos pais da garota.

"Rock Around the Clock" e outros sucessos de Bill Haley e Seus Cometas, Hully Gully Cha Cha Cha, para dançar separados, adoidados. Depois, as baladas de Nat King Cole e The Platters, para dançar juntinho; às vezes, de rostinho colado ao da namoradinha, coração acelerado. Palpitação!

Nesse ano de 1958, tive a oportunidade de assistir a uma apresentação de um ídolo norte-americano em solo brasileiro, pela primeira vez: Bill Haley, o rei do rock'n roll, apresentou-se no Teatro Paramount, na rua Brigadeiro Luiz Antônio. Quando começou o show, a gritaria foi tão intensa que não se pôde ouvir nada. Valeu pela performance do grupo.

Estava muito na moda, nesse tempo, a organização de grandes bailes de formatura. Era possível participar da formatura de algum conhecido ou, como penetra, na formatura de desconhecidos; não havia controle de presença na portaria, mas era obrigatório o uso de smoking preto e gravata-borboleta. As cerimônias aconteciam em grandes salões da época: Clube Pinheiros, ala social do aeroporto de Congonhas, Clube Homs, Casa de Portugal.

Os bailes eram animados por grandes orquestras, como as de Sylvio Mazzucca e Osmar Milani; o ritual que todos partilhavam abrangia dançar, paquerar e beber "cuba libre" até de madrugada. Para escolher uma parceira, tínhamos que atravessar todo o salão, fazer o convite e pedir permissão à família. Para evitar uma recusa, observávamos se as garotas não estavam com o namorado e se já estavam tomando "chá de cadeira" há algum tempo. Ao final, voltávamos para casa em grupo, comentando as paqueras, tomando leite e comendo pão quentinho, que o padeiro deixava à porta das casas.

Em certa ocasião, minha mãe fez uma viagem para Buenos Aires de "vapor", como ainda eram chamados os navios para passageiros, na época. No seu retorno, fomos buscá-la no porto de Santos, trazia várias malas com produtos de couro: casacos, bolsas, calças, botas. Em casa, estendia tudo na cama e convidava amigas para examinar as peças. Vendia tudo em poucos dias, recuperava o preço pago pela viagem e ainda sobrava um pouco para a próxima. Outra viagem e nova venda dos produtos de couro tornaram-na sacoleira internacional de luxo.

No retorno de uma das viagens, trouxe uma mamadeira pequena, para o chazinho do bebê. Pretendia produzir, no Brasil, um produto similar. Encomendou vidrinho, tampinha, chupeta, bula e caixinha para embalar. Durante um período, a família inteira reunia-se à noite, em torno da mesa da sala de jantar, para embalar o produto. Linha de produção: abrir a caixinha, instalar a bula e a mamadeira, colocar a chupeta, fechar e acondicionar na embalagem de uma dúzia. Cor-de-rosa para meninas, ou azul para meninos. Era um mutirão doméstico noturno.

No dia seguinte, tomava o ônibus número 48, na esquina de baixo da rua Pelotas e, carregando pesados embrulhos, dirigia-se ao Vale do Anhangabaú. Vendia tudo nas lojas de produtos infantis, depois, nas farmácias da rede Drogasil. Mamãe mudou a linha de produção para a edícula do nosso sobrado e contratou algumas funcionárias. Não demandou muito tempo e construiu um pequeno galpão, no quintal da casa, admitiu um gerente, passou a se dedicar somente às vendas e a oficializar a empreitada, criando uma empresa "no papel", já em franca atividade. Eita!

Meu pai era funcionário público. Trabalhava no Fórum da praça João Mendes, em uma repartição referente a cartórios. Nunca teve grandes ambições, parecia satisfeito com o que fazia. Muitas vezes, convidava-me para tomarmos o lanche da tarde no Fórum. Eu gostava desse programa e, quando tinha sorte, via algum preso algemado sendo conduzido. Chocante!

Todo fim de mês ele chegava em casa com o carro abarrotado de mantimentos para uso doméstico. Toda a família, com muito entusiasmo, descarregava o porta-malas lotado e levava tudo para uma pequena despensa na cozinha. Uma cooperativa, organizada pelo pessoal que trabalhava no Fórum, providenciava a compra mensal de mantimentos no atacado e vendia aos credenciados a preço de custo. Ainda não havia supermercados na cidade; o primeiro só seria inaugurado em 1959, na avenida Brigadeiro Luiz Antônio. Supermercado Pão de Açúcar.

Com o passar dos anos, meu pai permanecia, cada vez mais tempo, na chácara de Santana de Parnaíba. Arrumou a casinha, cercou e limpou o terreno, plantou várias árvores, algumas frutíferas. Começou a interessar-se pela política da pequena cidade e por uma viúva, mãe de quatro filhos, proprietária de um bar caseiro perto da igreja matriz. Nessa época, eu já percebia algo estranho no relacionamento de meus pais; quando se aposentou, mudou definitivamente para a chácara. O casamento tinha acabado.

Atualmente, tenho pouco contato com meu irmão caçula. Só por e-mail, pois ele nunca me informou o número de seu telefone celular. Todos os anos envio um e-mail, no dia do seu aniversário, e ele o responde de forma soturna, sem agradecer. Afirma sempre, de forma categórica, que está deprimido, sofrendo. Da última vez, afirmou não sentir nenhuma alegria: "morrer é um prêmio de consolação", palavras dele. Foi a resposta à felicitação de aniversário. Durante o longo inventário da morte de minha mãe, tivemos muitos problemas, muita discussão. Ele não concordava com nada e fez o que pôde para atrapalhar a finalização do triste processo; acabou conseguindo: o inventário só terminou depois de catorze anos. Ufa!

Ele foi alvo de muita gozação quando criança, por ser o caçula e muito apegado a dinheiro; certamente isso provocou-lhe danos na fase adulta. Em certa ocasião, resolveu montar um pequeno galinheiro, num canto do quintal, com revestimento de tela de arame e cobertura de telhas de plástico. Vendia os frangos, comprava mais pintinhos e guardava o dinheiro num lugar secreto. Certa vez, foi flagrado passando as notas de dinheiro com o ferro elétrico. Muita zombaria.

Noutra ocasião, quando eu estava estudando dia e noite para o vestibular com alguns amigos, resolvemos comprar um frango assado para matar a fome. Quando meu irmão chegou, enaltecemos, em voz alta para ele escutar, a qualidade de seus frangos. Irado, pegou uma lanterna e foi para o quintal fazer a inspeção. Ao voltar, aliviado com a contagem, encontrou a turma morrendo de tanto rir. Chacota.

Aconteciam seguidamente situações semelhantes; como na vez em que comentou que, quando dormia, sentia um calorzinho nas coxas, sempre às onze e quinze da noite, para justificar por que urinava na cama. Durante muito tempo, passei a chamá-lo de "onze e quinze". Meu irmão ficava muito irritado; eu era o veterano, ele, o calouro sofrendo bullying. Naquele tempo essa palavra não era usada. Escárnio!

Todavia, não era apenas o conflito que definia nossa relação. Houve muitos momentos de alegria e também de sofrimento; inclusive, alegria e sofrimento no mesmo dia. Aconteceu uma vez que meu pai experimentava produzir vinho artesanal de laranja no porão do sobrado. Colocava o caldo numa pequena barrica e acompanhava a fermentação sistematicamente com um termômetro. Depois, mergulhava uma mangueira plástica, sugava o suco e deixava-o fluir num copinho; bebia um pouco e tampava o barril. Acompanhava diariamente o processo de fermentação.

Sempre assistíamos ao ritual. Um dia, resolvemos matar a curiosidade: imergimos a mangueira, sugamos direto na boca e demos um golinho. Gostamos tanto que passamos a repetir regularmente a ação; um pouquinho de cada vez, sem contrariedades. Até que um dia exageramos. Pilequinho. Fomos tomar banho juntos na banheira da casa, eufóricos. Guerra de sabonete e água. Meu pai chegou e viu a bagunça; desconfiado, foi até o porão e desvendou o segredo. Subiu até o banheiro de cinto na mão. Da euforia ao sofrimento. "Valha-me, Deus!"

Fui convidado, por um dos colegas de estudo, para uma estadia de alguns dias na casa dos tios, em Fernandópolis, a seiscentos quilômetros a noroeste de São Paulo. Lá encontraríamos seus primos e muitos amigos do interior e seria ideal para espairecer-nos, depois de tantos dias seguidos de estudo.

Todos os dias íamos nadar num lago da redondeza. Uma vez encontrei uma garota muito bonita e parti para a paquera; quase roubei um beijinho e arrumei uma encrenca. Era namorada de um garotão alto e bem forte, que trabalhava como locutor dos avisos de interesse da comunidade; havia em sua casa um microfone e, na praça do coreto, alto-falantes. Para me vangloriar e tentar intimidá-lo, marquei com ferro em brasa uma cruz atrás de cada bota. Os primos espalharam que eu era da turma da "Cruz Preta" de São Paulo. Perigosíssima!

Numa noite, um dos primos mais velhos levou-nos para a "zona" da cidade; fomos em duas charretes puxadas por cavalos.

Chegamos a uma pequena rua, afastada do centro, com casinhas dos dois lados. Portas abertas e luzinha vermelha na sala. Ele escolheu uma e adentramos com determinação. Duas mesas centrais e cadeiras enfileiradas contra a parede, com mulheres mais velhas sentadas.

Meu coração estava disparado, eu simulava indiferença, até que uma das mulheres me abordou: "Me paga um vermute?". Paguei e depois fui para o quarto com ela, que me ofereceu um cigarrinho de maconha, para desanuviar. E voltei "nas nuvens"! Categoricamente!

Na pequena cidade, diziam que, durante o dia, poderíamos passear de charrete, mas era preciso segurar forte nas rédeas, indicar para o cavalo o caminho a seguir. De noite, se largássemos as rédeas, o cavalo iria direto para a zona. Hilariante.

Quando voltei para São Paulo, caí das nuvens. Doença venérea. Fui ao médico especialista; naquele tempo, o tratamento era complicado, precisei fazer cauterização. O médico colocava um tubinho no canal do pênis e, à medida que ia tirando-o, bem devagar, localizava os pontos de infecção. Colocava o cauterizador e queimava; não doía, mas saía uma fumacinha com cheiro de carne queimada. Virei um churrasquinho. Depois do tratamento, quarentena total até a liberação do médico. Gastura contagiosa.

Aproximávamo-nos da década de 1960. De noite, último ano do científico no Colégio Ipiranga e, de dia, cursinho pré-vestibular no Anglo-Latino, à rua Tamandaré, bairro da Liberdade. Professores como Gabriades, Cid Gelli, Simão, Marmo e Feltre apresentavam aulas-shows, inovadora e eficiente metodologia de ensino para vestibulares. Havia ainda provas simuladas, que nos colocavam "no clima" do exame vestibular. Consegui aprovação em três faculdades; escolhi o curso de engenharia civil da Universidade Mackenzie. Acertadamente!

A década começou "quente" e iria ferver abundantemente. Deu-se início com a eleição de meu pai à prefeitura de Santana de Parnaíba, em outubro de 1960; recebeu um total de 402 votos e venceu seu adversário por uma diferença de apenas três. Raspando!

Na mesma data, não foi raspando, mas com muita folga, que Jânio Quadros foi eleito para ocupar o cargo de presidente da República. Foi a primeira vez que eu votei, participei vigorosamente da campanha, torci muito pela vitória de meu candidato e amarguei a primeira grande decepção política. Lembro-me muito bem do jingle da campanha; atualíssimo!

Varre, varre vassourinha!
Varre, varre a bandalheira!
Que o povo está cansado.
De sofrer dessa maneira.

Foi o primeiro a receber a faixa presidencial, em Brasília, nova capital federal. Nessa época, também havia eleição para a vice-presidência, mesmo de partidos diferentes. Com sete meses de governo, Jânio ficou politicamente isolado. Medidas como proibição de lança-perfume em carnavais, biquíni nas praias e briga de galo foram assimiladas como irrelevantes. A condecoração do guerrilheiro Che Guevara, com a "Ordem Nacional do Cruzeiro do Sul", foi considerada politicamente incorreta. Jânio ainda tentou uma manobra para se fortalecer: apresentou renúncia ao cargo, certo de que os militares não permitiriam a posse do vice, Jango

Goulart, recusariam a renúncia e ele voltaria fortalecido; entretanto, o pedido foi aceito e ele perdeu o cargo.

o—•—o

Quando começaram a chegar as primeiras notícias do atentado que matou o presidente dos Estados Unidos, eu não consegui, ainda sem me ater à gravidade do fato, evitar que meus pensamentos se deslocassem, de imediato, para o mundo da fantasia ou, mais especificamente, ao universo dos rituais, dos feitiços e das maldições.

A maldição de Tecumseh tem sua origem em um episódio ocorrido no ano de 1811, depois da batalha de Tippecanoe, entre as forças norte-americanas sob o comando de William Harrison e a tribo ameríndia Shawnee liderada por Tecumseh e seu irmão Tenskwatawa, que pretendiam estabelecer uma confederação de nativos americanos no estado da Louisiana, à beira do golfo do México.

Após ver o seu povo dizimado pelas tropas americanas, Tenskwatawa, conhecido pelo apelido de "Profeta", preceituou a vingativa maldição, segundo a qual todos os "Grandes Pais Brancos" que fossem escolhidos, em início de décadas, de vinte em vinte anos, morreriam durante o exercício do cargo. A profecia foi, inclusive, publicada na coluna de acontecimentos insólitos de um jornal de 1831, sob o título "Acredite se quiser".

Nove anos após, a maldição indígena começou a surtir efeito; William Harrison, vitorioso na batalha de Tippecanoe, eleito presidente dos Estados Unidos em 1840, morreu em decorrência de uma pneumonia, um mês depois de tomar posse. De vinte em vinte anos, de 1860 a 1960, quando Kennedy foi assassinado, nenhum presidente americano terminou o seu mandato, uma vez que morriam no exercício dos respectivos mandatos. Os efeitos da maldição chegaram ao seu final com a morte prematura do presidente John Kennedy, eleito em 1960 e assassinado em 22 de novembro de 1963, visto que o presidente eleito, em 1980, Ronald Reagan, terminou seus dois mandatos presidenciais.

Depois do breve lapso fantástico, volto à realidade para visualizar, em inúmeras manchetes e fotografias de jornais espalhadas por todo o mundo, a divulgação dos detalhes do assassinato de Kennedy que, à primeira vista, pareceu-me simplista demais para ser digna de credibilidade.

FUNERAL DE KENNEDY - Procissão fúnebre puxada por cavalos para o presidente John F. Kennedy, 25 de novembro de 1963. Crédito: Granger, NYC./Alamy/Fotoarena

O presidente dos Estados Unidos, ao lado de sua esposa e convidados, desfilava triunfantemente pelas avenidas da cidade de Dallas, Texas, na limusine presidencial aberta, seguida por sua comitiva, em uma grande carreata. Alegre e sorridente, saudava os correligionários, quando, de súbito, foi atingido por disparos de arma de fogo.

A limusine disparou em direção ao Hospital Parkland, enquanto os agentes vasculharam o palco dos acontecimentos e detiveram um indivíduo de nome Lee Harvey Oswald, suspeito de tratar-se do atirador que teria praticado o crime. Ao entardecer do mesmo dia, no retorno da comitiva a Washington, ainda no "Air Force One", o vice-presidente Lyndon Johnson subiu a bordo e foi empossado como o novo mandatário norte-americano, na presença de Jacqueline Kennedy, ainda com a roupa manchada pelo sangue do marido assassinado.

Dois dias após, em Dallas, enquanto Lee era transladado, sob custódia do Estado, por vários agentes da polícia texana, outro indivíduo, de nome Jack Leon Ruby, irrompeu de súbito e, diante das autoridades perplexas e das emissoras de televisão que transmitiam o evento ao vivo, atingiu Lee Oswald com um tiro à queima-roupa, matando-o imediatamente.

Jack Ruby chegou a ser condenado à morte, em 1964, mas, enquanto aguardava um recurso impetrado por seus advogados à corte de apelação, morreu prematuramente vitimado, segundo o que foi divulgado em janeiro de 1967, por um câncer no pulmão, sem que a motivação do crime ficasse convenientemente esclarecida. Assim, com os três protagonistas mortos em menos de quatro anos, sem que esclarecimentos verossímeis fossem divulgados, torna-se aceitável, pelo menos para mim, que a versão fantástica do episódio, por mais absurda que pareça, seja mais coerente que a oficial.

John Kennedy foi o presidente americano mais carismático até então. Casado com a elegantíssima e simpática Jacqueline Bouvier, formavam um casal glamoroso e não transparecia que tivessem tantos problemas conjugais, escancarados após a sua morte.

Na área política, seu governo ocorreu em plena Guerra Fria e foi marcado pelo começo da construção do Muro de Berlim, apenas seis meses depois de iniciar o seu mandato presidencial; pelo fiasco na tentativa de derrubar o ditador cubano Fidel Castro no primeiro semestre de 1961, que ficou conhecido pela invasão da Baía dos Porcos; pela Crise dos Mísseis, em que americanos e soviéticos ficaram muito próximos de provocar uma guerra nuclear e pela corrida espacial, em que os americanos desequilibraram a disputa com os soviéticos, colocando o primeiro humano na superfície lunar.

Mas foi na área pessoal que ele marcou uma presença mais atrativa para o noticiário jornalístico, com a divulgação de seu jeito controverso de ser, como no caso da suposta relação extraconjugal com a estonteante atriz Marilyn Monroe ou no tratamento carinhoso dedicado aos filhos, como estampado na famosa fotografia em que seu primogênito, John, está embaixo da mesa presidencial do Salão Oval da Casa Branca, onde Kennedy se encontrava sentado e trabalhando com a fisionomia compenetrada.

A mesa do Salão Oval era um móvel pesado, não muito comprido, mas bem largo, sem pés aparentes, com as laterais e a parte frontal totalmente apoiadas no carpete, executado com madeira de lei entalhada no estilo renascentista ou vitoriano. Totalmente fechada, possuía na saia frontal uma portinhola, que não era notada quando fechada por completo; na famosa foto, o primogênito do presidente engatinhava, passando pela portinhola entreaberta para fora e deixando para trás seu "esconderijo secreto".

○—●—○

Sou tomado por um inesperado e intenso estado de devaneio onírico e passo a associar o episódio a outro hipotético e emocionante engatinhar por baixo da mesma mesa presidencial. Minha mente viajou para a década de 1990, na gestão do presidente Bill Clinton, embora o engatinhar não tenha sido praticado por sua inocente filhinha, à época com doze anos, mas por uma atraente estagiária da Casa Branca de 22 anos, chamada Monica Lewinsky.

O engatinhar ao "covil secreto", certamente por obra de olhos tristes e traiçoeiros que pululavam no entorno do presidente romântico, foi evidenciado e ele não teve como negar o devaneio sexual, uma vez que o vestido da estagiária com a mancha do sêmen democrata acabou sendo entregue aos sedentos investigadores. Mesmo com as provas, Bill Clinton negou, numa manifestação televisiva ao lado de sua esposa, que tivesse praticado sexo com a estagiária, mas admitiu que se envolveu numa "relação física inapropriada". Maldita chupada!

Apesar da ameaça de impeachment e do desgaste que ele teve com o episódio, foi-lhe dado o perdão pelos americanos e completou seu segundo mandato presidencial sem atropelos; sua esposa, elevada à posição de "chifruda" mais poderosa do mundo, foi punida pelos eleitores e perdeu a eleição em que pretendia substituir o marido sedutor.

o—•—o

De volta à década de 1960, registro meu espanto e inconformismo quando foi confirmado que, desta vez, Caryl Chessman, o prisioneiro americano que aguardava, pela oitava vez e por mais de onze anos encarcerado, a comutação de sua pena de morte em prisão perpétua, fora executado na câmara de gás. Sem dúvida, foi mais um capítulo na história dos processos criminais em que as autoridades necessitavam executar, a todo custo, um culpado ou um "bode expiatório" para dar cabo à voracidade do clamor popular americano. Ele fora condenado à pena capital, na cidade de Los Angeles, em janeiro de 1948, mas teve a execução revogada inúmeras vezes, em cima da hora. Aguardou por onze anos a execução da pena, no corredor da morte da prisão de San Quentin, na Califórnia.

Na acusação, foi associado ao "Bandido da Luz Vermelha", temido marginal que estava roubando e molestando sexualmente mulheres, apenas com provas circunstanciais, mas nunca comprovadas. Jamais confessou os crimes. Ficou muito famoso na década de 1950, depois de sua prisão, pois nesse período estudou direito, dispensou advogados e passou a fazer suas próprias defesas.

Caryl Chessman foi um bandido de enorme sagacidade. Escreveu, de dentro da cadeia, as obras biográficas: *Cela da morte*, *A lei quer que eu morra* e *A face cruel da justiça*, além de um romance, *O garoto era um assassino*. Seus livros foram publicados em todo o mundo, deixando atônitas pessoas de várias nacionalidades, provocando diversos sentimentos, desde compaixão até ódio extremo. Morreu na câmara de gás, em maio de 1960, pouco antes de completar 39 anos, ao ser-lhe negada sua última apelação; mas sua resistência fez com que os Estados Unidos, assim como várias nações em todo o mundo, colocassem o tema da pena de morte em posição de destaque, sendo sucessivamente abolida em vários países.

o—•—o

Estávamos no fim de junho de 1961, no auge de um dos casos policiais brasileiros mais bombásticos da década: "Que teria acontecido à milionária Dana de Teffé?". Ela foi vista com vida, pela última vez, no carro do advogado Leopoldo Heitor, conhecido como o "advogado do diabo". "Onde estaria o corpo de Dana de Teffé?". Eram as insistentes manchetes de todos os jornais e revistas da época.

A milionária tcheca Dana de Teffé tinha 48 anos e estava no Brasil há três, quando saiu do apartamento em que morava em Copacabana e entrou no automóvel do advogado, em direção a São Paulo, para nunca mais ser vista.

Acusado de homicídio e ocultação de cadáver, o advogado foi detido em março de 1962 e argumentou, em seu depoimento, que Dana estava sendo ameaçada por terroristas tchecos e que, de São Paulo, viajaria para a Europa. Entretanto, seu carro foi interceptado à altura da cidade de Angra dos Reis e a milionária tinha sido sequestrada por espiões comunistas. Haja imaginação!

Heitor negou veementemente ser seu amante, porém não explicou por que tinha procuração para cuidar de seus bens e fez uso do documento. Ele era advogado da vítima e de seu terceiro ex-marido. Em outubro de 1962, fugiu da carceragem da polícia militar, na qual estava detido, mas, dez dias depois, foi capturado em Mato Grosso. Em fevereiro de 1963, foi condenado a 35 anos de prisão. Passou oito anos preso, mas acabou sendo absolvido, por falta de provas, em outros três julgamentos posteriores. Os crimes prescreveram em 1981, e Leopoldo morreu de infarto aos 80 anos, em liberdade. O corpo de Dana de Teffé nunca foi encontrado. Certamente, um dos crimes mais fantasiosos da história criminal brasileira. Caramba!

O início do curso de engenharia no Mackenzie alterou totalmente minha rotina diária. Precisava acordar muito cedo e chegar, em tempo, para a primeira aula às sete horas da manhã. Naquela época, o controle de presença nas salas de aulas era por chamada oral, aluno por aluno. Comecei tendo muita dificuldade, precisava estudar muito e dedicadamente. Só que eu não gostava muito disso. Gostava de intercalar estudo com folia e bebedeira.

Logo no início do curso, conheci um agradável barzinho, com um garçom malabarista, que fazia batidas de frutas com graça e perfeição. O lugar era tão minúsculo que não tinha nome. Ficava na descida da rua Major Sertório, pertinho do Mackenzie. Ficou conhecido como o "Bar Sem Nome", ponto de encontro marcante para os jovens estudantes daquela época.

A parte frontal, sem recuo, onde se localizava o balcão de serviços, era bem estreita e contígua à calçada. Nos fundos, havia um balcão maior contra a parede, com alguns banquinhos. Não havia nenhuma mesa. Quando o movimento era pequeno, os fregueses ficavam nos balcões ou sentados nos banquinhos. Se estava abarrotado, ficavam amontoados na calçada, transformando o espaço todo num *point* acadêmico. *Happening* alcoólico!

Era muito frequentado pela turma de estudantes do Mackenzie, mas os jovens de outras faculdades da vizinhança também gostavam do lugar. Chico Buarque ensaiou a música "Pedro Pedreiro", antes do lançamento em disco, com seu violão, sentado num dos banquinhos dos fundos, acompanhado de alguns colegas da faculdade. Foi muita sorte ainda não estar mamado; gravei, em meu cérebro sóbrio e lúcido, a letra da música. Até hoje chamo o pedreiro de confiança que trabalha pra mim de Pedro Pedreiro.

Nascido numa família de intelectuais, Chico mudou-se, ainda criança, do Rio para São Paulo. Na capital paulista, fez os estudos primários e secundários no Colégio Santa Cruz e ingressou na Faculdade de Arquitetura e Urbanismo da USP, mas acabou desistindo do curso. Corretíssimo!

No Bar Sem Nome, comecei a tomar os primeiros pileques e a cabular, irresponsavelmente, as primeiras aulas. A faculdade foi tornando-se cada vez mais complicada e tive que usar de muita imaginação para não ser reprovado nesse e nos demais anos. "Colar" nas provas e "comprar", de colegas dedicados, alguns trabalhos escolares solicitados era corriqueiro. No primeiro ano, fui aprovado raspando, com as duas dependências permitidas, que iriam sobrecarregar o ano seguinte. Eu tinha apenas

21 anos e experimentava um pacote surpreendente de emoções, tanto na vida acadêmica, que me deixava exaurido, quanto na vida boêmia, cuja alegria e despreocupação me atraíam cada vez mais.

A divisão do mundo em blocos socialista e capitalista acabou criando, principalmente no ambiente estudantil, jovens de direita e jovens de esquerda, bem como os famosos jovens da "esquerda festiva", da qual eu alegremente fazia parte. Amava tomar um gim-tônica político no Barbazul da avenida São Luiz, ponto de encontro de intelectuais de esquerda e de direita, cujas discussões políticas eram sempre muito acaloradas e não tinham fim.

O Bar Sem Nome, parada obrigatória, não apresentava as mínimas condições de um bate-papo político pela intensa algazarra. Incrível é que alguns colegas e eu estávamos conversando, já havia algum tempo, no sentido de montarmos um ambiente de bar particular, uma espécie de filial alcoólica do centro acadêmico. Na época, os mackenzistas usavam um blusão azul com o desenho do Popeye às costas, embaixo da palavra Engenharia; depois de intensas deliberações, foi decidido que, se fosse concretizado, o lugar se chamaria "Toca do Popeye".

> Também poderíamos chamar de toca, de tão pequena que era, a cápsula que levou o piloto soviético Yuri Gagarin ao primeiro passeio espacial em torno da Terra, transformando-o no primeiro astronauta da história da humanidade. A missão, a bordo da nave Vostok, lançada em abril de 1961, demandou apenas uma hora e quarenta e oito minutos e consistiu em uma única volta a 315 quilômetros de altura. Durante a órbita, teria pronunciado a frase histórica: "A Terra é azul".

Cosmonauta Yuri Gagarin durante as últimas verificações dos sistemas de controle da Vostok I antes do lançamento, em 1961. Crédito: Sovfoto/UIG/Fotoarena

A União Soviética e os Estados Unidos despontaram da Segunda Guerra Mundial como incontestes potências mundiais e passaram a disputar a influência política dos demais países envolvidos no conflito por meio de seus avanços tecnológicos. Tanto uma como a outra alicerçaram-se no desenvolvimento bélico e tecnológico alemão, recrutando pesquisadores do exército nazista para complementar suas respectivas equipes de cientistas.

Uma verdadeira maratona tecnológica espacial teve início em janeiro de 1957, com os soviéticos levando vantagem após o lançamento do satélite artificial Sputnik 1, primeiro objeto posto em órbita ao redor do planeta Terra. Logo após, ampliaram a vantagem precedente com o lançamento do Sputnik 2, cápsula espacial em forma de cone, abrigando a cadela Laika, primeiro organismo vivo a alcançar o espaço sideral.

Não obstante o lançamento ter significado um avanço tecnológico sem precedentes naquela época, na verdade Laika foi uma mártir espacial. Os soviéticos não planejaram trazê-la de volta, uma vez que à época não havia tecnologia para recuperar objetos lançados ao espaço. Laika morreu entre cinco e sete horas após o lançamento, muito antes do esperado pela equipe russa, pelo estresse decorrente do confinamento e superaquecimento da cabine ao entrar em órbita da Terra.

Mesmo que tenha sobrevivido apenas algumas horas, a contribuição involuntária dessa cadela foi gigantesca para a ciência espacial de sua época. Os soviéticos pavimentaram o caminho para que os primeiros seres humanos fossem lançados ao espaço. A missão Sputnik 2 deu 2.570 voltas ao redor da Terra em trajetórias cada vez mais baixas, desintegrando-se ao alcançar as camadas mais densas da atmosfera terrestre.

Os norte-americanos reagiram prontamente, lançando o Explorer 1, seu primeiro satélite artificial e símbolo da chegada dos Estados Unidos ao espaço; porém foram novamente eclipsados pelo lançamento da nave espacial russa Vostok, com o primeiro humano a orbitar a Terra.

Esse feito foi um sinal de superioridade tecnológica soviética tão evidente até aquele momento, a ponto de o então presidente Kennedy proclamar um discurso elogioso à União Soviética e prometer, em contrapartida, levar o homem à superfície lunar e trazê-lo de volta à Terra; fato esse concretizado em julho de 1969 com Neil Armstrong e sua tripulação a bordo da nave espacial Apollo 11, invertendo a superioridade tecnológica espacial a favor dos americanos.

Mas nem tudo foi regido por atitudes certeiras na vitoriosa viagem de Gagarin ao espaço. O risco de uma tragédia espacial foi gigantesco, uma vez que ele partiu como passageiro e não como um cosmonauta, visto que não poderia acessar o painel de controle da nave, monitorada a distância pelos técnicos soviéticos no centro espacial. As falhas foram solucionadas com atitudes improvisadas pela equipe técnica. Gagarin não regressou à superfície terrestre dentro da nave como era de se esperar, mas foi ejetado muito antes de a cápsula aterrissar, viajando os últimos quilômetros da missão em paraquedas.

Seu voo o tornou um herói nacional e celebridade mundial. Ele promoveu a conquista viajando por muitos países, tendo o Brasil como último destino por um período de seis dias, entre o Rio de Janeiro e São Paulo, mobilizando multidões. O presidente Jânio Quadros aproveitou o ensejo para restabelecer relações diplomáticas com a União Soviética, o que foi feito já no governo seguinte de João Goulart.

Embora Gagarin desejasse voar pelo espaço novamente, foi proibido de fazê-lo em razão do status de herói nacional. Em março de 1968, durante um voo de rotina, sofreu um acidente aéreo que o levou a falecer prematuramente aos 34 anos, sete anos após a proeza.

Estava em franco desenvolvimento a famigerada Guerra Fria entre os Estados Unidos e a União Soviética, intensa disputa econômica, tecnológica, diplomática e ideológica pela superioridade mundial nas mais variadas zonas de influência.

Começou depois da Segunda Guerra Mundial e era assim chamada porque nunca houve uma confrontação direta entre as duas nações, entretanto, em consequência, houve a divisão do mundo em dois blocos de influência das duas superpotências e uma corrida armamentista que colocou o mundo sob ameaça de uma guerra nuclear com potência para destruí-lo totalmente.

O mais conhecido evento que simbolizou esse confronto foi a construção, iniciada na madrugada do dia 13 de agosto de 1961, de um gigantesco muro, dividindo a cidade de Berlim, na Alemanha ocupada, em duas partes: uma sob a influência dos soviéticos e outra sob o esteio americano.

O muro tinha por objetivo principal impedir a saída de profissionais e trabalhadores qualificados que deixavam a Alemanha Oriental, em busca de melhores condições de vida na cidade sob regime capitalista. Tinha sessenta quilômetros de extensão e, nos primeiros meses, mais de oitenta pessoas morreram na tentativa de transpassá-lo. Além de barreira física, o muro simbolizava a divisão ideológica do mundo em dois blocos: República Federal da Alemanha, parte do bloco formado pelos países capitalistas, aficionados pelo modelo norte-americano; e República Democrática Alemã, parte do bloco composto por países socialistas, simpatizantes do regime soviético. O Muro de Berlim foi, por muito tempo, o principal símbolo da Guerra Fria.

o—•—o

A Copa do Mundo de Futebol de 1962 foi disputada no Chile, mas correu o considerável risco de ser cancelada. Com as obras para a copa em estágio avançado, o país foi atingido pelo terremoto mais potente da história: 9,5 graus na escala Richter, atingindo dezenas de cidades chilenas. Estima-se que mais de duas mil pessoas morreram, dezenas de milhares ficaram feridas e um quarto da população ficou desabrigada. O tremor foi tão forte que provocou tsunamis que causaram estragos no Havaí, nas Filipinas e no Japão.

Das oito cidades chilenas escolhidas para sediarem as partidas da Copa, quatro foram severamente atingidas, sendo descartadas. Houve muita dúvida sobre a capacidade do país de receber a Copa, uma vez que a prioridade nacional deveria ser a reconstrução das cidades afetadas.

Sob a argumentação de que a Copa daria uma injeção de ânimo na população, abalada pela perda de parentes e de suas casas, o mandatário chileno insistiu na confirmação do evento. Por fim, decidiu-se que a Copa seria realizada nos estádios de apenas quatro cidades, mas não seria cancelada.

Dentro de campo, a seleção chilena mostrou muita garra, pois, mesmo sem tradição futebolística, passou pela Itália, na fase de grupos, e pela União Soviética, nas quartas de final, mas perdeu para o Brasil na semifinal.

Recuperou a garra, vencendo a Iugoslávia para garantir o terceiro lugar, melhor colocação do Chile até hoje.

O time brasileiro, campeão da Copa anterior, conforme as regras, não participou das eliminatórias; na partida final, venceu a Tchecoslováquia e conquistou o bicampeonato. Pelé, campeão mundial pelo Santos, marcou o primeiro gol em Copas do Mundo, mas, contundido, participou de apenas um jogo. Quem tomou conta da competição foi Mané Garrincha que, endemoninhado, com dribles, cruzamentos, cobrança de faltas e escanteios perfeitos, foi um craque completo. A manchete do jornal chileno *El Mercurio* estampou a pergunta: "¿De que planeta viene Garrincha?".

Na faculdade, fui aprovado no segundo ano e, novamente, levei para o terceiro duas dependências, como de hábito. Passar direto ainda não fazia parte de meu catálogo de realizações, apesar de gigantesco esforço e de estratégias nada virtuosas.

Nesse ano, contrariando as expectativas, um evento escolar produziu-me uma sensação de bem-estar inusitada no ambiente acadêmico: o acampamento de aulas práticas de topografia do professor Borges, com a duração de duas semanas, numa propriedade privada da universidade, em Cabuçu, subúrbio de São Paulo. Cem alunos e duas destemidas alunas participaram do evento, alojados em quartos simples com dois beliches e uma mesinha; o grande salão contíguo, onde fazíamos as refeições diárias, transformava-se numa enorme praça de cálculos topográficos à noite.

No primeiro dia, eram formados grupos de seis a oito alunos para o trabalho coletivo e as avaliações de desempenho dadas a cada grupo, que eram consideradas na avaliação final da disciplina. Durante o dia, percorríamos o perímetro da propriedade, subidas íngremes e descidas derrapantes no meio do mato, equipados com aparelhos de medição e cadernetas específicas para anotações topográficas. Nosso objetivo era calcular a área da propriedade e, como todos os grupos estavam medindo a mesma área, evidentemente os resultados deveriam ser semelhantes.

Depois da faxina do jantar, as mesas eram redistribuídas e montadas para cada grupo de alunos, que estudavam e analisavam as anotações das cadernetas. As complexas operações matemáticas eram feitas manualmente e com o uso das famosas réguas de cálculos, dispositivos que se baseavam na sobreposição de várias guias que deslizam umas sobre as outras, mostrando o resultado obtido por um cursor. Uma noite, um colega exibiu uma calculadora mecânica, com uma série de pinos deslocáveis, que fez muito sucesso; as máquinas manuais surgiriam poucos anos depois; as eletrônicas, dali a dez anos; e os computadores, a perder de vista.

Na realidade, a verdadeira sensação de bem-estar começou quando um dos alunos, que não demonstrava nenhum interesse pelo curso, convidou-me a organizarmos juntos uma apresentação teatral, que ele pretendia realizar para quebrar o dia a dia rotineiro do acampamento. Escolhemos um dos roteiros que ele levara consigo, convidamos mais cinco figurantes e, de imediato, alternamos as enfadonhas anotações topográficas com experimentos cênicos. Genial!

O professor Borges não criou nenhum obstáculo e a apresentação foi aprovada; o horário do jantar foi transferido para depois do espetáculo e o grupo mambembe foi dispensado das atividades vespertinas para montar a cena do espetáculo. Havia várias mesas enfileiradas para formar o tabuleiro do palco e, em cima delas, mais quatro mesas juntas e cadeiras alinhadas, para compor o cenário. Um varal improvisado, com lençóis pendurados, constituía o fundo da cena e escondia o camarim dos atores. A plateia foi constituída por oitenta pessoas, que se acomodaram nas cadeiras dispostas ordenadamente; o professor e os monitores estavam de olho para evitar qualquer contravenção.

Seis atores, sentados nas cadeiras, ao redor da mesa em cima do palco, discutiam sobre um assassinato ocorrido, em que um dos presentes era o assassino. Eram servidos por um mordomo, que entrava e saía de cena, trazendo uma bandeja com copos de — conforme acordado — groselha, simulando vinho. Acontece que, numa brilhante ideia do nosso diretor artístico, o mordomo servia vinho mesmo, comprado de forma clandestina; então, no transcorrer do espetáculo, todos fomos ficando de pilequinho, principalmente o mordomo, protegido pelos lençóis. Claro que, paulatinamente, o professor, os monitores e parte da plateia foram percebendo a tramoia, mas não tinham como interromper a exibição e não houve também punição pela artimanha, pelo caráter criativo da contravenção.

Para abrir a encenação, houve a mostra de um conjunto musical, apresentando uma melodia composta por mim e pelo próprio grupo. Posicionei-me com o violão em frente ao palco e, com o coral de cantores atrás, entoamos juntos a linda melodia:

Um urubu vinha voando, lá perto da cozinha, o coitado não sabia que ia virar galinha.

E o coral:

Tem mosquito tem, tem mosquito. Tem mosquito tem, tem mosquito. Tem mosquito tem, tem mosquito tem na sopa que eu tomei.

Tem salitre tem, tem salitre. Tem salitre tem, tem salitre. Tem salitre tem, tem salitre tem, na sopa que eu tomei.

A alusão ao salitre era uma crença de que colocavam um pouco de salitre na sopa para diminuir a libido dos alunos; um meio de amenizar a ameaça às arrumadeiras e cozinheiras que trabalhavam no acampamento e que, a cada dia que passava, iam se tornando "mais atraentes".

Eu recebi a mesma boa nota de avaliação do grupo de topografia, sem merecer, evidentemente. Nosso colega roteirista e diretor artístico nunca se interessou pelo curso de engenharia e acabou abandonando a faculdade; estudou teatro e cinema e acabou se tornando um importante cineasta: cada macaco no seu galho.

A figura folclórica que não conseguiu permanecer no galho presidencial por muito tempo foi o político Jânio Quadros; e não foi por falta de interesse na atribuição que lhe foi outorgada pela maioria do povo brasileiro. Ele cobiçou um galho bem mais robusto. Tentou o pulo audacioso e se deu muito mal. Foi um blefe que não deu certo.

Eu ainda saboreava o prazer de ter votado pela primeira vez na vida e deleitava-me com a maneira desinibida e aloucada que o presidente Jânio externava ao conduzir a política brasileira quando surgiu o boato de que ele havia renunciado ao cargo, sete meses após o início do mandato.

O mexerico que se espalhou pela cidade era de que o presidente havia tomado um porre e entregou um bilhete manuscrito ao ministro da Justiça que, em vez de rasgá-lo de imediato, levou-o para o presidente do Senado que, sem nenhum questionamento, aceitou a renúncia e se mobilizou rapidinho para a posse do vice-presidente Jango Goulart.

Acontece que Jânio Quadros e João Goulart eram de partidos políticos opostos e tinham projetos antagônicos para o país. O de Jango estava circunscrito em "reformas de base": fiscal, administrativa, universitária e, principalmente, agrária, combatida pelos grandes latifundiários e por grande parte dos parlamentares do Congresso Nacional.

Assim, o mandato de João Goulart foi marcado pela desconfiança e receio da maioria da população elitista do país, gerando um clima de efervescência e polarização, facilitando o apoio à derrubada do governo.

Nessa circunstância, em tempos de Guerra Fria, os Estados Unidos, receando a expansão socialista, passou a intervir de forma ativa nos países da América Latina no sentido de impedir o crescimento das ideias consideradas comunistas, principalmente depois da Revolução Cubana.

o—•—o

Os ânimos estavam exaltados e os militares de prontidão quando, em março de 1964, num discurso inflamado na Estação Central do Brasil do Rio de Janeiro, Jango anunciou a alteração de dispositivos constitucionais acerca da prévia indenização aos proprietários de terras objeto da reforma agrária, concessão de direito ao voto para os analfabetos, reforma tributária e nacionalização das refinarias de petróleo. Foi o estopim para o golpe que estava na mira dos conspiradores civis e militares, que argumentavam que Jango facilitava a "infiltração comunista", colocando em risco os princípios democráticos e cristãos da sociedade brasileira.

Deposição do Governo João Goulart - Mobilização de tanques no Rio de Janeiro em abril de 1964. Crédito: Arquivo Nacional, Rio de Janeiro

Os setores católicos mais radicais organizaram a Marcha da Família com Deus pela Liberdade em 19 de março de 1964, reunindo 500 mil pessoas e demonstrando repúdio às tentativas de reforma da Constituição Brasileira, bem como o apoio em defesa dos princípios, garantias e prerrogativas democráticos. Os manifestantes transitaram entre a praça da República e a praça da Sé em São Paulo, em resposta ao comício na Central do Brasil do Rio de Janeiro que reuniu apenas cerca de 200 mil participantes.

Em 31 de março daquele ano, os militares iniciaram a tomada do poder e determinaram a deposição de João Goulart, que se exilou no Uruguai. No dia seguinte, primeiro de abril, consolidaram o golpe de Estado. Na realidade, golpe civil militar, pois contava com o apoio da maioria da nata brasileira.

Um clima de intensa instabilidade política teve início com a assunção de uma junta militar para consolidar a deposição do presidente e abortar a implementação das reformas de base. No dia nove de abril, a junta promulgou o Ato Institucional nº 1, que possibilitou ao Poder Executivo cassar mandatos, suspender direitos políticos e declarar estado de sítio. No dia seguinte, o Congresso Nacional elegeu o general Humberto de Alencar Castelo Branco, um dos principais articuladores do golpe, como o primeiro presidente do regime militar brasileiro.

Reencontrei um antigo colega do Colégio Ateneu Brasil; morava na rua Napoleão de Barros, na Vila Clementino. Tinha uma vizinha muito atraente que, de imediato, despertou meu interesse. Passei a visitá-lo com regularidade, de olho na vizinha. Era o único dos rapazes que possuía um automóvel. Certo dia, convidou-me para visitar seus primos, que moravam perto do Clube Banespa, à rua São Sebastião, no Brooklin.

Coincidentemente, um amigo do meu pai também morava na rua São Sebastião, tocava piano muito bem e tinha duas filhas; assim, com os primos de meu amigo, um rapaz e duas garotas, logo se formou um animado grupo que, pouco a pouco, foi naturalmente aumentando. Fiquei sabendo que, curiosamente, o apelido de meu amigo era "merda viva". Que estranho, nunca soube por que, mas que tinha cara disso, tinha. Uma de suas primas era magra e muito bonita; a irmã, por outro lado, era gorda, disforme e muito feia; seu apelido era "talidomida". Que maldade!

Talidomida era um medicamento para uso sedativo, anti-inflamatório e hipnótico que gerou, a partir de sua comercialização, milhares de casos de focomelia, doença que provoca, no desenvolvimento do feto, encurtamento dos membros, fazendo-os parecer uma foca. Além disso, provocava, nos nascidos com essa doença, defeitos na coluna vertebral, defeitos visuais e auditivos. A descoberta desses efeitos colaterais, em 1961, determinou a retirada imediata do medicamento do mercado mundial.

Transitar pela rua São Sebastião foi se tornando meu programa habitual e, sempre que ia ao Clube Banespa, passava por ali; tornou-se "minha turma" da adolescência. Tentei paquerar por várias vezes a irmã bonita, prima de meu amigo, sem sucesso. Certo dia, apareceu uma garota que me desnorteou, de tão bonita que era, e encetei, com determinação, uma cuidadosa conquista; desta vez deu certo. Muito certo.

Ela também era sócia do Clube Banespa e fazia curso de psicologia na USP, em frente ao Mackenzie; além disso, tínhamos a cumplicidade da turma da rua São Sebastião, ou turma do Brooklin. Comecei também a frequentar a casa da garota com o propósito de dar-lhe aulas de matemática; em retribuição, ela ensinava-me a tocar violão. Era emocionante quando estávamos estudando na cozinha e, no momento em que o silêncio se prolongava demais, seu pai, arrastando os chinelos para fazer ruído, ia até a geladeira para beber um copo d'água. Haja sede!

Após algum tempo, não precisávamos mais de desculpa; várias vezes por semana, tomava o bonde na Vila Mariana até a parada Piraquara, no Brooklin, e descia a pé até a sua casa, numa travessa da avenida Morumbi. São Paulo já havia iniciado a desativação do sistema de bonde elétrico. Mas a linha que ia de Vila Mariana até o largo Treze de Maio, em Santo Amaro, passando pelo Brooklin, somente foi desativada em 1968. A essa altura o romance já havia terminado.

Um programa que gostava de fazer com ela era ir ao "escurinho do cinema", como me inspirou Rita Lee. O cine Marrocos, na rua Conselheiro Crispiniano, era conhecido como o melhor e mais luxuoso da América do Sul. Possuía escadaria de mármore, chafariz luminoso, bar, ar-condicionado e poltronas estofadas para dois mil frequentadores. A tela de projeção era resguardada por uma cortina encorpada e de bom gosto. Servia de fundo para uma apresentação de piano antes do início da sessão. Abriam-se as cortinas e se iniciava a apresentação dos famosos documentários de Jean Manzon, obrigatórios em todos os cinemas do Brasil durante o regime militar. Seus documentários, invariavelmente, enalteciam as realizações e obras do governo federal, mas também exibiam notícias gerais e esportes. Principalmente futebol.

Após a seção de cinema, eu gostava de namorar na Confeitaria Vienense, ali perto, na rua Barão de Itapetininga, no primeiro andar do Edifício Paz; prédio no estilo art déco, construído em 1913, que abrigava, também, o tradicional curso de etiqueta de Madame Poças Leitão, para as finas garotas de classe média alta da sociedade daquele tempo. Tínhamos oportunidade de ouvir uma bela apresentação de música clássica, apresentada por um casal octogenário, tocando piano e violino. A frequência era composta de idosos finos, de intelectuais conhecidos e de artistas da elite paulista, e nós éramos exceções.

Outro programa que fazíamos era visitar, rapidamente, meu pai, no "sítio do prefeito", em Santana de Parnaíba. Num domingo de sol, fizemos uma visita prolongada com os pais dela; fomos até Pirapora do Bom Jesus, ou simplesmente Pirapora, a vinte quilômetros de distância. Visitamos o famoso santuário, passeamos de barco a remo pelo ainda limpo rio Tietê e tiramos fotografia em frente à igreja matriz, com fotógrafo de tripé e paninho preto escondendo a lente e a cabeça. Bucólico!

Por esse período, meu pai já estava se relacionando com uma viúva, mãe de quatro filhos, que administrava um pequeno botequim caseiro, na garagem de sua casa, pertinho da igreja. Não demorou muito para que todos se mudassem para o sítio e constituíssem uma nova família: padrasto, viúva e quatro enteados — dois rapazes e duas garotas.

Meu pai realizava, com entusiasmo, as obras sob seu comando na prefeitura parnaibana; nessa época, ocupava-se da ampliação do reservatório de água localizado em cima do morro, da construção de um sanitário público nas proximidades da igreja e da revitalização da praça pública. A placa comemorativa de bronze com seu nome foi alvo de inúmeras visitas dos filhos, netos e até bisnetos, com o intuito de tirar uma foto ao lado da raridade, afinal, ele foi o único político de toda a família.

Gostava muito de acompanhar meu pai quando ele ia comprar cachaça num alambique, nas proximidades da chácara. Ele pegava o seu velho fusquinha na garagem, atravessava a ponte sobre o rio Tietê e tomava uma estradinha de terra, esburacada e cheia de curvas até a entrada do alambique. Sempre que era possível, eu gostava de pular da ponte nas águas ainda limpas e transparentes do rio e nadar até uma das margens, pois lembrava-me a plataforma da piscina do Banespa.

O famoso alambique está em funcionamento até hoje; a família Chaves Oliveira, já na quarta geração, administra o alambique desde 1958 e, neste ano, comemora sessenta anos de existência. Naquela época, a fabricação da cachaça era feita de forma totalmente artesanal e independente: plantio da cana-de-açúcar, corte e limpeza manual dos caules, transporte para a moenda do engenho para a extração do caldo, encaminhamento aos tanques de fermentação e, depois, ao alambique, para aquecimento e formação de vapor que, quando liquefeito, ficava "pingando" nos recipientes de coleta, para serem transportados e armazenados em tonéis de carvalho.

O trapiche no qual os tonéis ficavam enfileirados, em repouso, aguardando o tempo programado para o envelhecimento, era a parte mais emocionante do passeio. Cada tonel dispunha, na parte de baixo, de uma generosa torneirinha, na qual era possível provar a qualidade do produto; muitas vezes, saí de pileque do engenho.

Um fato que repercutia excessivamente a essa época era a indefinição da Guerra do Vietnã. O conflito começara em 1959, envolvendo apenas alguns países do Sudeste Asiático: Vietnã do Norte e Vietnã do Sul, Laos e Camboja. Em 1964, os Estados Unidos entraram de forma direta na guerra, prevendo desacertadamente um conflito de pouca duração. Os soldados norte-americanos, porém, acabaram tendo excessiva dificuldade nos deslocamentos, uma vez que estavam num território caracterizado por densas florestas tropicais e submetido a abundante quantidade de chuva; então, cada vez mais, evidenciava-se o fracasso da intervenção americana.

As manifestações contra a guerra, gradativamente contundentes, aconteciam de maneira insistente nos Estados Unidos e repercutiam no Brasil, sob a forma de protestos cada vez mais ampliados contra a ditadura militar. O mundo das artes começou a participar indiretamente dos protestos, como se viu, por exemplo, no espetáculo "Opinião", exibido no Teatro de Arena do Rio de Janeiro. Foi dirigido por Augusto Boal, com a colaboração de integrantes do Centro Popular da UNE, colocada então na ilegalidade pelo regime militar. O elenco era formado por Nara Leão, depois substituída por Maria Bethânia, João do Vale e Zé Kéti, todos sobejamente conhecidos até hoje, os atores-cantores intercalavam canções e narrativas referentes à problemática social do Brasil, criticando de forma indireta o regime militar.

A música "Carcará", magnificamente interpretada por Bethânia, consagrou o estilo de "música de protesto", o qual, posteriormente, daria origem a inúmeras composições escritas por dezenas de musicistas de variadas tendências, mas tendo em comum os anseios de liberdade e de democracia, fazendo uma feroz oposição à ditadura militar.

Eu não conseguia me posicionar, efetivamente, em relação ao desempenho do governo, nem ao grupo de esquerda comunista ou ao grupo de direita capitalista. Eu era "apenas um rapaz latino-americano, sem dinheiro no banco", como começava a música de Belchior.

Nessa época, eu estava com a mente conturbada, estudando com extrema dificuldade, trabalhando para não precisar mais da ajuda financeira de minha mãe, interessado num estágio em alguma empresa de engenharia. Recebia um bom salário no curso noturno de Madureza Barão, em que ensinava matemática e não tinha dificuldade de complementar esse ganho com as aulas particulares. Além disso, estava ocupando-me da inauguração do centro acadêmico alcoólico Toca do Popeye e pretendia alugar um apartamento só para mim. Era muita coisa e não havia espaço para tentar entender a utópica pretensão daqueles estudantes esquerdistas.

Quando ouvia músicas de protesto, sem a menor dúvida, era tomado por um emotivo sentimento patriótico; ficava empolgado ao ver centenas de estudantes gritando e aplaudindo as músicas críticas à ditadura. Frequentava o Teatro de Arena, em que eram exibidas várias apresentações de cunho político: *Arena conta Zumbi*, de Augusto Boal; *Pequenos Burgueses*, de José Celso Martinez Corrêa. Mas não era fanático, gostava também dos Beatles, das músicas de sucesso norte-americanas e de música clássica ao cair da tarde, no Teatro Municipal.

Gostar, vibrar, aplaudir e torcer estava dentro de meus princípios. Agir? Não conseguia enxergar essa possibilidade; milhares de estudantes, com a mesma conduta que eu, deveriam agir? Decerto não vislumbrava esse cenário, enfim, reconheço que vestia perfeitamente o figurino: "esquerda festiva". Criticava os militares e debatia com euforia a problemática política e social brasileira, entre uma caipirinha e outra, nos bares tradicionais de São Paulo.

Minha namorada do Brooklin e eu já estávamos juntos havia mais de dois anos em perfeita sintonia, quando os acontecimentos políticos começaram uma silenciosa corrosão em nosso feliz relacionamento: assim como tudo estava dividido em esquerda e direita, estávamos transformando-nos em namorado de direita e namorada de esquerda. Lamentavelmente, em nosso penúltimo encontro, na Confeitaria Vienense, percebi que meus anseios conservadores estavam entrando em conflito com sua ideologia revolucionária.

Combinamos "dar um tempo" para clarificar a situação e marcamos outro encontro, no mesmo lugar, dois meses depois. Nesse último encontro, na Confeitaria Vienense, nem precisamos conversar muito sobre o assunto, pois estava evidente, como na música "Fim de caso" de Dolores Duran: "eu desconfio que o nosso caso está na hora de acabar; há um adeus em cada gesto, em cada olhar...".

A sua nova maneira de falar, repleta de expressões e gírias comuns aos grupos de esquerda, foi uma mudança de comportamento inesperada e estranha. Indicava que a nossa costumeira "paz quente" estava sendo separada por um "muro ideológico" que, mantendo os nossos anseios individuais, ficou difícil de ultrapassar. Era o nosso derradeiro encontro, o adeus, "cinco letras que choram".

Na faculdade, eu seguia com minha tradicional dificuldade de permanecer no curso, mas o voraz desejo de viver intensamente compensava o esforço. A efetivação da ideia de um centro acadêmico alcoólico, fora do campus universitário, foi materializada.

A Toca do Popeye foi inaugurada, com sede à rua Major Sertório, perto do Bar Sem Nome, com funcionamento noturno. Consistia num salão, na parte de cima de um sobrado, com acesso por uma escadaria lateral. Foi alugada por mim e mais quatro bravos acadêmicos mackenzistas e oferecia aos frequentadores, acomodados em algumas mesas com cadeiras, música de boa qualidade, drinks e petiscos e operava no modelo "pague e pegue" no balcão, como nos filmes de caubóis norte-americanos. Na Toca não havia lugar para dançar. Ficávamos apenas conversando, paquerando, namorando, discutindo bastante política e ouvindo música de boa qualidade, principalmente bossa nova, ainda novidade na época.

A Bossa Nova foi um movimento espontâneo que antecedeu a Música Popular Brasileira. Surgiu no início dos anos 1960, caracterizada por um estilo musical que mesclava o samba carioca com o jazz norte-americano e alcançou enorme sucesso até o final da década. O termo "bossa" foi utilizado, pela primeira vez, na canção "São coisas nossas" pelo sambista Noel Rosa, na década de 1930:

"O samba, a prontidão e outras bossas.
São nossas coisas. São coisas nossas!"

Além de João Gilberto, dois dos mais importantes representantes do movimento musical, Tom Jobim e Vinicius de

Moraes, foram fundamentais para o desenvolvimento desse novo estilo de música que despontava no cenário cultural brasileiro. A Bossa Nova é marcada pelo tom coloquial, temas cotidianos e voz mais baixa, permeados da harmonia do samba e de improvisações melódicas do jazz.

"Garota de Ipanema", de Tom Jobim e Vinicius de Moraes, foi uma das músicas de Bossa Nova mais marcantes do estilo; ficou mundialmente conhecida, sendo, inclusive, interpretada por Frank Sinatra. A história da "Garota de Ipanema", tema da música, é real. Foi inspirada na modelo brasileira Helô Pinheiro, a moça bonita "que vem e que passa, num doce balanço a caminho do mar", na orla da praia de Ipanema, no Rio de Janeiro. Deslumbrante.

Certa vez encontrei, no quadro de avisos da faculdade, um convite aos interessados em fazer estágio numa empresa de engenharia da região. Apresentei-me como pretendente e fui contratado pela Ribeiro Franco, com sede na alameda Joaquim Eugênio de Lima, no Jardim Paulista. Meu local de trabalho era nas obras da Assembleia Legislativa, no parque do Ibirapuera. Receberia por hora trabalhada, tinha horário livre em decorrência dos estudos universitários e exerceria a função de auxiliar técnico da engenheira-chefe da obra.

Quando criança, brincava no matagal no qual estava sendo implantada a obra, que era bem perto da rua Pelotas. O estágio era tudo que queria na ocasião; realizei uma boa carreira nessa empresa, onde trabalhei por três anos, primeiro como estagiário, depois como engenheiro. A mesa de trabalho ao lado da minha era ocupada por um português com o rosto vermelho e uma cabeleira branca. Tornou-se meu grande companheiro e amigo no trabalho. Conversávamos muito e ele contava-me as suas engraçadas aventuras do tempo em que morava em Portugal.

Tinha um hobby muito curioso: colecionava recortes de jornal com mulheres notáveis da sociedade ou conhecidas artistas do cinema ou da televisão. O papel dos jornais da época era muito poroso e a impressão fácil de ser removida. Possuía um estojo com lápis de grafite macio e borrachinhas pontiagudas; com a borracha, apagava todo o vestuário das mulheres fotografadas e, com o lápis, redesenhava o corpo. Ficavam peladinhas. "Quem você quer ver pelada?" Genial!

Quando a gandaia era exagerada, eu nem passava em casa, chegava direto ao local de trabalho. Colocava o casaco na cadeira da minha mesa e dirigia-me até a laje do prédio, num cantinho secreto, para tirar um cochilo e "tourear" a ressaca. Numa manhã, despertei assustado com um cutucão, olhei para cima e vislumbrei uma imagem fantasmagórica, com rosto vermelho e cabelos brancos esvoaçados pelo vento. "Rapaz, olha que tu te fodes!". Uma frase bem colocada, no momento oportuno, vale mais que mil conselhos repetitivos! Soneca derradeira!

> Naquele ano de 1967, as músicas de protesto amplificaram-se e consagraram-se, definitivamente, como um importante meio de expressão dos jovens brasileiros. Numa noite memorável aconteceu em São Paulo, no Teatro Paramount da avenida Brigadeiro Luiz Antônio, a terceira edição do Festival de Música Popular Brasileira, da Record. Cinco jovens compositores, com pouco mais de vinte anos, aguardavam a divulgação de quem seria o vencedor daquele festival: Roberto Carlos, Caetano Veloso, Chico Buarque, Gilberto Gil e Edu Lobo, todos com real chance de vencer.

Caetano Veloso canta "Alegria, Alegria" no II Festival da Música Popular Brasileira. São Paulo, SP, em 21 de outubro de 1967. Crédito: Arquivo Nacional, Rio de Janeiro.

Desde o início, o festival mostrava-se diferente das edições anteriores. A disputa era acirradíssima e o público jovem tornara-se, também, protagonista do evento, apoiando com fervor sua canção favorita e manifestando desagrado com vaias ensurdecedoras à canção que rejeitava. O compositor Sérgio Ricardo, exasperado com as vaias, que impediram a apresentação da sua "Beto Bom de Bola", quebrou o seu violão e atirou os destroços na plateia enlouquecida. "Ok, vocês ganharam, são uns animais", ecoa no meu ouvido até hoje.

Era um tempo em que brasileiros torciam por canções da mesma forma que, hoje em dia, torcem por um time de futebol. Nessa batalha festiva, Caetano cantou "Alegria,

Alegria", com a banda de rock Beat Boys. Gilberto Gil, "Domingo no Parque", com Os Mutantes, em arranjo cheio de acordes elétricos, assentando o alicerce do Tropicalismo. Edu Lobo, acompanhado de Marília Medalha, irresistível com a canção "Ponteio", tornou-se o grande vencedor. Merecidamente!

Em Santana de Parnaíba, meu pai consolidava a nova família; já havia encerrado o seu mandato na prefeitura e passado o cargo para o sucessor. Sempre que possível, fazia melhorias no sítio: retirou a cerca ao redor da chácara e substituiu-a por um muro, reformou a garagem e plantou uma série de árvores, margeando o estreito caminho da rua até a varanda da casa. Eu visitava meu pai e sua nova família sistematicamente, sozinho ou com a atual namorada, gostava muito de sua nova família e dava-me muito bem com todos.

Utilizando meu talento para a engenharia, formei, nos fundos da chácara, uma confortável caverna secreta para repouso, no interior de um atraente bambuzal verde e amarelo. Deitado de costas numa toalha branca, durante a soneca da tarde, vislumbrava, por entre as folhagens do topo do bambuzal, fragmentos azuis do céu. Verde e amarelo do bambu, azul do céu e branco da toalha: cores da bandeira brasileira. Retiro cívico.

Depois do tradicional churrasco, poderia desfrutar de um maravilhoso cochilo, em companhia da namorada, sem ser incomodado. Era só colocar a plaquinha *do not disturb* pendurada num galhinho, do lado de fora da boca do covil. Algumas parnaibanas, amigas de minhas "irmãs", também conheceram o meu refúgio patriótico. No escurinho do bambuzal. Que saudades!

Paulatinamente, minha mãe foi ampliando seu prazer em viajar. Não era mais "sacoleira de luxo" nem se limitava a idas e vindas de Buenos Aires. Quanto mais viajava, mais experiência adquiria; seu grupo itinerante, cada vez mais animado, não parava de aumentar e novos destinos foram continuadamente explorados. Ela ainda morava na rua Pelotas e a montagem das "chuquinhas", como ficou conhecida a mamadeira, foi transferida para um barracão bem maior, mas ainda no quintal da casa; convidou meu irmão caçula para auxiliar na administração e foi ficando mais livre de compromissos.

Naquela época, meu irmão dava aulas de matemática e tinha, por hobby, a criação de pombos-correios, no amplo quintal do antigo casarão de meu avô na rua Humberto Primo, bem pertinho de casa. Foi uma grande evolução ocupacional, transitando da avicultura infantil para a columbofilia juvenil. Fui visitar sua criação, era um verdadeiro pandemônio, com pombos para todos os lados, inclusive em cima de sua cabeça. Aparentava conhecer todos e até tinha os seus preferidos; já estava participando de algumas competições amadoras; era um columbófilo.

> A columbofilia não é uma atividade simples, é necessário estar devidamente inscrito em federação própria e seguir suas normas; mas é, acima de tudo, um ato de amor. O pombo-correio passa a ser um companheiro diário, um amigo, que necessita ser compreendido, cuidado e acariciado. Além disso, o criador deve disponibilizar parte de seu tempo para tal atividade, tendo como objetivo principal uma prazerosa realização pessoal.
>
> O fundamento da columbofilia baseia-se na capacidade instintiva que essas aves possuem de retornar ao seu lugar de origem, quando postas em liberdade a grandes

```
distâncias do pombal. Com essa capacidade de orientação,
retornam com maior ou menor velocidade, em função do amor
ao pombal, ao ninho e ao próprio criador.
```

Com a disposição de quem queria ficar independente, aluguei um pequeno apartamento tipo quitinete, com sala e quarto conjugados, pequena cozinha e banheiro, localizado no início da avenida Nove de Julho, ao lado do edifício Joelma, célebre por ter sido tragicamente consumido pelas chamas.

O primeiro prédio, palco de um incêndio de grandes proporções, foi o edifício Andraus, localizado na avenida São João, região central de São Paulo. A tragédia teria sido provocada por uma sobrecarga no sistema elétrico do segundo andar. Foi a principal tragédia urbana transmitida ao vivo pela televisão brasileira, e as cenas horríveis de pessoas jogando-se das janelas chocaram o Brasil e o mundo, entretanto, o resgate aéreo foi eficiente e houve muitos sobreviventes, com "apenas" dezesseis mortes.

O incêndio no prédio vizinho, edifício Joelma, apenas três anos após sua inauguração, foi diferente. Sem escadas de incêndio nem possibilidade de resgate aéreo, ocasionou a morte de quase duzentas pessoas e centenas de feridos.

Começava a ficar acostumado a morar e ficar sozinho, mas a vontade de me meter em alguma aventura romântica era irresistível. Observava que, no apartamento bem em frente ao meu, estava morando, sozinha, uma garota interessante. Passei a monitorá-la pelo olho mágico da porta. Certo dia, vesti-me convenientemente para o trabalho, mas não saí; aguardei a abertura de sua porta, para sair ao mesmo tempo que ela e conseguir me apresentar. A partir daí, foram quase três meses de investidas; consegui apenas uma saída noturna e nem mesmo no escurinho do cinema consegui segurar sua mão. Garota determinada: fracasso total!

O apartamento era muito apropriado para mim nesse período. Perto da faculdade, do centro da cidade e do trabalho, eu poderia ir caminhando a qualquer desses lugares. Não havia nem geladeira nem televisão no novo lar; bebida gelada eu conseguia no bar, do outro lado da avenida, e tevê, eventualmente, na casa das namoradas conquistadas, na maioria das vezes, na Toca do Popeye, em plena evolução.

Numa época em que tudo estava sendo rotulado, a começar pelos países de direita e de esquerda promovidos pela Guerra Fria entre norte-americanos e soviéticos, surgiram quase ao mesmo tempo dois programas musicais televisivos: "Jovem Guarda", de direita ou alienado, e "O Fino da Bossa", de esquerda ou intelectual. Nessa época eu estava bebendo demais, mas não me importava se era whisky Jack Daniel's da direita, vodka Smirnoff da esquerda ou mesmo o "caju amigo" da "esquerda festiva".

O movimento musical "Jovem Guarda", nome homônimo do programa televisivo da Record, estimulou vários jovens a investirem nessa nova sonoridade, embalada pelas guitarras elétricas e com o ritmo cadenciado pela bateria. Letras simples, clima descontraído e episódios de natureza burlesca, ambientados em cenários do cotidiano urbano, como passeio de carro, ida ao cinema, beijo roubado e interesse na namorada do amigo, descortinavam a paisagem que assanhava o imaginário popular dos fãs.

As calças colantes de duas cores em boca de sino, cintos, botinhas coloridas e minissaias com botas de cano alto passaram a dominar as novidades da moda. O movimento também influiu no linguajar dos jovens, com a famosa expressão "é uma brasa, mora" e uma coleção de gírias: broto, carango, legal, coroa, barra limpa, lelé da cuca, mancada, papo-firme, maninha, pinta.

Fenômeno midiático que arrastou multidões, a Jovem Guarda ainda foi alvo de críticas dos que consideravam a inclusão do rock e o uso de temáticas juvenis, amorosas e açucaradas como uma falta de respeito para com os atuais problemas sociais vividos no país, em plena ditadura militar.

Os jovens artistas avessos à música "alienada" tinham o propósito de utilizar a arte como instrumento eficaz para incentivar a discussão dos problemas sociais que estávamos enfrentando no Brasil. Nessa linha, surgiu, quase ao mesmo tempo, um outro programa de televisão chamado "O Fino da Bossa", conduzido pelos cantores Jair Rodrigues e Elis Regina, com uma proposta mais engajada e crítica às alternativas estéticas e temáticas dos cantores da Jovem Guarda.

A Record produziu e exibiu, com grande sucesso, esse programa, cuja dupla cantava separadamente e recebia convidados como Tom Jobim, Dorival Caymmi e Vinicius de Moraes, no palco do Teatro Paramount em São Paulo. A competência vocal, a musicalidade e a radiante presença de Elis, acompanhada pela alegria contagiante de Jair Rodrigues, confluíram num espetáculo que ficou solenemente registrado na história da televisão brasileira.

Essa disputa demonstrava a grande efervescência cultural do cenário musical brasileiro durante a década de 1960 e, com o passar do tempo e o reconhecimento do público fiel à Jovem Guarda, muitos de seus artistas aventuraram-se em outros campos da música. Alguns mantiveram-se identificados com o rock, outros converteram-se para a música sertaneja e a grande maioria deles enveredou-se para a música romântica, de forte apelo popular. Essa última situação foi observada na carreira do cantor Roberto Carlos, que nas décadas seguintes iria se transformar em um dos maiores representantes da música romântica brasileira.

O mandato do primeiro presidente militar chegava ao fim. Castelo Branco, um dos principais articuladores do golpe militar de 1964, governou o país por meio de Atos Institucionais (mecanismos de legitimação e legalização das ações políticas dos militares), permitindo poderes extraconstitucionais.

Durante seu mandato, rompeu relações diplomáticas com Cuba, criou o SNI (Serviço Nacional de Informação), o BNH (Banco Nacional da Habitação), o FGTS (Fundo de Garantia do Tempo de Serviço) e o país começou a negociar com uma nova moeda, o Cruzeiro Novo. Assinou a Lei da Imprensa, que limitava a atuação do setor de comunicações, e a Lei de Segurança Nacional, em que foram definidos os crimes contra a atuação do governo militar.

O aparato garantiu ao governo uma forte repressão aos movimentos sociais. Os dois grandes alvos foram o movimento estudantil e o movimento dos camponeses. A sede da UNE (União Nacional dos Estudantes) foi incendiada e as Ligas Camponesas foram duramente reprimidas, sendo ambas colocadas na clandestinidade. O aparato também permitiu a interferência nas entidades sindicais. Um grande número de prisões foi efetuado, levando líderes políticos, militantes e estudantes ao exílio.

Castelo Branco foi um militar da vertente moderada das Forças Armadas, próximo da política norte-americana e realizou o governo com base de apoio das parcelas mais conservadoras dos antigos partidos políticos, dos tecnocratas e da classe média.

O Ato Institucional nº 2 foi decretado no final de 1965, como resposta à insatisfação existente nas Forças Armadas de que o presidente era moderado demais. O ato resultou no endurecimento do regime, fortalecendo o governo, decretando que a escolha dos próximos presidentes aconteceria a partir de eleições indiretas.

Políticos conservadores reagiram imediatamente, criando a Frente Ampla, movimento de oposição ao governo militar liderado por Carlos Lacerda, desafeto de Getúlio Vargas e apoiado por Juscelino Kubitschek e Jango Goulart. O movimento defendia o retorno das eleições presidenciais diretas e a continuidade do projeto de desenvolvimento econômico do país.

O Ato Institucional nº 3 foi decretado em fevereiro de 1966 e estipulou o sistema bipartidário no país. Houve o surgimento da Arena (Aliança Renovadora Nacional) e do MDB (Movimento Democrático Brasileiro), este conhecido como oposição consentida do governo. Além disso, decretou que as eleições para governadores e prefeitos também seriam indiretas. O Ato Institucional nº 4 autorizou a redação de uma nova Constituição para o Brasil, outorgada em março de 1967.

Castelo Branco morreu num acidente aéreo, mal explicado pelos inquéritos militares, quatro meses depois de passar o mandato ao seu sucessor.

A crescente oposição ao regime militar resultou em seu recrudescimento; desse modo, o general Castelo Branco foi substituído pelo general Costa e Silva, enfileirado à "linha dura" das Forças Armadas.

As notícias vindas do exterior foram tornando-se cada vez mais instigantes, principalmente as que envolviam fatos políticos ou sociais. Assim, a divulgação da revolta dos estudantes na França expandia a percepção dos jovens brasileiros sobre os acontecimentos que estavam se desenvolvendo em nosso país. No auge dessas agitações, foram divulgados os assassinatos de dois respeitáveis líderes políticos norte-americanos: Martin Luther King e Robert Kennedy.

Martin Luther King, pastor protestante e ativista político, foi um dos mais importantes líderes do movimento dos direitos humanos, em defesa dos negros americanos, com uma campanha de não violência e de amor ao próximo, como as campanhas preconizadas pelo líder indiano Mahatma Gandhi em suas ações de desobediência civil.

"Infelizmente, a história transforma algumas pessoas em oprimidas e outras em opressoras", disse Martin dez anos antes. Ele fazia parte dos oprimidos, que sofriam segregação racial mesmo após a abolição da escravatura. Possuía a capacidade de bradar as palavras "justiça", "igualdade", "liberdade" e "paz" de forma tão intensa e emocionante que encantava a todos os espectadores. Foi relevante a Marcha sobre Washington, que ele liderou e na qual proferiu seu mais conhecido discurso: *"I have a dream"*.

Memorial Martin Luther King. Créditos: Joe Gough.

Após a primeira vitória, em que a segregação em transporte público tornou-se ilegal, ele organizou manifestações pelo direito ao voto, pelo fim da discriminação no trabalho e por ampliação dos direitos civis básicos. A maioria dos direitos que ele defendia foi legalizada, mas isso fez com que ele se tornasse odiado por segregacionistas do sul do país, o que culminou com seu assassinato em abril de 1968.

Apenas dois meses depois, em junho, o senador Robert Kennedy foi atingido por diversos tiros, disparados pelo jovem palestino Sirhan Sirhan, no corredor que levava à cozinha do hotel Ambassador, em Los Angeles. Morreu no dia seguinte, aos 42 anos. Irmão mais novo do ex-presidente John Kennedy, assassinado em Dallas, em novembro de 1963, ele comemorava a vitória nas eleições primárias, que o tornava candidato à presidência americana pelo Partido Democrata. Era visto como o único político, naquele momento, capaz de unir a população em torno de objetivos comuns. Envolveu-se eficazmente no movimento pelos direitos civis dos afro-americanos e era contrário à continuação da Guerra do Vietnã. Poucos dias antes, coube a Bobby, seu apelido comum, anunciar a uma multidão de negros, em Indianápolis, a morte de Martin Luther King. Sua carreira foi bruscamente abreviada pelo assassinato cometido pelo palestino que confessou o crime e foi condenado à morte em março de 1969, pena posteriormente convertida em prisão perpétua.

o—•—o

O movimento de maio de 1968, na França, ficou mundialmente conhecido como símbolo de uma época socialmente efervescente, iniciada a partir de protestos estudantis em Paris. Esses protestos ampliaram-se de forma vertiginosa e estenderam-se por todo o país, chegando a abalar politicamente o governo francês. Ideais revolucionários estavam desenvolvendo-se em várias partes do mundo, em especial pelo fim da Guerra do Vietnã, que, em sua fase mais violenta, criava uma imagem extremamente negativa do governo americano. Nesse contexto global muitíssimo tenso, o assassinato de Martin Luther King, defensor intransigente dos direitos humanos, provocou revolta no solo americano e, obviamente, exacerbou ainda mais a agitação dos grupos estudantis franceses.

Não menos importante foram os acontecimentos da Primavera de Praga, em que o governo da antiga Tchecoslováquia tentava realizar reformas a fim de romper o autoritarismo imposto pelo regime soviético, pressionado por grande mobilização estudantil.

Os movimentos revolucionários que estavam ocorrendo em diversas partes do mundo, principalmente na América do Sul, contra as ditaduras militares, e no continente africano, em processo de descolonização, também repercutiram de forma intensa nos movimentos estudantis franceses.

Entre os estudantes franceses, havia um desagrado geral quanto às incertezas de suas vidas profissionais e às características do sistema educacional, muito oneroso e antiquado. As reformas propostas pelo governo não agradaram e, paulatinamente, causaram indignação e revolta. Ao mesmo tempo, entre a massa de trabalhadores, desenrolava-se grande descontentamento com o aumento do desemprego.

As manifestações eram duramente reprimidas; os estudantes envolvidos sofriam com a ameaça de expulsão pela administração das universidades, que autorizaram a intervenção policial no campus universitário, resultando em confrontos cada vez mais violentos. Os protestos espalharam-se para a maioria das universidades francesas, especialmente a Sorbonne, unidade mais importante da Universidade de

Paris, que acabou aderindo ao movimento. As ruas de Paris foram tomadas pelos estudantes, que construíram barricadas para se defenderem da forte repressão policial; o número de presos e feridos aumentava cada vez mais.

O movimento, de início exclusivamente estudantil, estendeu-se para as classes trabalhadoras, que aderiram aos protestos e passaram a exigir melhorias de suas condições laborais, invadindo os seus locais de trabalho e iniciando uma greve geral que paralisou dez milhões de trabalhadores. A mobilização estudantil e a greve dos trabalhadores tiveram como consequência a melhoria nas condições de trabalho e, entre outras vantagens, o aumento do salário mínimo. A agitação foi perdendo força, as greves foram paralisadas e a normalidade foi sendo restabelecida.

Mesmo com sua abrangência, o movimento não reuniu força política suficiente para derrubar o partido do presidente, vitorioso na eleição de junho de 1968, entretanto, Charles de Gaulle, enfraquecido, acabou renunciando em abril de 1969.

o—•—o

Uma notícia da área médica destacou-se positivamente no meio de tanta agitação política. A equipe do cirurgião Euryclides de Jesus Zerbini, do Hospital das Clínicas da Universidade de São Paulo, revolucionou a medicina, ao realizar o primeiro transplante de coração entre humanos, no Brasil, inaugurando uma nova etapa da cardiologia brasileira e latino-americana. O receptor do coração transplantado foi o lavrador mato-grossense João Ferreira da Cunha, diagnosticado com doença degenerativa do miocárdio e insuficiência cardíaca. Infelizmente, menos de vinte dias após a cirurgia, ele começou a apresentar sintomas de rejeição ao órgão, falecendo em seguida.

O pioneiro nesse tipo de procedimento foi o sul-africano Dr. Christiaan Barnard, cuja equipe realizou, na Cidade do Cabo, o primeiro transplante de coração do mundo, cinco meses antes do Dr. Zerbini. Após a cirurgia, o paciente, que sofria de uma doença cardíaca crônica e incurável, também apresentou sintomas de rejeição que o deixaram com baixa imunidade e suscetível a doenças, falecendo de pneumonia alguns dias após. O aperfeiçoamento das drogas contra a rejeição tornou o transplante mais viável, durante a década de 1970, com muitos pacientes vivendo até cinco anos com seus novos corações.

Meu coração também necessitou adaptar-se. Com o término do namoro de mais de dois anos com a "garota militante" e o encerramento do pacto de lealdade oriundo da paixão, o jejum sexual chegou ao termo. Assim, fui ampliando meu círculo de ação a outros ambientes de paquera, entre os quais, o rinque de patinação de um agradável espaço social, localizado na rua Brigadeiro Luiz Antônio.

E foi deslizando, cambaleante, entre uma cuba libre e outra, ao som de "Submarino Amarelo", dos Beatles, ou "Pare o Casamento", de Wanderléa, que conheci uma garota que iria me causar muitos problemas e quase inviabilizar meu futuro casamento. Durante algum tempo, além dos encontros nas pistas de gelo, saíamos algumas vezes: barzinhos, um passeio à chácara do meu pai, com direito a repouso no recanto patriótico. Certo dia, fomos ao cinema e, quando apareceu o leão da Metro Goldwyn Mayer, ela exclamou, emocionada: "Adoro filmes do leão". Tolinha.

"Quero me casar com você", dizia sempre, "você não vai se casar com mais ninguém". Não a levei a sério, achei que se tratava de uma brincadeira. Quando resolvi me afastar efetivamente, percebi que estava metido em uma encrenca; ela de fato acreditou no que dizia a música da Wanderléa: "Por favor, pare agora! Senhor juiz, pare agora!".

Começou uma perseguição, sem trégua, por todos os lugares em que ela sabia que eu poderia estar. Na casa da minha mãe à rua Pelotas, à saída do escritório de engenharia da alameda Eugênio de Lima, em alguns bares. Sorte não saber do Bar sem Nome nem da Toca do Popeye. Estava enlouquecida! O namoro acabou no 36º Distrito Policial da Vila Mariana, depois de muita intimidação e risco de atos violentos. Quando assisto a reprises do filme *Atração Fatal*, com Michael Douglas e Glenn Close, de 1987, ainda sinto intenso mal-estar, palpitação, remorso e ódio ao mesmo tempo. Assisti ao filme várias vezes. Gravei na mente o episódio para não cometer o desvario novamente. Mas acabei cometendo!

Comecei a frequentar os bares da rua Augusta, "onde as garotas boas das famílias ruins encontram os rapazes ruins das famílias boas". Foi o que disse o músico e humorista Juca Chaves, numa de suas apresentações. Ele era conhecido por suas modinhas que satirizavam as mazelas da sociedade. "Vá ao meu show e ajude o Juquinha a comprar o seu caviar", era um bordão muito conhecido.

A temporada da Toca do Popeye estava no seu término; os organizadores, inclusive eu, estavam cada vez mais ocupados com o último ano da faculdade e com as cada vez mais frequentes oportunidades de trabalho. Pouco antes do encerramento das atividades da Toca do Popeye, um dos meus "sócios" apresentou-me a um grupo de advogados que foi conhecer o centro acadêmico alcoólico. O grupo trabalhava com seu irmão, titular de um escritório de advocacia: dois casais e uma jovem desacompanhada, centrada, responsável, inteligente, animada e que estava no último ano da Faculdade de Direito do Largo São Francisco.

Depois do decepcionante fim do namoro, por motivação política, com a garota da USP, e do malfadado caso com a tolinha e desequilibrada garota das pistas geladas, um relacionamento beirando a normalidade configurou um repouso para o exausto guerreiro libertino. Iniciamos de forma turbulenta um namoro que, dois anos após, teve como consequência um assustado casamento, que ninguém parou. Ufa!

A faculdade tornou-se um desafio gigantesco, as matérias do quinto ano mais as duas dependências do quarto deviam ser obrigatoriamente vencidas. Estava empolgado com o engajamento na empresa em que estagiava e, certamente, seria efetivado como engenheiro. A engenheira-chefe das obras da Assembleia Legislativa, de quem eu era assistente, tornou-se essencial para iniciar outra obra no Rio de Janeiro e precisava ser substituída. Iniciar uma carreira como engenheiro-chefe de uma obra do porte da Assembleia Legislativa é um sonho que qualquer profissional teria enorme satisfação em tornar realidade e eu estava muito próximo de conseguir, mas teria que me diplomar.

A Toca do Popeye já havia sido desativada; eu teria também que dar uma trégua ao Bar Sem Nome e aos outros botecos que estava frequentando e precisava permanecer totalmente sóbrio para estudar de forma adequada. Não faltei mais às aulas e dediquei-me totalmente aos estudos nos seis meses que faltavam para as provas finais. Permanecer sóbrio foi um árduo desafio: tremedeira, suor frio e palpitação foram tolerados, convites declinados e os exames finais realizados. Barrabás!

Toda manhã, quando chegava à faculdade, parava por alguns minutos no portão de entrada e dava uma espiadinha no movimento em frente à USP. Claro que sabia, com o coração apertado, o que estava tentando encontrar. Certa manhã, percebi uma movimentação atípica e uma inquietação manifesta, gerando cada vez mais tensão. Quando extrapolou, provocou um triste evento: o choque violento entre os estudantes do Mackenzie e da USP.

A batalha da rua Maria Antônia, onde se localizam, frente a frente, os edifícios das duas instituições de ensino, foi extremamente violenta e provocou a morte de um estudante secundarista de apenas vinte anos. Durante o regime da ditadura militar, a rua catalisou os ânimos estudantis, uma vez que os estudantes de tendência socialista se estruturaram na filosofia da USP, enquanto os de orientação capitalista, na Faculdade de Direito do Mackenzie.

Mesmo na clandestinidade, as principais entidades estudantis de esquerda dominavam os centros acadêmicos da USP. Grupos paramilitares, ativistas da Frente Anticomunista e, principalmente, do CCC, Comando de Caça aos Comunistas, encontravam abrigo no Mackenzie.

O conflito teve início quando estudantes da União Brasileira de Estudantes Secundaristas tentavam instalar um pedágio na rua Maria Antônia, com o objetivo de arrecadar dinheiro para a organização do 30º Congresso da UNE. Ilegal e clandestino. Os estudantes contrários à iniciativa reagiram com indignação ao serem bloqueados no pedágio, o que principiou um confronto que aos poucos foi contaminando o ambiente, até que arremessaram ovos para dentro do muro do Mackenzie, com os estudantes dali reagindo, atirando pedras e tijolos no prédio da USP.

A chegada da tropa de choque da Polícia Militar, com cassetetes, gás lacrimogêneo e bombas de efeito moral, só piorou a situação. Um enorme contingente de estudantes despontou dos portões das duas faculdades e a batalha campal tornou-se irreversível. O conflito somente foi controlado depois de dez horas. Na manhã seguinte, foi confirmada a morte de um estudante do terceiro grau, atingido por um disparo, segundo testemunhas, desferido de um edifício do Mackenzie.

As instalações da faculdade de filosofia da USP, seriamente danificadas e parcialmente incendiadas, tiveram de ser transferidas, assim que foi possível, para a Cidade Universitária, dispersando o papel destacado que a faculdade desempenhava na resistência à repressão e na liderança do movimento estudantil.

Em decorrência da morte do estudante, os alunos da USP realizaram, em sinal de protesto, uma passeata pelas ruas do centro da cidade. A força pública interveio com violência e deteve muitos estudantes e alguns jornalistas. O que era para ser uma pequena disputa estudantil com ideologias diferentes, o que não é tão incomum, passou a ser uma similitude, em pequena escala, da Guerra Fria entre soviéticos e americanos. Comunismo versus capitalismo. Deplorável!

Para mim, que acompanhei apavorado esses tristes acontecimentos, restou um gosto amargo do inútil desentendimento dos estudantes e a convicção de que o que motivou o fim do meu relacionamento amoroso com a "garota esquerdinha" não foi produzido pela minha mente alcoólica e confusa, já que os fatos estavam demonstrando que havia fundamento. Não sei se ela estava presente naquela trágica manhã, pois eu, não obstante a baderna, não a vi nem sei se participou de algum evento de esquerda radical mais adiante. Na realidade, nunca tive certeza de que ela havia militado.

Ficou em minha memória uma inesquecível noite em que ouvíamos poesia no viaduto do Chá, no centro de São Paulo, iluminados pela luz das velas que todos os participantes seguravam, formando um círculo. Os poetas, no meio da roda, declamavam, gesticulando delicadamente. Na ocasião, um fotógrafo de jornal registrou a cena, mostrando nossos rostos serenos e luminosos. A foto foi publicada. Guardo o recorte do jornal até hoje, cinquenta anos depois. Leveza e inocência.

> Enquanto ainda repercutia a violenta confrontação da rua Maria Antônia, militantes de todo o país já se mobilizavam e seguiam para o local "secreto", onde seria realizado o clandestino e ilegal 30º Congresso da UNE. No início de outubro de 1968, o movimento subversivo colocou em prática o mais descabido e confuso evento da resistência à ditadura militar. Acreditar em um "segredo" entre centenas de estudantes e suas famílias foi um incrível descuido das organizações que, indiferentes, promoviam o transporte em massa de estudantes com destino a Ibiúna e dali até o local "secreto" do evento.

A população da pequena cidade de Ibiúna não estava indiferente à movimentação de um número tão grande de pessoas desconhecidas circulando pelas ruas; a inquietude começou a se fazer presente e o delegado da cidade começou a ser frequentemente requisitado. Não demorou muito para que as autoridades policiais paulistas entrassem em prontidão, infiltrando agentes disfarçados entre os moradores da cidade. A suspeita de que haveria um evento de grandes proporções nas redondezas foi se materializando. Um roceiro comunicou ao delegado que foi barrado ao tentar entrar no sítio Muduru; o mecânico da cidade informou que foi procurado para consertar o motor de um carro e a chapa de São Paulo foi anotada. Sob o olhar desconfiado dos moradores, pequenos grupos de jovens desconhecidos eram vistos comprando mantimentos: escovas e pastas de dente, rolos de papel higiênico e até o estoque de carne havia acabado no açougue.

Diante de tanta desorganização, o "segredo" foi facilmente desvendado e o comando policial cientificou-se de que se tratava de um acampamento nas terras da fazenda Muduru, na encosta da serra de São Sebastião, com o propósito de realizar o congresso clandestino. O plano de invasão não foi nem despretensioso nem apressado. Muito bem planejado, contou com mais de duzentos agentes fortemente armados e uma frota de ônibus oficiais, bem como outros requisitados de empresas privadas, com a óbvia missão de prender todos os participantes e não apenas os líderes.

Ansiosos para cobrir o acontecimento, os jornalistas ficaram esperando, numa encruzilhada, a chegada da tropa invasora. Muito cedo, com o frio intenso, surgiu na curva o comboio das forças policiais, carros-choque, ambulâncias e caminhões repletos de soldados. A tropa estava fortemente armada. Além de metralhadora leve e farta munição, trazia também caixas com explosivos e, seguindo a caravana policial, testemunhando os acontecimentos, deslocava-se o carro da reportagem. A partir de certo ponto, o solo lamacento e escorregadio impediu o prosseguimento com os veículos; assim, começou uma longa e penosa caminhada até o local do evento, que foi totalmente sitiado.

Ao amanhecer, por detrás de uma colina, foi factível pôr à vista o acampamento dos estudantes, a maioria sentada ou deitada no chão molhado. A ordem do ataque foi dada e, com rajada de metralhadora para o ar a intimidá-los, os soldados invadiram o local. Fez-se um assustador silêncio e os estudantes renderam-se pacificamente. Um pequeno grupo tentou escapar para o matagal, mas foi capturado com facilidade, todos estavam completamente cercados.

Começou então a vistoria e todas as barracas foram reviradas à procura de armas, drogas e material subversivo, porém pouca coisa foi encontrada. A identificação dos líderes não foi difícil e quase todos estavam presentes. O primeiro identificado foi José Dirceu. Nessa época, eu gostava de seus discursos no púlpito, em frente à Faculdade de Direito do Largo São Francisco, com sua pronúncia inequívoca do interior paulista.

O comandante da tropa formou uma enorme coluna com os estudantes e ordenou-lhes que seguissem os soldados: dez quilômetros caminhando na lama até os ônibus requisitados para transportá-los. Os integrantes, em geral, ao presídio Tiradentes; os líderes, direto para o DOPS.

Cerca de oitocentos estudantes foram presos, interrogados e fichados, porém os considerados irrelevantes para a investigação foram paulatinamente libertados. Muitos desistiram depois do susto, mas outros, com o intuito de manter os grandes sonhos e ideais revolucionários, caíram na rede das organizações de esquerda radical, que recrutavam militantes para a luta armada.

Esse assunto foi, durante muito tempo, motivo de chacota nas rodas estudantis e nas conversas de botequim. Parecia improvável que pudessem acreditar que uma reunião "secreta" de quase mil pessoas pudesse passar despercebida. Ou, então, os líderes estariam buscando notoriedade e utilizaram os estudantes e o congresso para esse fim. Deboche!

○—●—○

Um influente guerrilheiro, Carlos Marighella, não foi preso no congresso, pois não se encontrava em Ibiúna naquele dia. Foi um dos principais organizadores da luta armada contra a ditadura, inimigo número um do regime e um dos fundadores do grupo armado ALN; participou, em conjunto com os membros da organização MR-8, do sequestro do embaixador norte-americano Charles Elbrick em setembro de 1969.

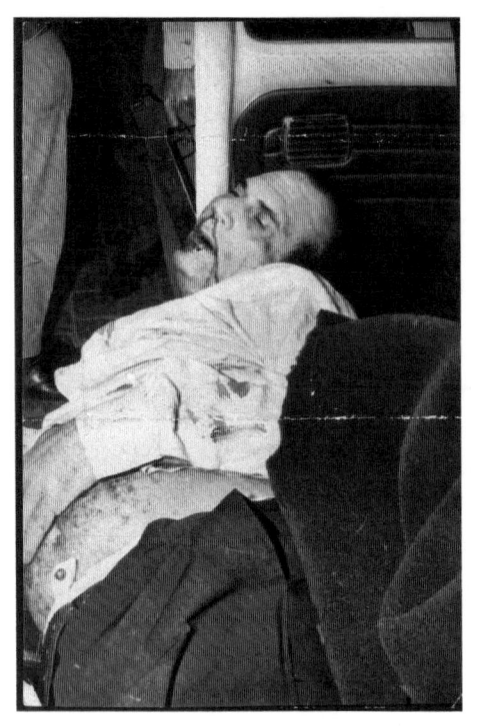

Corpo de Carlos Marighella após seu assassinato, São Paulo, SP, 4 de novembro de 1969. Crédito: Fundo Correio da Manhã - Arquivo Nacional, Rio de Janeiro.

Uma conexão de Marighella com freis dominicanos, estabelecidos no bairro de Perdizes, era conhecida e estava sendo monitorada pelo DOPS; os freis, depois de detidos e submetidos à intensa tortura, foram obrigados a atrair o guerrilheiro até um local, onde seria emboscado. A tortura foi tão violenta que um deles, o frei Tito, muito traumatizado, acabou suicidando-se, algum tempo depois, nos arredores de Lyon, na França.

Os freis combinaram um encontro com o guerrilheiro, com a instrução de que deveria entrar no banco de trás de um fusca, estacionado na alameda Casa Branca, para poderem trocar informações. Assim que Mariglhella entrou, os freis abandonaram o veículo, deitaram-se na calçada e colocaram-no à mercê de seus captores; ao perceber a emboscada, reagiu e, na troca de tiros, foi morto. Lembro-me muito bem das fotografias nos jornais, mostrando o corpo do ativista ensanguentado no banco do automóvel. Horrível!

o—•—o

Na área musical, as inovações não paravam de se revelar. Depois das músicas de protestos, Jovem Guarda e Bossa Nova, despontou a fase do Movimento Tropicalista. Tropicália. O movimento rompeu com as imposições do certo e errado que vigoravam até então. Foi totalmente vanguardista, sem medo de contrariar. Despontou no período em que a ditadura militar, eclodida três anos antes, começou uma perseguição a todo artista vanguardista, considerado opositor político do governo, impondo-lhe uma censura ferrenha, com o objetivo de limitar ou abalar sua criatividade. Assim, utilizar a arte para denunciar abusos, criticar ou se posicionar contra o regime poderia significar prisão ou deportação. Esse panorama poderia ter tolhido a criatividade dos artistas, mas o que aconteceu foi justamente o contrário, uma vez que criaram uma forma inovadora de participar e olhar o país de maneira mais crítica. Transformadora.

Sua maior característica foi a liberdade representada pelo sincretismo entre diferentes estilos musicais, mesclando o samba com o jazz e o rock norte-americano. Foi ainda responsável por estimular uma discussão saudável com artistas que foram contrários à importação de influências estrangeiras e receavam o desrespeito à cultura autêntica brasileira.

Mostraram que era possível diversificar a nossa cultura, sem perder a essência. Revolucionaram o cenário musical. Combinaram tambores, pandeiro, gaitas e, principalmente, guitarras elétricas, melindrando os artistas tradicionais. Influenciaram, de maneira significativa, as atitudes em relação ao vestuário, ao comportamento e às políticas sociais. "Alegria, Alegria", apresentada na terceira edição do festival de música da TV Record, era considerada um marco inicial do Tropicalismo.

Na edição anterior do festival, Caetano Veloso apresentou a música "É Proibido Proibir", com participação instrumental de Os Mutantes. Poderia ser a introdução do Tropicalismo, mas foi recebida pelo público com furiosa vaia e acabou transformando a interpretação num *happening* acaloradíssimo. Os Mutantes mal começaram a introdução e a plateia já os vaiava e atirava ovos e tomates contra o palco. O provocativo Caetano apareceu com roupas de plástico brilhante e colares exóticos, rebolando e dançando de forma erótica, que simulava o ato sexual.

Escandalizada, a plateia deu as costas para o palco. Os Mutantes, sem parar de tocar, reagiram e viraram as costas para o público. Pausando a apresentação, Caetano fez um longo e inflamado discurso. Criticou ferozmente o comportamento da plateia, que mal ouviu o que ele dizia, tamanha era a algazarra. "Vocês não estão entendendo nada, nada, nada!".

E não estavam entendendo mesmo. O Tropicalismo ou Tropicália fez um enorme sucesso nos anos posteriores e não perdeu a força nem com a prisão e o exílio de Caetano e Gil, em 1969. O movimento já reunia condições de continuar evoluindo naturalmente, com outros artistas e por muito tempo ainda.

o—•—o

Eu também não estava entendendo nada, nem por que um guerrilheiro argentino que participou da revolução cubana foi assassinado na Bolívia, mas foi o que aconteceu com Ernesto Guevara de La Serna, Che Guevara.

Grafite de Che Guevara em Havana, Cuba, 2014. Crédito: Gerhard Lipold/Pexels.

Fiquei surpreso e meio jururu. Pouco sabia dos pormenores da vida desse militante argentino e, mesmo entre meus amigos e conhecidos, notava um sentimento de simpatia pelo guerrilheiro. Parecia mais com um aventureiro romântico. Não conseguia associar sua figura a atos de violência ou fuzilamentos sumários. *"Paredón!"*

Desde a infância, Ernesto sofria com crises de asma e sua bombinha era companheira inseparável. Quando adolescente, teve outra companheira contumaz: "Poderosa", sua motocicleta. Em 1951, junto a seu amigo e colega da faculdade de medicina, Alberto Granado, realizou uma longa viagem de moto por vários países da América do Sul. Não estava interessado em turismo, buscava conhecimento e experiências que pudessem complementar e incentivar seus interesses na área médica.

Durante a viagem, tomou conhecimento da precária condição de vida dos trabalhadores, em minas de cobre, em aldeias indígenas e, sobretudo, em leprosários, cujo sofrimento e abandono eram evidentes. Pressentiu, assim que se diplomasse, um desejo de especializar-se no tratamento de leprosos.

Voltou para a Argentina e concluiu o curso de medicina, em 1953; entretanto, a convivência com tantos oprimidos deixou sua marca: fez com que seus anseios se desviassem para a política, terreno fértil, no qual seu desejo de praticar a justiça seria mais abrangente.

Nesse mesmo ano, fez uma nova viagem com o amigo Ricardo Rojo por Bolívia, Peru, Panamá, Colômbia, Equador, Costa Rica, El Salvador e Guatemala; neste último conheceu a peruana Hilda Gadea, com quem se casou e teve a primeira filha. Nesse país constatou também o descarado domínio norte-americano, cujo governo impunha preceitos e instalava, com facilidade, um ditador subserviente aos interesses "imperialistas", diante de uma população passiva e conformada.

Por meio dessas experiências, formou sua consciência política e decidiu-se pelo caminho revolucionário. Em 1954, conheceu Raúl Castro, que o apresentou a Fidel, seu irmão, consolidando sua participação no movimento revolucionário que tentaria se apoderar do controle de Cuba.

A revolução cubana acabou sendo um bem-sucedido movimento guerrilheiro armado, que culminou com a destituição do ditador cubano Fulgêncio Batista. Fidel e seus companheiros revolucionários tomaram o poder, depois de terem liderado e estruturado o movimento nas montanhas de Sierra Maestra. Fidel obrigou o ditador a exilar-se e, depois de entrar triunfalmente em Havana, estabeleceu e assumiu o cargo de Primeiro Ministro Revolucionário. Sierra Maestra, como ficou conhecida a guerrilha, alcançou uma vitória sem precedentes, tornando-se a primeira revolução socialista vitoriosa da América Latina.

Che Guevara poderia acomodar-se e desfrutar de uma vida familiar tranquila, beneficiando-se de um cargo público satisfatório, no alto escalão do governo cubano, porém estava determinado a estender a vitoriosa luta armada revolucionária a outros países do terceiro mundo. Fomentou a criação de grupos guerrilheiros estrangeiros, mas não foi feliz nesse objetivo. Em 9 de outubro de 1967, aos 39 anos, foi capturado e sumariamente assassinado pelo exército boliviano, com a colaboração da Central de Inteligência Americana.

Guerrilheiro Heroico, seu memorável retrato fotográfico, é uma das imagens mais reproduzidas no mundo. Che Guevara foi um dos mais célebres revolucionários de esquerda. Simbolizou a rebeldia, a luta contra injustiças sociais e o espírito incorruptível. O filme *Diários de Motocicleta*, de Walter Salles, lançado em 2004, com Gael García Bernal interpretando Che Guevara, espelha, de maneira muito iluminada, a face romântica do guerrilheiro.

Hoje, primeiro dia de agosto de 2018, interrompo minha escrita para meditar um pouco sobre o e-mail que acabo de receber de um dos meus colegas da turma de engenharia. Reunião para decidirmos como será a comemoração dos cinquenta anos da formatura, no fim deste ano. O inesperado comunicado deslocou-me para tempos sinistros, em que apavorantes e repetitivos pesadelos provocavam-me fobia, desânimo e angústia. Gastura.

Rotineiramente sofria com pesadelos, nos quais eu não havia conseguido concluir o curso superior por causa de uma única disciplina. Estava trabalhando como clandestino, sem estar diplomado, com muito medo de algum dia ser desmascarado. Todo ano tentava concluir o curso, mas não conseguia por causa daquela disciplina. Infinitamente.

Um dos meus tios paternos era dentista e minha mãe, às vezes, levava-me até o seu consultório quando eu estava com dor dente. Íamos de ônibus até o centro da cidade e, depois, a pé pela rua Bento Freitas, bem pertinho da praça da República. Detestava, com motivo.

Naquele tempo, o dispositivo para girar, por meio de cordinhas, as temíveis brocas, ainda era acionado mecanicamente pelo pé do dentista, movendo o pedal instalado no chão, como os pedais das máquinas de costura daquela época. Ele trabalhava na sala de frente para a rua, na casa onde morava com a família, e o protético utilizava o porão. Algum tempo depois, teve que abandonar a profissão, pois não havia completado a faculdade de odontologia, e tivemos que procurar outro dentista. Fiquei assustado quando soube que ele trabalhava clandestinamente. Aquela ocorrência ficou preservada em minha assustada memória infantil e, quando voltou a se manifestar, foi na forma de pesadelos recorrentes. Gastura onírica!

Desde o início do curso de engenharia no Mackenzie, tive intensa dificuldade em frequentar as aulas e manter bom nível de aprendizado. Somente conseguia me interessar por matérias que suscitavam a parte executiva; detestava as que visavam o cálculo ou projeto. Por esse motivo, desde o primeiro ano, levava para o seguinte as disciplinas em que eu não conseguia o desempenho mínimo. Assim foram o segundo, terceiro e quarto anos. Sempre pendurado.

O último ano da faculdade foi tenso do começo ao fim. Eu teria de ser aprovado em todas as matérias referentes ao quinto ano e mais duas dependências. Seria algo inédito passar direto, mas estava muito focado e arduamente sóbrio para esse esforço final.

Para minha decepção, aconteceu o indesejável: não consegui o desempenho mínimo numa das dependências do quarto ano; realmente, fui muito mal nesse exame final. Procurei o professor, que demorou alguns dias para me atender, gerando uma infernal angústia. Lembrei-me de que, no primeiro ano do científico, tinha procurado a professora de inglês pelo mesmo motivo e não havia obtido êxito, sendo reprovado.

Argumentei que já estava trabalhando há três anos numa empresa de engenharia e perderia uma grande oportunidade de evoluir em minha profissão. O professor hesitou muito, mas, por fim, aquiesceu e aceitou me ajudar. Fomos para sua sala e ele entregou-me a medíocre prova que eu tinha apresentado. Pediu para eu complementá-la; aleguei, muito envergonhado e nervoso, que não conseguiria melhorar a prova sem consultar as apostilas. Ele autorizou-me e, dessa forma, consegui o ponto necessário.

Dizem que o raio não cai duas vezes no mesmo lugar, mas desta vez caiu. O professor escolhido para ser o paraninfo na cerimônia de diplomação foi o mesmo, que determinou, como atividade final do seu curso, a descrição completa da execução de uma obra de engenharia, e cada aluno poderia escolher a temática. Como eu já estava trabalhando há três anos na empresa de engenharia, escolhi um assunto que dominava amplamente, apresentei um bom trabalho, que foi muito bem avaliado pelo professor. Raridade.

O ato solene aconteceu no Teatro Municipal, sendo patrono José Vicente de Faria Lima, prefeito de São Paulo à ocasião; atualmente, nome de uma importante avenida. Minha mãe, orgulhosíssima, ficou no balcão superior esquerdo da plateia, pertinho. O paraninfo, no seu discurso, mencionou explicitamente minha pessoa: "Prenúncio de um bom engenheiro pelo trabalho final apresentado". Primeiro e único elogio nos cinco anos de faculdade. Um pouco ébrio, recebi o cumprimento do paraninfo, copiosas lágrimas maternas e muita gozação de meus colegas. Pândego!

Estava metaforicamente nas nuvens. Havia conquistado meu espaço tão sonhado. Precisei de muito tempo para me convencer da nova realidade. Trabalhei por muitos anos até que meus aterrorizantes pesadelos começassem a se dissipar. Mas não desapareceram totalmente até hoje.

> Na mesma época, quem ficou muito além das nuvens e conquistou seu espaço sideral, efetivamente, foi o astronauta americano Neil Armstrong, primeiro humano a

tocar o solo lunar e com transmissão ao vivo, em preto e branco, disponível para quem possuísse um aparelho de televisão em casa.

O feito mais audacioso da corrida espacial fez parte do programa Apollo, que tinha por objetivo colocar o homem na superfície lunar; e foi com a missão Apollo 11 que conseguiu o intento. Lançada do Cabo Canaveral pelo potente foguete Saturno, a nave espacial americana com três tripulantes entrou em órbita da Lua, após uma viagem de três dias pelo espaço sideral. O astronauta Collins permaneceu no módulo de comando da nave, enquanto Armstrong e seu colega Aldrin dirigiram-se ao interior do módulo lunar, desacoplaram-se da nave-mãe e deslocaram-se até a colina chamada Mar da Tranquilidade, na superfície lunar.

O comandante da Apollo 11, Neil Armstrong, trabalhando em uma área de armazenamento de equipamentos no módulo lunar. Esta é uma das poucas fotos que mostram Armstrong na Lua. Crédito: NASA.

Eu, de olho na tela da televisão — assim como metade dos habitantes da Terra —, aguardava com enorme expectativa a imagem da descida do primeiro homem à Lua. Ficou, de forma permanente, fixada em minha memória a figura fantasmagórica de Armstrong, movendo-se desajeitadamente enquanto descia a escada do módulo lunar. Escorregando e quase caindo, pisou no chão poeirento e deixou a marca do solado de sua bota, depois, deu "um pequeno passo para o homem, um grande salto para a humanidade", frase perpetuada como representação da conquista. Momentos depois, o outro astronauta, Aldrin, mais confiante e sem conter a ansiedade, não esperou descer toda a escada, deu um salto e depois outros mais, gritando e comemorando o feito.

Não ficaram muito tempo no satélite da Terra. Instalaram alguns instrumentos, fincaram a bandeira americana, tiraram várias fotografias e retornaram ao módulo lunar para acionar os motores e reencontrar a nave que os esperava em órbita. Com os três astronautas novamente reunidos, a nave foi ganhando velocidade para sair da órbita lunar e direcionar-se ao planeta Terra, onde mergulharam suavemente no oceano Pacífico, nas proximidades da Polinésia.

Assisti à transmissão, muito emocionado, ao lado de amigos do bairro e de toda a família, numa televisão sem cores, com o visual trêmulo e embaçado. Às vezes, apelava para a colocação de uma mecha de Bombril, aquele "das 1001 utilidades", na ponta da antena, para tentar melhorar a imagem.

A conquista da Lua, uma das mais antigas fantasias do homem, ocorreu num período efervescente, em que a tensão e as constantes disputas entre americanos e soviéticos incentivaram uma guerra científico-tecnológica. Tanto os americanos como os soviéticos canalizaram uma desproporcional quantidade de recursos, facilitando os triunfos espaciais e, evidentemente, prejudicando outras áreas muito carentes. Não deixa de ser curioso assistirmos à espetacular descida de seres humanos à Lua, numa televisão de péssima qualidade. Bazófia!

> Talvez por esse motivo, o gigantesco interesse pelo ocorrido fosse dissipando-se em tão pouco tempo. Um festival de rock, realizado em solo norte-americano, apenas um mês após a aventura lunar, com a maioria de ingressos gratuitos e orçamento restrito, tornou-se assunto polemizado até hoje. Woodstock foi o festival de rock mais famoso de todos os tempos. Organizado pelo grupo financeiro Woodstock Ventures, realizou-se numa fazenda, na cidadezinha de Bethel, nas redondezas de Nova York.
>
> Ao lado de mais de trinta músicos e bandas, Janis Joplin, Joan Baez e Jimi Hendrix apresentaram-se em shows transcendentais, incorporando seus nomes à história da música contemporânea.
>
> Uma tempestade torrencial solapou o terreno em que os hippies se apertavam para assistir aos shows. Formaram-se vários pontos de muita lama, mas tal fato não afetou a empolgação dos presentes, que se lambuzavam felizes, cantando sem parar e sem o menor constrangimento. Eles usaram drogas e praticaram sexo explícito, sem nenhuma repressão, sentiram a indescritível emoção de terem feito parte de um acontecimento histórico. Transgressor.

> A eclosão do movimento foi antecedente à Geração Beat, os "beatniks". Escritores e poetas norte-americanos

assumiram comportamentos singulares: levavam vida nômade e fundavam comunidades, por onde quer que passassem; atitudes que seriam copiadas pelos hippies algum tempo depois. Com a palavra beat, John Lennon, um dos principais interlocutores do movimento hippie, criou o nome de sua banda: The Beatles.

Os hippies defendem o amor livre e a não violência. O lema "Paz e Amor" sintetiza a postura política dos que tentaram constituir um movimento pelos direitos civis, pela igualdade e pelo antimilitarismo, nos moldes das lutas de Gandhi e Martin Luther King.

Com o passar dos anos, os termos beatnik e hippie tornaram-se pejorativos para grande parte da população norte-americana e de outras partes do mundo. Mesmo aqui, no Brasil, quando um grupo de hippies é encontrado nas ruas ou nas feiras, fazendo e vendendo colares, pulseiras e outras quinquilharias, são vistos com reserva por boa parte das pessoas.

o—•—o

Infelizmente, numa deturpação extraordinária do bem-intencionado movimento, uma seita hippie denominada "Família Manson" chocou e horrorizou o mundo inteiro. Em uma sequência de extrema violência e selvageria, integrantes da seita assassinaram, com requintes de crueldade, cinco pessoas hospedadas na casa do conhecido cineasta francês de origem polonesa, Roman Polanski, em Los Angeles, Califórnia.

No dia 9 de agosto de 1969, o corpo da atriz americana Sharon Tate, esposa do diretor de cinema Roman Polanski, e quatro outros são encontrados em uma casa em Beverly Hills, Califórnia. Membros de uma seita conhecida como "Família Manson", liderada por Charles Manson, foram posteriormente capturados, julgados e presos. Charles Manson, agosto de 1980. O homem que matou Sharon Tate. Crédito: Mirrorpix/Alamy/Fotoarena.

Os assassinatos, planejados por Charles Manson, que não participou diretamente dos crimes, envolveram, além da atriz Sharon Tate, esposa do cineasta, os quatro convidados do casal. Sharon, grávida de oito meses, e seus convidados foram apunhalados várias vezes e, com o sangue das vítimas, os assassinos escreveram nas paredes da casa a frase: "morte aos porcos".

Na manhã do dia seguinte, continuaram a matança. Foram até uma casa da vizinhança e assassinaram o casal de moradores, seguindo o mesmo padrão, também utilizando o sangue das vítimas para gravar nas paredes a palavra "porcos".

Todos os criminosos foram capturados, julgados e condenados à morte, inclusive Charles Manson, que de guru hippie transformou-se em cruciante serial-killer. Posteriormente, as penas de morte foram convertidas em prisões perpétuas.

As três mulheres cúmplices dos assassinatos entraram para o julgamento, alheias ao que estava ocorrendo, vestidas de minissaia, alegres e felizes, como se estivessem numa festa de debutantes. Em novembro de 2017, Charles morreu na prisão, aos 83 anos, sem que fosse esclarecido o motivo desses crimes.

o—•—o

Aqui no Brasil, o presidente Costa e Silva sofreu um derrame cerebral, foi afastado e substituído por uma junta militar, composta por um general do Exército, um almirante da Marinha e um brigadeiro da Força Aérea. A turbulência política era tão frenética nesse tempo que, no período de dois meses de governo da junta, ocorreram o sequestro do embaixador norte-americano e a deportação de presos políticos.

Charles Burke Elbrick foi capturado por militantes da luta armada em 4 de setembro de 1969, a caminho de sua casa no bairro de Humaitá, Rio de Janeiro. Foi a maneira pela qual os sequestradores optaram para tentar libertar alguns de seus companheiros da prisão. Até aquele dia, o mundo nunca havia tomado conhecimento do sequestro de um diplomata por motivação política.

Para poupar a vida do embaixador, os sequestradores exigiram a imediata libertação de quinze presos políticos, sua deportação para um país que lhes concedesse asilo, bem como a leitura e a publicação de um manifesto nos principais veículos de comunicação, jornais, rádios e televisão. Todas as exigências dos sequestradores foram rapidamente aceitas. A junta ficou em uma situação diplomática delicada demais junto ao governo americano, pois não podia possibilitar que o embaixador corresse qualquer risco.

A fotografia de treze presos políticos libertados por exigência dos sequestradores, tendo como fundo o avião Hércules da FAB, que os transportaria, era o resultado da oposição radical ao regime militar, a mais conhecida imagem dos anos de chumbo no Brasil.

Quando olhei a célebre imagem do grupo dos presos políticos que seriam deportados para o México, incluindo uma mulher, não consegui evitar um prenúncio de ansiedade. Examinei, minuciosamente com uma lupa, o rosto feminino, para me certificar de que não era o dela, minha ex-namorada esquerdista. Paranoia total!

O grupo nunca mais se juntaria novamente, o que avalizava a crença de que "a esquerda brasileira só se une na cadeia". Fora da fotografia, seriam agregados ao grupo mais dois ativistas, nas escalas do avião em Recife e Belém.

Dos quinze presos libertados, apenas cinco estão vivos até hoje. Sem nenhuma dúvida, José Dirceu foi o que teve a trajetória de vida mais polêmica e surpreendente. Era o segundo de pé, da esquerda para a direita, o único que aparece na fotografia com os braços levantados, mostrando as algemas num gesto provocativo, revelando destemor e menosprezo pelos seus captores.

Num gesto semelhante, Dirceu ergue desafiadoramente o punho, na tradicional saudação comunista, ao se entregar à Polícia Federal, em novembro de 2013, acusado de vários crimes de corrupção. Entre os dois gestos, a destruição dos sonhos e ideais revolucionários, substituídos pela busca do poder e da riqueza pessoal a qualquer preço. Lamentável!

O bem-sucedido sequestro do embaixador americano e a libertação dos presos políticos expuseram um convincente triunfo dos grupos radicais de oposição ao regime militar, no entanto, essa vitória teve como consequência imediata o recrudescimento do sistema de repressão política. De início, foi constituída uma organização com a finalidade de identificar, localizar e, em seguida, capturar todo elemento suspeito de participação em atividades subversivas ou em grupos revolucionários. Essa organização foi instalada, de forma provisória, nos fundos do 36º Distrito Policial da Vila Mariana; burlescamente, no mesmo lugar em que foi encerrada a minha relação com a garota tolinha das pistas de gelo.

Sem vínculos formais ou legais, incentivada e financiada por empresários, bancos comerciais e empresas privadas, a organização era, na realidade, uma entidade paramilitar. Com ação direta e violenta à margem da lei, tinha condições de expressiva agilidade e brutal eficácia na obtenção de delações, necessárias para a identificação e prisão de elementos subversivos. Mais tarde, foi reestruturada e estabeleceu unidades análogas espalhadas em todas as principais cidades do país, em que transitaram milhares de presos políticos e onde ocorreu a maioria dos casos de tortura, desaparecimento forçado e execução de opositores. Abominável!

O general Médici assumiu o cargo, em outubro de 1969, com a vantagem de estarmos vivendo, naquela época, um período de bonança, com a atividade econômica em prosperidade: o chamado "milagre econômico". Políticas desenvolvimentistas possibilitaram a execução de obras de infraestrutura, algumas de relevância, como a ponte Rio-Niterói, a rodovia Transamazônica e a Usina Elétrica de Itaipu.

Assim, boa parte de seu mandato caracterizou-se pela estabilidade econômica e pelo baixo desemprego, facilitando a sonegação de informações sobre repressão política e tortura, conduzidas nos porões da ditadura, gerando um falso clima de estabilidade social. As guerrilhas urbanas, paulatinamente, perderam a hegemonia e foi-se criando um panorama de abertura política.

O meu trabalho nas obras da Assembleia Legislativa chegou ao fim. Foi uma tristeza a despedida de meus companheiros. Não teria mais o amigo português de cabelos brancos, restaurador e desenhista da arte dos jornais. Adeus, celebridades nuas.

Fui transferido para as obras de um conjunto residencial, no Rio de Janeiro, a fim de assessorar minha antiga chefe na Assembleia. Tratava-se da construção de uma série de prédios de apartamentos com quatro andares. O método construtivo era inovador para a época. Empregava formas metálicas transportadas por gruas para a execução de paredes de concreto e não de alvenaria tradicional. Minha função era gerenciar a etapa de fundação dos prédios; muitas vezes, mais de cinco ao mesmo tempo.

Em São Paulo, mantive o apartamento alugado, pois minha estada no Rio de Janeiro poderia ser longa, mas temporária. Em um desses retornos, comprei meu primeiro automóvel, um Aero Willys azul, 1966. Meu endereço na Cidade Maravilhosa: Hotel Independência, na praça Tiradentes. Centro Histórico. Barra pesada. Nos fins de semana, quando voltava para São Paulo, utilizava o carro ou a ponte aérea, novidade que ia se tornando rotineira no deslocamento Rio-São Paulo-Rio.

Vivíamos o tempo áureo da aviação comercial brasileira. A ponte aérea utilizava o famoso e inesquecível avião quadrimotor turbo-hélice Electra. Não obstante eu já estar apresentando sintomas evidentes de pânico aéreo, gostava do ruído inconfundível e das quatro esteiras cinza que suas turbinas desenhavam no céu. Apreciava quando conseguia sentar nos assentos do glamoroso *lounge*, saleta em forma de U, localizada no fundo do compartimento dos passageiros. Era difícil conseguir assentar-se em uma das sete poltronas do local, pois, naquela época, ainda não havia demarcações de assentos, nem filas organizadas para o acesso à porta de embarque.

Lindas e delicadas aeromoças serviam, além de deliciosos canapés, doses de uísque e, eventualmente, champanhe ou vinho. Todas as poltronas eram providas de cinzeiros, pois era permitido fumar a bordo. Não obstante, eu não conseguia evitar mãos trêmulas e frias, aperto no peito, agonia, tontura, palpitação. Gastura aérea!

Fiz boas amizades com os outros engenheiros e funcionários da obra e saíamos, vez ou outra, para o happy hour, ao fim da tarde ou para jantar em grupo, tarde da noite. Também me aventurava sozinho para uma paquera, pelos inúmeros e agradáveis barzinhos da cidade. As cariocas eram muito atraentes e fiquei seduzido pelo modo como falavam e argumentavam com vigor; estavam empolgadas, de uma maneira geral, com as novidades do momento: revolução ou liberdade sexual e amor livre. O fenômeno ocorreu em todo o mundo ocidental dos anos 1960 até os anos 1970, eram calouras e eu sentia-me perito no assunto, graduado no Bar Sem Nome e pós-graduado na Toca do Popeye.

Frequentava quase todos os barzinhos de paquera tradicionais e gostava de jantar no restaurante La Fiorentina, no Leme. Em tempos em que não existiam ainda os motéis, o Aero Willys foi imprescindível às noitadas. Um programa memorável era dar uma esticada até o Recreio dos Bandeirantes, no fim do caminho da Barra da Tijuca, deserto, mas resguardado e sem perigo, com vários recantos para estacionar o carro, de modo a "ficar observando" o mar noturno sob a lua cheia. Saudosa gandaia!

A despeito de todas as delícias da vida carioca, passei a considerar que meu trabalho já não oferecia uma perspectiva vantajosa em longo prazo. Com as novidades brotando a todo vapor, durante o milagre econômico, eu pretendia conhecer outras alternativas. Afinal, apesar de recém-formado, já trabalhava havia quatro anos na mesma empresa. Solicitei minha demissão, mesmo não tendo em vista nenhum outro emprego. Não era preciso. Nessa época, era muito difícil ficar muito tempo desempregado. Deixei a empresa com uma rica experiência técnica e amigos queridos, mantenho a amizade com alguns até os dias de hoje. Cinquenta anos depois.

Procurar novo trabalho, de imediato, não estava nos meus planos, gostaria de pesquisar, sem pressa, o mercado de trabalho, no qual havia muita oferta de emprego. No entanto, no primeiro contato, recebi uma proposta para início imediato. Era pegar ou largar. Aceitei, mas depois me arrependi. Por fim, concluí que valeu a pena: um mundo novo de negócios descortinou-se à minha mente, ainda ingênua, para tornar-me mais esperto e precavido.

Presenciei situações contraditórias. O prédio da administração, grande e luxuoso, estava localizado num amplo e valioso terreno na marginal do rio Pinheiros, ao fundo do qual se avistavam muitos galpões cobertos. A primeira impressão que passava era de que eu estava diante de uma grande e próspera empresa construtora. Algum tempo depois, constatei que eu estava redondamente enganado.

Fui recebido por um atencioso gerente que, depois das formalidades, levou-me até o escritório do diretor-presidente da empresa. Era simpático e extremamente carismático. Depois da apresentação, mostrou-me uma pequena oficina mecânica, acessada diretamente de sua sala, onde se ocupava da transformação de automóveis comuns em limusines. Serrava, literalmente, carros novinhos em folha ao meio, para aumentar o comprimento. Hobby!

Em seguida, o gerente levou-me a almoçar e depois fomos ao local onde exerceria o meu trabalho. Conjunto residencial, com grande parte dos imóveis já entregue aos proprietários. Minha função inicial era atender a uma infinidade de compradores descontentes com a qualidade dos imóveis e corrigir, da maneira mais econômica possível, as falhas de construção constatadas. Programei as visitas e montei uma equipe para reparar os serviços malfeitos, geralmente trincas, umidades e vazamentos. Enfadonho.

Com o passar do tempo, passei a frequentar, com regularidade, a sede da organização. O gerente, transformado em amigo, foi mostrando-me os demais escritórios e empreendimentos da empresa. Grandiosos, luxuosos, mas com aparência de inoperantes. Não demorou muito para eu tomar conhecimento de que se tratava de uma enorme massa falida, não de uma, mas de várias empresas: construtoras, fábricas, incorporadoras, loteadoras, financeiras, com uma torrente de dívidas.

A única ocupação dinâmica e muito eficiente era desempenhada por uma equipe de advogados cuja função era acompanhar, com muita competência, o longo caminho da cobrança de títulos não pagos. Aliás, que nunca seriam pagos, eternizando as dívidas. Cobrança, protesto, oficial de justiça, penhora, leilão judicial, nova cobrança, num eterno círculo vicioso ininterrupto e infinito, "de acordo com as leis vigentes". Os misteriosos galpões estavam lotados de bens penhorados, garantindo as dívidas, sem deixarem o lugar.

A metáfora: "por fora bela viola, por dentro pão bolorento", de origem portuguesa, indica que a aparência nem sempre reflete o interior nem define primorosamente a situação de uma empresa. Minha passagem por aquela companhia não deixou de ser original e bizarra, visto que testemunhei, in loco, como era possível, dentro da lei, viver tranquilamente sem pagar dívidas de investimentos fracassados. Sangue-frio, estômago forte, bons advogados e, evidentemente, um hobby.

Não precisei pedir demissão. No penúltimo dia do ano, numa terça-feira, ao chegar ao escritório encontrei sobre a minha mesa toda a documentação de minha dispensa para assinatura, inclusive o cheque, cujo valor incluía o aviso prévio e todos os direitos trabalhistas. Não falei com ninguém a respeito, nem com meu amigo. Só entreguei os documentos assinados ao departamento pessoal e fui embora. Nunca soube o motivo da demissão.

Meu novo amigo nunca se manifestou a esse respeito. Transpareceu que as coisas, ali, eram assim mesmo. Iríamos nos encontrar, por acaso, uma vez mais, numa das sedes da empresa, a financeira, em Campinas.

Com o passar do tempo, ele também se afastou da empresa para montar um café-restaurante em Paraty. Trabalhei na inauguração, servindo chope, e continuamos amigos constantes por mais de cinquenta anos, até seu falecimento, mencionado no início deste meu inventário.

○—•—○

Estou em Ribeirão da Ilha, desde que comecei a escrever. Na próxima semana, volto para o Guarujá e depois para São Paulo.

Desta vez, não vou de avião, viajo de automóvel, passeando com a minha mulher. Férias estratégicas. O aperto que eu sinto no peito é pela expectativa de prosseguir recordando de tudo com facilidade; só voltarei a escrever quando estiver no Guarujá.

Fui dar uma volta com meu cachorro, arejar minha mente. Estava sentindo-me estranho, indefinido. Caminhei até a igreja matriz, ao lado do cemitério, e visualizei todos os jazigos cobertos de flores artificiais coloridas. Cemitério harmonioso em sua completude, com todas as fileiras de túmulos perfeitamente alinhadas, uma beleza triste.

Lembrei-me das pessoas queridas que morreram e daquelas que desapareceram de minha vida. Sentimento de gratidão por estar ali, contemplando o cemitério vazio e a igreja fechada. Estava vivo e, sobretudo, sentindo-me bem, pacientemente observado pelo cão. Sua fisionomia denotava estar entendendo perfeitamente o meu estado de espírito.

Observo também que, desde que comecei a reescrever minha história, sem descontinuar a terapia, meus episódios de gastura estão escasseando. Devo estar conseguindo fechar algumas portas de minha memória que ficaram entreabertas. Quando elas se fecham, rangem, e a dor que provocam ao ranger é inevitável. Curiosamente, percebo que até agora tive pouca ou nenhuma dificuldade de recordar os fatos ocorridos nestes últimos cinquenta anos.

É muito emocionante descrever o fim dos anos 1960, parece que não terminou. Ainda sinto os efeitos das peripécias vividas. Uma década carregada de emoções, em que estive presente, de forma autêntica e vigorosa, nos episódios mais excitantes de minha existência. "Se chorei, ou se sorri, o importante é que emoções eu vivi", assim como Roberto Carlos. Passei a virada da década bêbado, livre, feliz e desempregado.

Nesta manhã chuvosa de fim de inverno, com uma persistente neblina cobrindo toda a cidade do Guarujá, recomeço a escrever, fora do ambiente acolhedor de Ribeirão da Ilha e, pela primeira vez desde o início da escrita, sem o apoio psicológico da terapia semanal. O frequente e benéfico silêncio da "Ilha da Magia" resultou transfigurado na zoada do agito frenético da "Pérola do Atlântico".

Vou carreando-me para o início da década de 1970 e, de imediato, começo a sentir um aperto no lado esquerdo do peito. Divago que a névoa espalhada por toda a cidade penetrou no meu cérebro, ofuscando a memória e dificultando a lembrança, mas sinto referir-se apenas a uma insegurança momentânea. Felizmente, não chega a ser uma gastura. Esmorecer está fora de cogitação, já que é vital continuar rastreando as profundezas da ment. Afinal, o coração mais pesado ajuda a submersão.

No início da nova década, aos 27 anos, ainda curtindo a ressaca das festas de fim de ano, processava todas as emoções sentidas nos últimos tempos. Estava noivo, repleto de incertezas e ainda sentindo os efeitos da paixão compartida com a namorada militante. O apartamento da avenida Nove de Julho, descuidado desde minha transferência para o Rio de Janeiro, precisava ser limpo, equipado e decorado para torná-lo habitável e, obviamente, tornou-se essencial procurar um novo emprego.

Enviei currículos a algumas empresas e fui convidado a fazer entrevistas, mas estava determinado a não aceitar propostas, de jeito nenhum, sem antes me certificar da confiabilidade e estabilidade da empresa interessada na minha contratação. Mas não foi isso o que aconteceu. Na primeira entrevista, fui acolhido num ambiente profissional sem ostentação, com um pessoal simpático e atencioso e, de imediato, fui apresentado ao carismático chefão que, depois das formalidades, ofereceu-me um trabalho de chefia, em uma obra a ser iniciada na cidade de Manaus.

Vencido pela persistente ansiedade que me importunou por toda a vida, ignorei a promessa de não tomar decisões precipitadas que fiz a mim mesmo. Entreguei a documentação necessária e voltei empregado para casa. Realmente, nunca suportei deixar nada pendente de solução e até preferia cometer algum erro, só que desta vez acertei "na mosca".

A empresa realizava serviços de saneamento básico e atuava, mormente, em obras públicas, aparentava estar em evolução e possuir muitos contratos já firmados. Como a obra de Manaus ainda estava na fase de documentação, foram-me atribuídas três pequenas obras em cidades do interior paulista. Uma delas, em Campinas.

Quando meu novo amigo, gerente da malfadada empresa em que eu havia trabalhado, soube que eu tinha obras em Campinas, comentou que a filial financeira do grupo também localizava-se nessa cidade. Fui visitá-lo por várias vezes e notava que, como as demais empresas do conglomerado, tinha um vistoso aspecto externo, mas já era evidente o clima de desmobilização.

Numa dessas visitas, para encontrar meu amigo, fui apresentado a uma jovem e atraente advogada da equipe da financeira. Senti um "clima" de simpatia que me pareceu recíproco e, provocativo, perguntei se ela não queria ser minha guia turística. Fiquei sem resposta, mas não sem esperança; sempre que retornava à cidade, eu lhe telefonava e reiterava o convite. Um dia ela aceitou, programa que se repetiu algumas vezes. Depois dos primeiros encontros, com um comportamento amistoso de ambas as partes, o clima foi esquentando naturalmente e tornando-se cada dia mais sensual e agradável. A inevitável despedida foi elegante e discreta, mas melancólica. A deleitante sensação da procura por uma nova paixão não seria fácil de se dissipar na minha mente.

Apesar da proximidade do casamento, pressentia que dificilmente se dispersaria e só desapareceria quando surgisse alguém com potencial de neutralizar, de vez, essa caçada inquebrantável. Por outro lado, reconhecia meu desejo intenso de formar uma família tradicional e, nesse aspecto, havia sintonia. Minha noiva externava muita disposição, forte companheirismo e, até aquele momento, não havia demonstrado nenhuma preocupação com minha reputação de beberrão e "xavequeiro". Oxalá!

Se eu fosse para Manaus sozinho, a probabilidade de ter o casamento esmorecido seria enorme; com a noiva, sem casamento, era constrangedor e praticamente impossível naquela época. O dilema atormentava-me até que, certo dia, ela revelou-me que estava grávida. Não fiquei assustado. Era o sinal que me faltava para o desfecho do impasse; mas, de uma coisa eu tinha certeza: essa gravidez, por absoluta falta de oportunidade, não fora concebida no final de semana que passamos, algum tempo antes, na cidade praiana de Mongaguá, na Baixada Santista, em São Paulo. No sábado, chegamos de ônibus à cidade, fomos à praia, passeamos pela cidade e bebemos muita caipirinha; ao entardecer, um pouco embriagado, procurei a única pousada desocupada para passarmos a noite, quando fui surpreendido pelo recepcionista: sem mostrar a certidão de casamento, não é permitido que fiquem juntos.

Ficamos em quartos separados, mas vizinhos. Durante a noite, num momento de exaltação, pulei a janela do meu quarto, fiquei raspando a veneziana de seu quarto e, depois de muita insistência, ela abriu a janela e eu pulei para dentro. Segundos depois, fortes batidas na porta me fizeram recuar, pulando a janela para fora. Qual o quê! Estávamos cercados pelos dois lados, eu do lado de fora e ela do lado de dentro do quarto.

Num júri improvisado na cozinha da pousada, fomos informados que estávamos expulsos da pousada por comportamento avesso aos bons costumes da sociedade, deveríamos desocupar o recinto logo cedo e embarcar no primeiro ônibus de volta a São Paulo. Num outro rompante de impetuosidade, declarei que abandonaríamos a cidade imediatamente e foi o que fizemos. Enquanto caminhávamos, durante a madrugada, pelo acostamento da rodovia à procura de uma carona, tivemos muito tempo para recordar o torturante episódio. Ai de nós!

Não houve cerimônia religiosa: sua família era de origem judaica e eu não fazia nenhuma questão de casar na Igreja católica. Em compensação, houve duas cerimônias do casamento civil: em São Paulo, no fim da tarde, a cerimônia com o senhor juiz e um bufê tipo "bolo e champanhe" em deferência à minha mãe; e em Santana de Parnaíba, no início da noite, para meu pai, seus familiares e nossos convidados. Formamos uma enorme caravana e seguimos, na maior bagunça, para a chácara de Parnaíba. Na entrada da cidade, fomos recebidos com uma queima de fogos e, ao chegarmos à chácara, fomos saudados pelos acordes da banda municipal: regalias de filho de ex-prefeito.

Na viagem de lua de mel, seguiríamos para Salvador e de lá para Manaus, cidade na qual deveria procurar uma casa para alugar e iniciar as tratativas com os responsáveis pela instituição contratante. Entretanto, ainda no fim da estada na capital baiana, quando nos encontrávamos em Santo Amaro da Purificação, cidade dos irmãos Maria Bethânia e Caetano Veloso, uma notícia inesperada: o contrato da obra de Manaus havia sido revogado e eu deveria voltar para São Paulo.

Estava se descortinando uma aflitiva situação: estava casado com uma mulher grávida, na perspectiva de ter que ocupar um apartamento minúsculo, sem um cargo definido na empresa que havia me contratado e correndo o sério risco de ser despedido. Ipsis litteris: "Caminhando contra o vento, sem lenço e sem documento". Com Caetano Veloso. Tomei um porre. Óbvio!

Mas, em tempo de milagre econômico, as empresas não estavam dispensando, sem motivo relevante, funcionários que poderiam assumir encargos essenciais ao seu desenvolvimento futuro. Meu caso, em particular, foi favoravelmente equacionado e, em pouco tempo, já estava entretido com novo cenário profissional.

Estava afastando-me do ambiente acadêmico e dos colegas de turma e, em consequência, das informações e discussões de política caseira. Já não demonstrava interesse pelo que estava ocorrendo com os movimentos de resistência ao golpe militar e não tinha tanta curiosidade a respeito da evolução do universo musical. As composições, de várias origens, que tanto me entusiasmaram na década passada, estavam sendo substituídas, pouco a pouco, pelas músicas de discoteca, que, desde os primeiros lançamentos, não chegaram a me empolgar.

> Do outro lado do oceano Atlântico, os quatro rapazes de Liverpool, John, Paul, George e Ringo tinham aproximadamente a mesma idade que eu: 27 anos. Estavam igualmente preocupados com as respectivas atividades profissionais, com suas incertezas análogas e já vislumbrando o término do vitorioso convívio entre eles, com o encerramento das atividades da banda de rock The Beatles.
>
> Nem mesmo quando, no dia 10 de abril de 1970, Paul McCartney anunciou, por meio de um comunicado oficial, a separação do grupo, as especulações encerraram-se. A esperança de que algum dia a reconciliação do grupo seria anunciada, o que uma multidão de admiradores fanáticos nutria, só foi exaurida, em definitivo, dez anos após, com o assassinato de John Lennon.
>
> É difícil aceitar que os quatro rapazes pudessem desprezar o sucesso que os transformou em celebridades internacionais e a copiosa riqueza adquirida de forma repentina e no auge da juventude, sem o despertar de uma

imensa curiosidade. O conflito de egos, orgulho, vaidade, pontos de controvérsias cada vez mais frequentes, a rotina frenética de compromissos, fadiga e estresse poderiam ser alguns dos motivos da separação. O vácuo deixado pela morte trágica e inesperada do empresário da banda, Brian Epstein, e o espaço ocupado por Yoko Ono, companheira de John, podem ser outras justificativas.

Por outro lado, não é difícil supor que os talentosos rapazes tivessem alcançado um grau de perfeição tão alto que passaram a necessitar de mais liberdade para darem vazão, individualmente, a seus impulsos artísticos e musicais, sem a influência de ninguém. Para transcenderem!

Não lembro se cogitaram que o uso de drogas tenha influenciado a discórdia entre eles; parece improvável. Mas para os dois principais ídolos norte-americanos que se apresentaram no festival de Woodstock, apenas um ano antes, foi o uso das drogas que acabou terminando com suas vidas.

Jimi Hendrix e Janis Joplin, cantores e compositores norte-americanos, ambos com 27 anos, morreram de overdose quase ao mesmo tempo. O primeiro, no mês de setembro, em Londres, e a segunda, no início de outubro, em Los Angeles.

Essa triste recordação não se deu pelas minhas preferências musicais à época, cujo estilo não era propriamente o que os dois apresentavam, mas em razão do choque causado pela triste notícia da morte dos jovens, alavancada pela frustração, na esfera musical, provocada pela separação dos Beatles.

A Copa do Mundo de Futebol do México, com o Brasil conquistando o tricampeonato, foi a primeira Copa a receber imagens coloridas, ainda que em caráter experimental. Quando me deixo levar pela lembrança de junho de 1970, por ocasião da Copa, o que me vem primeiro à mente não são os jogos de futebol. Identifico, instantaneamente, o clima de excitação da população, embalada por um sensacional jingle musical.

No ritmo de hino patriótico, conectou e empolgou os brasileiros, resultando numa imensa legião humana, uníssona, musical e eufórica. Em cada partida, o jingle retido na mente de todos os torcedores era insistentemente entoado:

*"Noventa milhões em ação / Pra frente, Brasil /
Do meu coração.
Todos juntos, vamos / Pra frente, Brasil /
Salve a seleção.
De repente é aquela corrente pra frente /
Parece que todo o Brasil deu a mão.
Todos ligados na mesma emoção / Tudo é um só coração!"*

O jingle, criado pelo compositor Miguel Gustavo, foi encomendado pelos patrocinadores das transmissões televisivas dos jogos e logo se tornou o "Hino do Tricampeonato". O sucesso foi tão grande que, nos carnavais seguintes, o jingle musicalizado figurou como uma das músicas tocadas com mais entusiasmo e até hoje é lembrada pela torcida brasileira.

Outra coisa que me vem à lembrança tem relação com a ditadura militar. A rigidez do regime que governava o

Brasil foi levada para a seleção brasileira. O comandante da delegação, seu principal assistente, o supervisor da comissão técnica e um dos preparadores físicos eram militares, mas, curiosamente, o comando técnico ficou com João Saldanha, jornalista e conhecido simpatizante do extinto Partido Comunista Brasileiro.

O Brasil foi muito bem nas eliminatórias, ganhando todos os jogos e era o favorito do torneio naquele ano. Porém o governo não enxergava com bons olhos a possibilidade de um líder oposicionista tão expressivo voltar do México consagrado e venerado pelo povo.

O general presidente indicou que gostaria de ver convocado o jogador Dario, conhecido como Dadá Maravilha, do Atlético Mineiro. "Ele escala o ministério, eu convoco a seleção". Essa resposta ao poderoso general provocou a demissão de João Saldanha e a substituição por Zagallo, dois meses antes do início da Copa. Zagallo atendeu ao general, convocando Dario, mas deixou o jogador no banco de reservas até o fim do campeonato. Ora pois!

O clima de euforia e patriotismo, embalado pelo Hino do Tricampeonato, estimulou e impulsionou a seleção brasileira, que fez sua melhor Copa, vencendo todos os jogos, conquistando o tricampeonato e recebendo, em definitivo, a taça de ouro Jules Rimet.

O regime militar tinha grande interesse em aproveitar a inédita conquista e melhorar sua popularidade. Para tanto, montou um grande esquema publicitário a ser divulgado, em todos os veículos de comunicação, inclusive nas sessões de cinema, ainda utilizado para propaganda governamental.

No entanto, por incrível que pareça, o sucesso musical alcançado pelo "hino do tri" foi gigantesco, tornando ineficaz a propaganda governista.

Carlos Alberto, capitão da equipe de Zagallo, levantou a taça Jules Rimet, ao lado de seus companheiros Félix, Piazza, Brito, Gérson, Everaldo, Clodoaldo, Jairzinho, Rivelino, Tostão e Pelé. Infelizmente, a valiosa taça, com quase quatro quilos de ouro, foi roubada em 1983 da sede da CBF do Rio de Janeiro e nunca foi recuperada.

Estamos a uma semana do fim do inverno. A névoa e a garoa insistente salpicam o crepúsculo de melancolia que, sorrateiramente, vai ocupando-me a mente. Estou no meu apartamento de São Paulo, seguro de que nenhum trabalho de qualidade pode ser executado sem concentração; e rememorar, detalhadamente, fatos ocorridos há quase cinquenta anos não é uma tarefa das mais fáceis.

O que está me atrapalhando e não deveria são os insistentes acontecimentos cotidianos referentes à eleição presidencial deste ano, aqui no Brasil. Um dos candidatos é apoiado por um ex-presidente encarcerado, acusado de corrupção; já o outro acabou de sofrer um atentado a faca e definha em um hospital.

A população, em estado catatônico, acompanha inerte os acontecimentos cotidianos e os intermináveis casos de corrupção esmiuçados, sem trégua, pela televisão. Mas não é só no Brasil que casos grotescos de corrupção transformam as empresas midiáticas em lavanderias de roupa suja.

Um caso paradigmático de corrupção foi o que aconteceu na campanha de reeleição do presidente Richard Nixon. Ficou mundialmente conhecido como Watergate, com a diferença de que lá o presidente acabou renunciando; aqui, por mais grave que seja o crime cometido, ninguém larga a teta governamental.

A tramoia começou com a prisão de cinco homens, flagrados no interior da sede do Partido Democrata, de oposição ao Partido Republicano de Nixon, instalando equipamentos de espionagem e grampeando telefones. Mesmo com evidências ligando o episódio ao comitê de Nixon, ele foi reeleito por uma larga margem de votos.

Dois repórteres do jornal *The Washington Post* começaram uma auditoria e descobriram um pagamento comprovado a um dos invasores, feito pelo comitê da reeleição. Após mais de dois anos de sondagens e com a pressão da imprensa e da população, foi criada uma comissão do Senado para investigar o caso oficialmente.

Gravações de telefonemas que passaram pelo salão oval da Casa Branca, escritório oficial do presidente, comprovaram que Nixon controlava o esquema e, como a abertura do processo de impeachment já estava no horizonte próximo, ele resolveu renunciar em agosto de 1974.

Antes da efetivação da renúncia, o governo Nixon reuniu, em janeiro de 1973, representantes do Vietnã do Norte e do Sul, bem como dos Estados Unidos, que assinaram em Paris um difícil acordo que pôs fim à Guerra do Vietnã. Acordo eficaz somente na teoria, pois o término efetivo da guerra só viria a acontecer em abril de 1975, no governo de Gerald Ford, vice-presidente que assumiu com a renúncia de Nixon.

Nenhum acontecimento mobilizou tanto a opinião pública internacional, no fim dos anos 1960 e início dos anos 1970, quanto as notícias que estavam sendo divulgadas a respeito da Guerra do Vietnã. Pela primeira vez na história, as atrocidades cometidas nos campos de batalha estavam sendo divulgadas no horário nobre das televisões.

O sofrimento generalizado das populações civis envolvidas na guerra e a morte de mais de 1 milhão de vietnamitas e de cinquenta mil norte-americanos transformou o interminável conflito na operação militar mais desgastante e insolúvel, na qual os Estados Unidos participaram diretamente, além de transparecer, para a opinião pública em geral, que eles não teriam a menor ideia de como sair dessa enrascada.

O Acordo de Paz de Paris, como era conhecido, previa a libertação de todos os prisioneiros de guerra americanos, a retirada das tropas dos Estados Unidos de terras vietnamitas e o reconhecimento do direito à autodeterminação do Vietnã do Sul. Mas não foi bem assim que aconteceu. Os prisioneiros foram libertados e as tropas norte-americanas deixaram o campo de batalha, mas as partes conflitantes continuaram a guerra fraticida até que Saigon, a capital do Vietnã do Sul, foi tomada pelas tropas comunistas e forçada a uma rendição incondicional. A Guerra do Vietnã chegava ao fim depois de catorze anos de uma espera interminável.

Metaforicamente falando, se eu estivesse no campo de batalha durante catorze anos, acompanhando o desenvolvimento das tratativas governamentais para finalizá-la, é certo que morreria de ansiedade antes de levar o primeiro tiro. Sentar e ficar esperando, passivamente, uma sessão de cinema ou uma apresentação teatral chegar ao fim somente era suportável se eu estivesse totalmente envolvido no enredo exibido, caso contrário, eu começava a passar mal e era obrigado a retirar-me rápido do local. Sempre foi notória minha preferência por escolher poltronas nas proximidades das portas de saída. Geralmente, as piores!

Por esse motivo, adotar um comportamento passivo e complacente contra a minha natureza e aguardar, de forma serena, o desenvolvimento da gravidez de minha esposa até o desfecho foi extremamente dificultoso. A ansiedade apossou-se de mim e a expectativa de ser pai pela primeira vez passou a gerar emoções contraditórias: fé e, logo após, insegurança; medo substituindo a coragem; destemor mudando de lado, com a covardia e a angústia dominando a seara fértil da tranquilidade. Por um lado, reputava assustador fazer parte da criação de um ser humano, por outro, era mágica a sensação de ser uma fração do viver inocente dessa criatura.

Destacaria o fato de não ter preocupação com meu emprego, pois gostava do que estava fazendo e não vislumbrava nenhuma evidência de que poderia ser despedido. Era bem remunerado e poderia custear o parto com um bom atendimento médico, numa maternidade qualificada. Diante dessas circunstâncias, não conseguia enxergar o motivo de tanto incômodo: enjoo, palpitação e mal-estar. Afastei, da melhor maneira possível, as noitadas etílicas e adotei um modelo de comportamento equilibrado, seguro e de poucas palavras, inspirado na expressão atribuída ao filósofo Rousseau: "Só entende o valor do silêncio quem tem necessidade de calar para não ferir alguém" e era isso que eu queria.

Finalmente chegou o dia do parto. Na maternidade, parturiente para um lado e futuro pai para o outro e, seguindo as plaquinhas de orientação, entrei numa pequena sala de espera destinada aos maridos. Sentei-me em uma das poltronas em frente a um painel, no qual estava indicado o número dos quartos e, embaixo, havia duas pequenas lâmpadas: uma azul e a outra cor-de-rosa. Entendi!

Todos os presentes, convertidos em atores, simulavam alegria e serenidade, mas eu disfarçava pânico e histeria. Quando a luz azul, referente ao nosso quarto acendeu, todos fizeram uma pequena algazarra e um deles, provavelmente veterano, ofereceu-me um charuto. Modismo da época.

A próxima etapa era a visualização do rebento no "aquário", janela de vidro da enfermaria dos recém-nascidos. Aí então me dirigi ao quarto para ver o semblante satisfeito da esposa e ouvir do médico que o parto havia sido normal e que a saúde do bebê não inspirava cuidados especiais, apesar do peso: 1,9 kg.

Não consegui disfarçar um riso interno, já que, no domingo anterior, havia comprado uma peça de picanha para um churrasco exatamente com esse peso. Alívio, alegria e um pequeno e discreto pileque. Acabara-se a histeria e iniciara-se um período de euforia.

> Entre as variadas formas de medo psicológico, eu conservava com muito vigor o temido medo de avião. Ficava apavorado, com as mãos tão molhadas que me obrigava, durante toda a viagem, a ficar com um lenço apertado entre elas. Não me alimentava nem bebia nada antes do embarque, e muito menos durante o voo, com receio de vomitar e fazer um papelão a bordo. Esse pavor deixava-me muito atento às notícias de tragédias aéreas que, naquele tempo, não eram tão frequentes.
>
> Quando soube que a atriz brasileira Leila Diniz havia falecido aos 27 anos, num acidente aéreo, fiquei muito curioso acerca do caso. O avião Douglas DC-8, operado pela

Japan Airlines, fazia um voo saindo de Tóquio, com várias escalas, em direção a Londres e caiu nas proximidades do rio Yamuna, a quarenta quilômetros do aeroporto de Nova Déli. Leila Diniz retornava de uma viagem à Austrália, pois fora premiada em um festival de cinema.

Para mim, foi um retorno à explosiva e irreverente década de 1960, cuja recordação me deixa extasiado. Leila Diniz, estrela de filmes como *Todas as Mulheres do Mundo*, de 1966, foi muito atuante como porta-voz da liberação sexual feminina, desafiando a moral brasileira e tornando-se símbolo da "nova mulher". Em novembro de 1969, a atriz escancarou suas opiniões sobre amor e sexo, escandalizando a sociedade da época e levando o severo regime da ditadura militar a persegui-la. Também foi a primeira brasileira a exibir, nas brancas areias da praia de Ipanema, uma barriga em adiantado estado de gravidez, usando um provocativo biquíni de tamanho muito reduzido, sem as tradicionais "cortininhas".

Leila falava de sua vida pessoal sem nenhuma censura ou constrangimento e não se negava a dar inúmeras entrevistas a revistas e jornais, especialmente ao jornal alternativo *O Pasquim*. Numa das entrevistas, entre muitos palavrões, substituídos, no artigo escrito, por asteriscos, causou furor na sociedade, ao afirmar: "Você pode muito bem amar uma pessoa e ir para a cama com outra, já aconteceu comigo". Depois dessa entrevista, foi instaurada pelo regime militar censura prévia à imprensa, mais tarde conhecida como "Decreto Leila Diniz".

Depois de publicarem uma charge de Ziraldo, execrada pelo governo militar, o DOI-Codi invadiu os escritórios do Pasquim e prendeu, além do cartunista, toda a equipe que se encontrava no local. No fim do ano, a prisão dos colunistas foi revogada e todos voltaram, como heróis, à redação do jornal. A charge era uma caricatura de Dom Pedro I, às margens do Ipiranga, proferindo, de espada na mão, os dizeres: "Eu quero mocotó", em vez do conhecido e pouco verídico "Independência ou morte".

Apenas um ano depois, ocorreu outra tragédia aérea de grande porte, desta vez, com a morte de um amigo muito próximo, em viagem para Londres. Durante o procedimento de aterrissagem, numa escala em Paris, começaram nas proximidades da cidade de Orly os problemas que terminaram em tragédia.

Os passageiros já se encontravam em seus assentos e presos pelo cinto de segurança, quando uma quantidade muito grande de fumaça foi detectada, saindo de um dos banheiros do fundo do compartimento dos passageiros, e logo começou a se alastrar por toda a aeronave. Membros da tripulação tentaram conter o incêndio e, sem lograr êxito, correram para a parte frontal, junto à cabine dos pilotos.

Apenas um passageiro, sentado na última fila, provavelmente o que viu primeiro a fumaça saindo de um dos banheiros, contrariando a orientação dos comissários, também correu para a parte frontal e ficou deitado no chão. Essa transgressão salvou sua vida, assim como da maior parte da tripulação.

Com a demora da autorização para a aterragem na pista do aeroporto de Orly e, em decorrência da intensificação da fumaça na cabine, o comandante, que já não enxergava os instrumentos de navegação e que perdera a comunicação com a torre, acabou realizando um pouso de emergência sobre uma plantação de cebolas, a quatro quilômetros do aeroporto.

A imagem do Boeing da Varig, estatelado na plantação, quase inteiro, apenas com a cobertura destruída, mostrando todos os corpos carbonizados em seus respectivos assentos, foi aterradora. A impressão que passava era de que todos os passageiros haviam morrido, antes de o avião despencar, sufocados pela fumaça, tal era a harmonia funesta da posição de seus corpos carbonizados, inclusive o do meu amigo. Horror!

Na mesma época, eu estava ocupando-me da construção de uma enorme galeria de esgoto, na marginal do rio Pinheiros, em São Paulo. O eixo da galeria localizava-se entre o leito do rio e a pista direita da marginal, faixa bastante estreita diante da avantajada largura da galeria.

Numa tranquila manhã, uma série de estalidos, característicos de ruptura estrutural, seguido de intenso alvoroço, alertou-me de que algo anormal havia ocorrido. Chispei para a beira da vala, para constatar que houvera um pequeno, mas fatal, desmoronamento. A maioria dos operários conseguiu se proteger no interior do trecho de galeria já concluído, mas três foram soterrados e um deles com o corpo exposto.

Essa visão, na hora do acidente, na ocasião do resgate e, depois, nas fotografias dos jornais, ficou eternamente gravada na minha mente, causando mal-estar sempre que ressurgia à minha memória. Foi o primeiro e único acidente com vítimas fatais durante toda a minha carreira profissional. Muito triste.

Num trecho mais adiante da mesma obra, estava se desenrolando uma intensa, mas inconclusiva tratativa, a fim de eliminar uma árvore centenária que se encontrava no eixo da galeria a ser construída. Tal conchavo estava se desenrolando entre a prefeitura, o governo estadual e a Sociedade Amigos da Árvore, que colocava empecilhos em todas as tentativas de entendimento.

Todos estavam convencidos de que a árvore deveria ser eliminada, mas ninguém se prontificava a autorizar; quanto mais perto a obra avançava em direção à árvore, mais tensa ficava a situação. A obra seria terrivelmente prejudicada se fosse paralisada por esse motivo e urgia uma providência definitiva, assim, recebi "carta branca" do patrão para agir com firmeza. Na sexta-feira seguinte, à noite, uma equipe de trinta homens, munidos de motosserra, uma pá carregadeira e dez caminhões, fez a árvore simplesmente desaparecer. Não restou nenhum galhinho. O imbróglio passou a ser jurídico, e não mais técnico ou financeiro. A obra não sofreu solução de continuidade e subi alguns degraus no conceito patronal. "O que não tem solução, solucionado está." Que feio!

Quando minha esposa anunciou a segunda gravidez, eu ainda me encontrava em plena euforia originada da primeira. Comecei a imaginar que, daquela vez, teríamos uma menina, formando uma família padrão, sonho de muitos casais. Perfeito!

No entanto, eu teria de conter a ansiedade, pois, como já era de meu conhecimento, deveria aguardar pelo dia do parto para saber o sexo da criança. Nesse dia, como veterano na área, fui logo me dirigindo, confiante, para a saleta das luzinhas e colocando à vontade os marinheiros de primeira viagem que estavam ali. Navegava nas nuvens, confiante e certo de que tudo transcorreria dentro da normalidade. A experiência do primogênito, que nascera com o peso de uma picanha e estava exalando saúde e disposição, deixava-me mais estimulado.

Quando a luz azul acendeu no número referente ao nosso quarto, ensaiei, por um segundo, um sentimento de decepção, logo transformado em nova euforia, afinal, dois meninos com idades muito próximas não deixava de ser uma excelente alternativa. No "aquário", o berço ainda vazio deixou-me apreensivo com a informação de que o recém-nascido estava na incubadora, pois necessitava de cuidados especiais. Transformou-se a apreensão em temor. No quarto, o médico informou que o bebê nascera com dificuldade respiratória, provavelmente membrana hialina, e que eu deveria procurar um pneumologista pediátrico urgente. No mesmo dia, o novo médico confirmou o diagnóstico e informou que a situação era grave. Nosso filho faleceu dois dias depois. Pânico e revolta.

Minha vida, embalada pela bem-sucedida carreira profissional, pelo competente controle na área boêmia, entrava numa névoa carregada de pessimismo no ambiente familiar. Não conseguia me conformar com o fato de que, mesmo com o suporte de um excelente médico obstetra, que acompanhou toda a gravidez, e de uma maternidade de primeira linha, não foi conseguido êxito num simples parto.

Infelizmente, o clima infernal ainda não havia terminado. Com a procura compulsiva de outra oportunidade, para compensar a perda, não tardou muito para acontecer outra gravidez. Outro parto, outra luzinha azul acesa, outra informação de que o bebê não estava no berço, pois necessitava de cuidados especiais, e outro falecimento na família. Prematuridade.

Nessa época, aos 30 anos, eu tinha um filho e já havia perdido dois. O casamento atingia uma crise, aos quatro anos de duração, e havia um grande clima de cumplicidade, misericórdia mútua e amizade sincera, mas, por outro lado, perdia em essência. Passei a focar meu trabalho como prioridade e, aos poucos, a me interessar mais por política, por fatos contemporâneos e recomecei a encontrar, com mais frequência, meus amigos da noite, embalado pela música cantada por Nelson Gonçalves:

Boemia
Aqui me tens de regresso
E suplicante te peço
A minha nova inscrição...

"Um bom filho à casa torna"; um boêmio, aos botequins. Não há nada mais pitoresco do que esse retorno ao convívio dos companheiros de copo. O acolhimento é sempre feito com júbilo e abraços babados, chorosos e emotivos. Numa das voltas ao lar, com a mente fartamente abastecida de sentimentalismo alcoólico, com os olhos rasos d'água e o coração apertado e quase a chorar, dei-me conta de que estava havendo uma conspiração política em Santiago do Chile.

> O simpático presidente chileno Salvador Allende se encontrava encurralado no interior do palácio de La Moneda, sitiado por golpistas liderados pelo general Augusto Pinochet, até então tido como um general apolítico e leal à Constituição. Allende persistia em não abandonar seu posto, recusava asilo político em países estrangeiros e resistia a abandonar o palácio. Nesse contexto, com os olhos ofuscados pelas centenas de faróis de automóveis que vinham no contrafluxo, minha mente extrapolou os limites da realidade e minha alma movimentou-se por sobre a cordilheira dos Andes.

A foto mostra o médico Danilo Bartulin Fodich (o terceiro da esquerda para a direita) ao lado do então presidente chileno Salvador Allende (o segundo da esquerda para a direita, usando capacete) enquanto as forças golpistas de Augusto Pinochet pressionavam o cerco armado contra o palácio presidencial de La Moneda, em Santiago, em 11 de setembro de 1973. [O ex-líder General Augusto Pinochet foi preso em Londres, em 17 de outubro, durante uma visita à Grã-Bretanha para tratamento médico. Estava sob guarda armada na clínica após um apelo de extradição para a Espanha, para enfrentar acusações de genocídio e tortura.]
Crédito: Stringer/Reuters/Fotoarena.

Imaginei um enorme contingente de chilenos abarcando o palácio para proteger, com o próprio corpo, a vida do presidente recluso. Ao mesmo tempo, a tropa invasora passou a desertar por completo, investindo contra o general traidor e seus asseclas. As portas do palácio foram abertas e o presidente ameaçado, nos braços do povo, retomou a liderança que jamais deveria ter sido prejudicada.

Qual o quê! De volta à realidade, passei a constatar a desumanidade ocorrida em Santiago do Chile: o general Pinochet, até então comandante em chefe do exército chileno, membro do gabinete e da confiança do presidente sitiado, ordenou a invasão do palácio e provocou a morte do presidente, atingido durante o assalto ou, segundo outra versão dos fatos, cometendo suicídio.

O golpe, impetrado pelo general, foi indiretamente patrocinado pelo governo norte-americano e pela direita chilena, inclusive a burguesia industrial. A junta militar, dirigida por Pinochet, instalou uma ditadura militar que governaria o Chile por dezessete anos.

Salvador Allende foi o primeiro socialista a ser eleito presidente, sem recorrer à luta armada, ao contrário do que havia ocorrido na revolução cubana, o que gerou inquietação no governo norte-americano e nas forças conservadoras do Chile. A situação política do Chile era consolidada num estado democrático parlamentar, com uma aliança de classes no poder, sob a influência preponderante da burguesia e com a participação discreta da classe média e do movimento operário.

Com a vitória do candidato da Unidade Popular, o país elegia, pela primeira vez em sua história, um presidente de esquerda, que pretendia criar condições para uma transição pacífica do país ao socialismo, respeitando a Constituição. Enfrentando uma crise econômica, logo no início de seu governo, Allende avançou na estatização de setores importantes, como a mineração do cobre, o sistema bancário e o setor petrolífero, além de iniciar a reforma agrária.

A burguesia chilena ficou descontente com tais medidas, assim como o governo norte-americano que, em represália, estabeleceu um bloqueio econômico informal, fazendo com que a crise chilena se intensificasse e provocasse um caos no país. Sem produzir bens de primeira necessidade para toda a nação e impedida de importar parte desses bens, em função do bloqueio americano, o país viu crescer o mercado negro de alimentos, prejudicando as camadas mais carentes da sociedade e favorecendo a burguesia, que tinha acesso ao mercado ilegal, por sua privilegiada situação econômica.

Allende percebeu que seu projeto socialista só seria uma alternativa política viável para o Chile com o apoio maciço da população, porém, preferindo sempre a via constitucional, Allende idealizou a convocação de um plebiscito, em que os eleitores votariam por sua continuidade ou não no governo.

Contrário a essa decisão, o general Pinochet mobilizou as forças oposicionistas que já estavam de prontidão e iniciou o golpe de Estado no dia em que seria anunciado o plebiscito. Santiago, capital política e econômica do Chile, amanheceu com o ruído dos aviões que sobrevoavam o centro da cidade e dos tanques das forças armadas cercando o palácio presidencial. No seu derradeiro pronunciamento, transmitido pela emissora de rádio da Central Única dos Trabalhadores Chilena, Allende anunciou que caberia às novas gerações de chilenos desbravarem os caminhos para o socialismo e, minutos depois, o palácio foi invadido e o presidente perdeu a vida.

Eu não conseguia pensar no derradeiro discurso de Allende sem vinculá-lo com a carta-testamento de Getúlio Vargas, vinte anos antes. Das várias conformações sobre a morte do presidente, apresentadas pelas autoridades à opinião pública, nenhuma foi completamente convincente. Por esse motivo, comparando as duas situações políticas aflitivas, muito semelhantes, convenci-me de que Allende também decidiu "sair da vida para entrar na história". E entrou mesmo!

Desde os tempos da infância, quando minha mãe me levava às missas da Igreja Santa Generosa, no bairro do Paraíso, demolida em 1967 para a construção da avenida Vinte e Três de Maio, eu demonstro grande curiosidade a respeito de sorte, destino e rituais.

Geralmente, à saída da igreja, encontrávamos o tocador de realejo e eu sempre lhe pedia para tirar um bilhete da sorte. A música que o realejo produzia era inconfundível e encantava tanto as crianças como os adultos. Era produzido artesanalmente, constituído de uma caixa sonora suspensa do chão por uma estaca, uma gaiolinha com um pássaro adestrado em seu interior e uma caixa-fichário com os bilhetes da sorte. A manivela acionada pelo tocador fazia rolar, no interior da caixa sonora, uma tira de cartolina perfurada que, por sua vez, movia uma sequência de pinos produzindo sons; cada furo, uma nota musical; cada rolo, uma música. Ao comando do tocador, o pássaro colhia do fichário um bilhetinho da sorte e entregava ao consulente que, por sua vez, colocava umas moedas na caixinha de contribuições.

Outra coisa que eu observava fascinado, do outro lado da rua, era a imponente Catedral Ortodoxa e ficava a imaginar os rituais que poderiam ocorrer no seu interior. Naquela época, as missas católicas eram rezadas em latim: "*In nomine Patris et Filii et Spiritus Sancti*", e o cerimonial era carregado de objetos litúrgicos que despertavam a minha atenção e curiosidade: ambula, galhetas, cálice, pala, patena, jarra, bacia, ostensório e missal, além das vestes e cores litúrgicas usadas pelos sacerdotes.

Essa curiosidade só aumentava. Vivendo num país preponderantemente cristão, era compreensível que determinados costumes e tradições de outras crenças me parecessem intrigantes, em especial os praticados pelos seguidores e seguidoras do judaísmo, uma vez que estava casado com uma delas, não obstante sua aparente falta de fervor.

Sempre que possível, participava de cerimônias em sinagogas e possuía meu próprio quipá, boina utilizada pelos judeus. Sempre fui naturalmente acolhido por todos os familiares e amigos judeus, que me receberam afetuosamente, embora em minha condição de "goy", significado judaico para não judeu.

Nas festas de aniversário na casa de seus parentes, vez ou outra, eu era apresentado para convidados mais idosos que não escondiam marcas numéricas no braço, sinais de passagem por campos de concentração durante a guerra. Ficava consternado.

Comecei a interessar-me mais pelo Oriente Médio e sabia que a crise entre Israel e os países árabes fronteiriços estava ficando tensa e poderia eclodir uma outra guerra a qualquer momento.

> A festa do Yom Kippur é considerada a celebração mais importante e sagrada do calendário judaico. No último dia, conhecido como "dia da expiação" ou "dia do perdão", os judeus tradicionais observam um período de jejum de 24 horas, desde o crepúsculo até o pôr do sol do dia seguinte. Durante as festividades, há uma série de proibições relacionadas não apenas ao jejum, mas também ao prazer e conforto pessoal, com o objetivo de obter elevação espiritual, para uma maior conexão com o Criador e satisfatória preparação para a vida eterna. Na noite anterior, é realizada uma farta ceia familiar e, após o amanhecer do dia seguinte, os judeus comparecem às sinagogas para rezar, e muitos deles vestem uma túnica branca sobre suas roupas, para simbolizar a pureza de suas almas.

O Ramadã, para os muçulmanos, representa o mês em que Deus revelou a Maomé os primeiros versos do Alcorão, numa noite conhecida como "noite do destino". Segundo o profeta, quando o mês sagrado tem início, os portões do paraíso são abertos, os do inferno fecham-se e os demônios são acorrentados. O mês do Ramadã não tem início no mesmo dia, todos os anos, pois os muçulmanos seguem o calendário lunar para suas festas religiosas, e, no caso do Ramadã, acontece sempre no nono mês do calendário, durante o qual o muçulmano tradicional faz jejum todos os dias, desde o nascer até o pôr do sol, devendo refletir sobre sua relação com Deus, estudar o Alcorão, praticar a generosidade, a caridade e rezar com mais afinco.

Para o muçulmano, esse não é um período enfadonho, mas uma oportunidade de desfrutar a união e de compartilhar a alegria junto aos seus entes queridos. Há também o propósito de recordar a fragilidade humana e sua dependência de Deus para a obtenção de seu sustento, além de lembrar-lhe a agonia de sentir fome e sede, despertando compaixão pelos mais necessitados e o dever de ajudar o próximo.

Sábado, 6 de outubro de 1973, em função do Ramadã muçulmano e do Yom Kippur judaico, as festas mais importantes e sagradas de ambas as partes, era o dia menos provável para que árabes e judeus iniciassem outra guerra. No entanto, Egito e Síria desrespeitaram as respectivas festividades sagradas, impetraram um ataque totalmente inesperado a esse dia e cruzaram a linha de cessar-fogo no Sinai e nas Colinas de Golã, dando início ao quarto conflito árabe-israelense, desde a fundação de Israel, 25 anos antes.

O primeiro conflito foi deflagrado no dia seguinte ao anúncio da independência de Israel, em maio de 1948. A criação de Israel, baseada numa resolução da ONU, previa a divisão do então Estado da Palestina, à época sob a administração britânica, em dois: um árabe e um judeu. Contudo, os governantes dos países árabes não aceitaram nem a resolução e muito menos a independência de Israel. Egito, Síria, Líbano e Iraque invadiram o país recém-inaugurado, deflagrando o primeiro de uma série de conflitos árabe-israelenses. A vitória de Israel viria no ano seguinte, ampliando seu território e garantindo sua sobrevivência, mas, longe de tranquilizar a região, semeou mais violência, que permanece ativa até hoje.

O segundo conflito, deflagrado pelo domínio do canal de Suez, apenas oito anos depois, ficou conhecido como a Guerra do Suez e envolveu, além de Israel e Egito, as potências europeias da França e Inglaterra e, indiretamente, a União Soviética e os Estados Unidos. Há muito tempo pairava um clima de tensão no entorno do canal, e os egípcios mantinham, com os israelenses, batalhas esporádicas na área, sem que os respectivos governos tomassem providências enérgicas para evitá-las. O estopim para o ataque conjunto de Israel, França e Reino Unido foi a nacionalização e fechamento do canal para a navegação israelense. O conflito durou poucos meses, as tropas invasoras foram retiradas do território egípcio e o canal permaneceu nacionalizado, mas dentro de regras internacionais de passagem.

Já o terceiro conflito, conhecido como a Guerra dos Seis Dias, sobreveio onze anos depois, entre os dias 6 e 10 de junho de 1967. Além de Israel e Egito, a guerra envolveu também a Síria, a Jordânia e o Iraque, estabelecendo a mais consistente refutação árabe à fundação de Israel.

Às vésperas da celebração de seu vigésimo aniversário de fundação, Israel encontrava-se numa posição bastante confortável, se comparado aos seus vizinhos árabes. Estes ainda lutavam para dar existência a um Estado consolidado forte e que não caísse nas mãos de radicais locais, sedentos por reavivar a doutrina islâmica tradicional.

Humilhados nos dois conflitos anteriores, o mundo árabe pretendia expulsar de uma vez seu vizinho indesejável. Todavia, o resultado da guerra foi amplamente favorável a Israel, que destruiu por completo a força aérea egípcia, ocupou militarmente a península do Sinai, a Faixa de Gaza, a Cisjordânia e as Colinas de Golã. No dia 8 de junho, o Egito acatou o cessar-fogo proposto pela Organização das Nações Unidas e, no dia 10, os demais países árabes beligerantes fizeram o mesmo, finalizando a efêmera guerra.

A nação israelense, com apenas dezenove anos de existência, rodeada de povos inimigos sedentos de vingança, derrotou não apenas o poderoso Egito, mas também a Síria e a Jordânia, quintuplicando seu domínio territorial na área em disputa.

A Guerra do Yom Kippur, quarto conflito árabe-israelense, sobreveio apenas seis anos após o anterior, entre os dias 6 e 26 de outubro de 1973, entre uma coalizão de Estados árabes, liderados por Egito e Síria, contra Israel. O ataque surpreendeu as forças militares israelenses, as quais desconsideravam uma investida pelos árabes após a fulminante vitória de Israel na Guerra dos Seis Dias.

Os militares israelenses achavam-se "invencíveis", atitude de excessiva soberba, que propiciou a desatenção e falhas no sistema de inteligência militar, que teria menosprezado informações sobre a movimentação de tropas sírias e egípcias nas proximidades das fronteiras.

O Exército do Egito chegou a adentrar mais de quinze quilômetros no território controlado por Israel na península do Sinai, provocando importantes baixas na tropa israelense durante os confrontos ao longo do Canal de Suez. Entretanto, a contraofensiva israelense foi tão intensa que conseguiu não apenas provocar o recuo das tropas egípcias, mas também penetrar no território sírio até a capital do país, Damasco. Além do domínio israelense, a intervenção da ONU, dos Estados Unidos e da União Soviética propiciaram um cessar-fogo estratégico, mas Israel não devolveu, de imediato, os territórios ocupados no conflito anterior.

Uma das consequências mais importantes dessa guerra foi o embargo dos países árabes produtores de petróleo, principalmente aos países que apoiaram Israel. Com a restrição da venda, o preço do barril de petróleo subiu rapidamente, derrubou bolsas de valores e contribuiu para a eclosão de uma crise, que ficou conhecida como a "crise do petróleo". Se em curto prazo a estagnação agravou a crise econômica mundial, em médio e longo prazos foi benéfica, visto que a comunidade internacional se viu forçada a pesquisar novas fontes alternativas de energia e até iniciar sondagens em regiões ainda inexploradas, incluindo, entre elas, o Brasil.

A crise atingiu de forma permanente os países em desenvolvimento, considerados amigos pelos árabes, já que se utilizavam do petróleo como fonte de energia barata. O Brasil recorreu ao racionamento de combustível, viu o chamado milagre econômico esvair-se e entrou em um dos períodos mais difíceis da sua economia. Curiosamente, o embargo, que tinha como objetivo principal atingir os Estados Unidos, não conseguiu seu propósito, pois os americanos eram menos dependentes do petróleo árabe. O governo dos Estados Unidos tomou medidas cautelares relativas às reservas que possuíam, ao controle do consumo e foram beneficiados pelo freio nas economias europeia e japonesa, concorrentes diretas da exportação de seus produtos.

As companhias petrolíferas americanas, conhecidas como "Sete Irmãs", tiveram grandes lucros com a crise, pois eram as únicas em condições de fazer os maiores lances no mercado negro do petróleo, dominando o fornecimento e o transporte do produto árabe, vendendo-o por preços exorbitantes aos consumidores. A alta explosiva nos preços do petróleo enriqueceu muitos países árabes, que viram a renda per capita subir para os 5 mil dólares anuais. Qatar, Kuwait, Arábia Saudita, Emirados Árabes Unidos e Líbia formaram o conjunto de países "novos ricos" do Oriente Médio.

A crise do petróleo de 1973 afetou o mundo inteiro. A principal consequência, em princípio infausta para a economia mundial, foi, ao longo do tempo, profícua e promissora. A partir daí teve-se a consciência da dependência que a economia mundial tinha do petróleo, da fragilidade dessa dependência e da necessidade de realizar investimentos em outras fontes de energia; no Brasil, o desenvolvimento da utilização do álcool como combustível foi uma consequência da crise do petróleo.

Se a crise petrolífera de 1973 serviu para a busca de novas fontes de energia no mundo, também provocou o aumento da diferença econômica entre os países ricos e pobres, fomentando um quadro de desigualdade social por todo o planeta. Tampouco solucionou o conflito entre árabes e israelenses, pois, nesses países, continuaram a insurgir revoltas e guerras, ceifando milhares de vidas humanas.

Minha trajetória profissional estava evoluindo satisfatoriamente. Desfrutava de uma abrangente confiança do patrão, facilitando-me a tomada de decisões cotidianas de uma forma natural e segura. As obras sob minha responsabilidade não apresentavam maiores dificuldades e estavam proporcionando um bom resultado financeiro à empresa.

Eu estava bebendo demais, mas não me sentia exposto ao perigo de que a dependência — sorrateiramente estabelecendo-se em meu corpo e em meu espírito — se desenvolvesse de modo a prejudicar minhas atividades física e profissional. Não foram poucas as ocasiões em que retornava para casa de madrugada, na maioria das vezes embriagado, mas ao alvorecer, bem cedo, como se estivesse cumprindo um ritual sagrado, entrava intuitivamente debaixo do chuveiro e suplicava, com ardor, que a água gelada no meu corpo me devolvesse a sanidade.

Em meados de 1974, logo após meu aniversário de 31 anos, em pleno vigor alcoólico e profissional, fui convidado a ocupar o cargo de diretor técnico da empresa. Não foi nada fácil conter o orgulho e a vaidade que essa promoção me despertou, uma vez que, sem nenhum apadrinhamento, respondendo a um simples anúncio de jornal, dependendo apenas de meu desempenho pessoal e dissimulando as constantes bebedeiras, havia conquistado um cargo executivo de alto nível na empresa em que trabalhava há pouco mais de cinco anos.

Foi nessa fase de crescente confiança e entusiasmo que minha mulher me contou que estava grávida novamente, desencadeando-me uma eufórica batalha de presságios, despertando-me a gastura amortecida e impulsionando-me ao desenvolvimento dos sinais da emergência de abalos desconexos de alegria, medo e esperança.

Não demonstrei e muito menos comentei a minha situação com ninguém, porque aparentava ser um homem bem-sucedido, feliz e em via de ser pai pela segunda vez, mas, em verdade, sentia-me acovardado, inseguro e perplexo. Cheguei à maternidade em frangalhos e fui direto à "saleta de tortura", alternando sentimentos sinistros com esperançosos, sem conseguir desviar o olhar das luzinhas. Quando acendeu a luzinha azul, de novo, meu coração estava, metaforicamente, sacolejando dentro do peito.

Ao chegar ao "aquário", mostraram-me um bercinho com uma criaturinha grande e rosada. A informação do médico de que tudo havia corrido muito bem e de que o bebê era muito sadio, só confirmou o que eu já havia previsto. Finalmente acabou a agonia, que seja o último. Hip, hip, hurra! Mera ilusão!

Quando chegou ao meu conhecimento que, naquela primavera de 1973, o peronismo estava de volta à Argentina, com a eleição de Perón a um terceiro mandato, não consegui deixar de pensar em minha mãe. Embalado pelas recordações trazidas por ela, das várias viagens a Buenos Aires, estabeleceu-se em mim a crença de que se tratava de uma cidade mágica, que ainda carregava em suas mais recônditas lembranças a presença encantadora de sua lendária "princesa" Evita Perón. Sua história, embalada pelos tangos de Carlos Gardel, que eternizou a música "A Media Luz", provocava-me um inebriante crepúsculo interior:

"Corrientes tres cuatro ocho
Segundo piso ascensor
No hay porteros ni vecinos
Adentro cocktail y amor."

Evita no início da década de 1950 durante um passeio pelo interior do país.
Crédito: Museu Evita, Buenos Aires

A história de Evita fascinava-me porque, em um curto período de tempo, converteu-se de uma jovem atriz de 25 anos à primeira-dama da Argentina, em apenas dois anos e não foi somente isso. Conheceu Juan Domingo Perón em 1944, que no ano seguinte foi preso por sua política voltada a benefícios para os trabalhadores. Ela organizou comícios populares com tanta força e carisma que forçou a libertação de Juan Domingo, abrindo caminho para sua eleição à presidência argentina, em 1946.

Durante todo o mandato presidencial, Evita foi uma presença elegante e carismática que conquistou, para o peronismo, o apoio irrestrito da população, levando Perón a uma fácil reeleição em 1952. Evita teve uma vida iluminada, mas infelizmente morreu, de forma prematura, dois anos depois, aos 33 anos.

Ao final de seu segundo mandato, em 1955, Perón foi deposto por uma junta militar e obrigado a exilar-se na Espanha. Na sua estada em Madri, casou-se com Maria Estela de Perón, estranhamente conhecida por Isabelita Perón. Durante todo o período de dezoito anos de exílio, manteve forte influência na política argentina.

Ao retornar, Perón não teve dificuldade para conquistar seu terceiro mandato presidencial, tendo sua esposa como companheira de chapa na vice-presidência. Entretanto, apenas dois anos depois, Perón faleceu e foi substituído por Isabelita, que não tinha o mesmo carisma de Evita Perón e não era estimada pelo povo argentino, o que criou condições para a impetração de um novo golpe militar, que a destituiu do poder.

o—•—o

Na madrugada de 24 de março de 1976, uma junta militar derrubou o governo de Isabelita Perón, com o pretexto de abolir o desgoverno, impedir o avanço descontrolado da inflação e desestimular a influência socialista que assolava o país. No entanto, a junta instituiu uma ditadura militar que violava os direitos humanos e controlava os indicadores econômicos.

As práticas autoritárias e centralizadoras culminaram com a dissolução do Congresso, o afastamento de juízes e a suspensão dos direitos de liberdade de imprensa. Chamada de "Reorganização Nacional", a entidade operou um conjunto de planos e políticas sociais, camuflando a implantação de um regime de terror com o propósito de conter as ações guerrilheiras. Fenômeno sem precedentes na história argentina, destruiu de forma sanguinária todo tipo de participação popular. Não obstante, o golpe foi assimilado pela população como uma estratégia para conter a crise política e econômica, e a imprensa divulgava matérias otimistas de que a instauração da ordem seria estabelecida com a tomada do poder pelos militares. Ledo engano!

Confiante de que tinha aprovação da sociedade, a Reorganização Nacional tornou corriqueiras a prática de sequestros, torturas, prisões arbitrárias, assassinatos e ocultação de cadáveres. Além disso, promoveu a censura aos meios de comunicação, intervenção nos sindicatos, proibição de greves, dissolução de partidos políticos e eliminação de organizações políticas de esquerda. Os "laboratórios do horror", em que eram torturados os suspeitos de forma sistemática, estavam estabelecidos em dependências das Forças Armadas ou delegacias policiais e, eventualmente, em localidades privadas.

Os generais militares não se incomodavam em esconder o bordão conhecido na época: "Não existe outra forma de identificar esse inimigo oculto, se não for mediante informações obtidas por tortura, que, para ser eficaz, deve ser irrestrita e ilimitada". O desaparecimento do indivíduo considerado indesejável tinha, por sua natureza, o objetivo de ocultar as identidades de seu captor e da vítima. Uma das formas era conhecida como "voos da morte", em que rebeldes eram dopados e lançados ao mar de aviões das Forças Armadas argentinas.

Uma das ações mais chocantes dessa ditadura militar foi o sequestro de crianças, geralmente filhos de militantes políticos, que eram despojados de seu convívio familiar, abstendo-as, desse modo, do direito de identidade, ascendência e liberdade. Algumas vezes, mulheres grávidas de opositores políticos eram detidas e, ao darem à luz, tinham o filho recém-nascido roubado e entregue a membros do governo. O pavor chegou ao máximo quando houve a convicção de que se pretendeu, com esses sequestros, romper os laços de consanguinidade e influência subversiva que elas herdariam dos pais. Assim, crianças até 4 anos seriam entregues a orfanatos ou a familiares dos militares; as mais velhas deveriam ser eliminadas, pois já estariam contaminadas pela subversão de seus pais. Patético!

Reagindo a esse horror, ainda durante o regime militar, manifestou-se um movimento pelos direitos humanos, quando mulheres saíram às ruas, pacificamente, em busca de seus maridos, filhos e netos desaparecidos, cujo paradeiro as autoridades militares asseguravam desconhecer. Bateram à porta de ministérios, quartéis, destacamentos policiais e até igrejas, sem receberem nenhum esclarecimento.

As Mães da Plaza de Mayo, um grupo formado por mulheres cujos filhos desapareceram durante a ditadura militar em 1970, marcham em frente à Casa do Governo em Buenos Aires, no dia 12 de dezembro de 1985, para protestar contra sentenças proferidas pela Justiça Federal a nove ex-membros da junta militar acusados de abusos dos direitos humanos durante a guerra. Dos ex-governantes militares acusados de sequestro, tortura e assassinato de esquerdistas e outros dissidentes, cinco foram condenados e quatro absolvidos.
Crédito: Eduardo DiBaia/AP Photo/Imageplus.

No início atuaram individualmente, sem o estabelecimento de um padrão de comportamento, entretanto, algum tempo depois, pactuaram encontros regulares, em todas as tardes das quintas-feiras na Plaza de Mayo, em frente à Casa Rosada, sede do Poder Executivo do país e centro da vida política de Buenos Aires. No local, permaneciam agrupadas e sem se locomoverem, carregando apenas alguns cartazes, mas foram repreendidas pela polícia e informadas de que, pelo estado de sítio em vigor, não eram permitidos grupos de três ou mais pessoas reunidas ali. Começaram então a circular lentamente, em torno da Pirâmide de Mayo, monumento nacional mais antigo da cidade, estabelecendo, assim, uma prática que acabou se tornando simbólica. Usavam lenços brancos à cabeça, representando as fraldas de pano de seus filhos desaparecidos.

Em pouco tempo, a caminhada transformou-se numa importante passeata; e o movimento em uma das mais conhecidas manifestações do povo argentino, durante a ditadura militar, denominado Madres da Plaza de Mayo.

A Plaza de Mayo sempre representou o cenário histórico de manifestações do povo argentino e, por isso, é um local carregado de significados e emotividade. A partir da manifestação das Mães de Maio, adquiriu novo sentido, convertendo-se no símbolo da memória e da identidade dos argentinos desaparecidos. As palavras de ordem, "aparecimento com vida" e "julgamento e punição dos culpados", estão encarnadas em cada uma das figuras brancas desenhadas nos ladrilhos cor de tijolo da praça, evocando os desaparecidos. Em setembro de 1979, tiveram a oportunidade de apresentar, formalmente, as denúncias dos desaparecimentos, quando a Comissão de Direitos Humanos da OEA foi à Argentina.

○—●—○

Aos fracassos econômicos, sociais e políticos do governo juntou-se a acachapante derrota na aventureira "Guerra das Malvinas". Foi a gota d'água que faltava para surgirem manifestações, em todo o país, inclusive de militares, pela mudança de regime.

A guerra foi um conflito muito rápido entre o Reino Unido e a Argentina pelo controle de um pequeno arquipélago situado no Atlântico Sul, a apenas 480 quilômetros do litoral portenho. A Inglaterra ocupa esse território desde 1883, conhecido em inglês como Falklands, mas os argentinos nunca aceitaram esse domínio. Aproveitando essa discórdia histórica, a ditadura militar argentina perpetrou uma invasão ao território inglês, cuja eventual conquista melhoraria, segundo supunham os estrategistas, a popularidade do governo militar. Embalada pelo frenesi patriótico, a população esqueceria, naquele momento delicado, a má administração e o abuso dos direitos civis.

Acontece que, do outro lado do oceano, o governo inglês da primeira-ministra Margaret Thatcher também não estava com a popularidade ideal para sustentar a reeleição que se aproximava, e uma derrota para a Argentina sepultaria de vez essa pretensão. Assim, reagiu prontamente à provocação argentina e enviou uma força-tarefa composta de navios, aviões e 28 mil combatentes, quase o triplo do que dispunha o governo argentino. Por outro lado, os Estados Unidos não se mantiveram neutros e até forneceram armas aos ingleses, ao contrário do que supunham os generais argentinos, que foram humilhados e bateram em retirada apenas dois meses após o início do conflito. A primeira-ministra Margaret Thatcher, aproveitando a glória da reconquista, levou o Partido Conservador à vitória nas eleições daquele ano.

A ditadura argentina chegou ao fim, em completo descrédito e, em outubro desse ano, dezoito milhões de argentinos puderam ir às urnas para escolherem um novo Congresso, governadores, parlamentares das províncias, prefeitos, vereadores e, o mais importante, para elegerem livremente, depois de dez anos, o presidente da República.

o—•—o

A Copa do Mundo de 1974 foi disputada na Alemanha Ocidental e terminou com os donos da casa alcançando o bicampeonato, mas a equipe que entrou para a história foi a da Holanda. Capitaneada pelo craque Johan Cruyff, ficou conhecida como "laranja mecânica" ou "carrossel holandês" por causa de seu futebol envolvente e ofensivo. Foi o time que venceu o Brasil na segunda fase, restando ao time brasileiro o consolo da disputa do terceiro lugar contra a seleção polonesa; perdeu e ficou com o quarto lugar no Mundial.

Em tempos de Guerra Fria, o mundo vivia em constante tensão por causa dos poderosos arsenais nucleares de que americanos e soviéticos dispunham, podendo eclodir, a qualquer momento, uma guerra de proporções catastróficas. Curiosamente, nenhuma das duas nações participou da Copa, mas o encontro entre a Alemanha Ocidental e a Alemanha Oriental, na última rodada da fase de grupos, foi suficiente para abalar a estrutura do planeta.

Para surpresa dos aficionados de política e futebol, mesmo com um time inferior, os socialistas venceram os capitalistas, que tinham a classificação garantida, habilitando os dois times à fase seguinte, na qual a Alemanha Oriental acabou derrotada.

A partida final dos holandeses contra os alemães foi impressionante. Na saída de bola, durante um minuto, o time holandês tocou a bola de pé em pé, parando apenas quando seu melhor jogador foi derrubado na área. Era o início da partida, e a equipe laranja tinha um pênalti em seu favor, o qual foi convertido sem que os alemães sequer tivessem tocado na bola. Parecia que a Holanda atropelaria a Alemanha e seria campeã mundial pela primeira vez. Só parecia, pois os donos da casa equilibraram a partida, marcaram dois gols ainda no primeiro tempo e venceram o jogo.

A Copa da Alemanha foi cercada por um forte esquema de segurança, transformando os locais de concentração das equipes em verdadeiras fortalezas para evitar um ataque terrorista, como ocorrera dois anos antes, nos Jogos Olímpicos de Munique.

o—•—o

Na madrugada do dia 5 de setembro de 1972, oito membros do grupo terrorista palestino denominado "Setembro Negro" invadiram os aposentos da delegação israelense e, fortemente armados, assassinaram dois atletas e fizeram mais nove reféns. Todos foram amarrados, espancados e psicologicamente torturados, mantidos num dos quartos com os corpos expostos dos atletas assassinados. A reivindicação, para que libertassem os reféns, era a soltura de mais de duzentos prisioneiros palestinos mantidos em solo israelense. Ao perceberem, porém, que suas demandas não seriam atendidas, os terroristas mudaram de estratégia e passaram a exigir transporte para todos até o Cairo. Foi acertado que todos seriam levados até uma base da Otan, em dois helicópteros, e, dali, ao Cairo, em um Boeing 727. Ao pousarem numa base aérea nas proximidades de Munique, entretanto, uma tentativa de resgate por agentes alemães foi muito mal planejada e a situação fugiu ao controle. Houve uma intensa troca de tiros e a explosão de um dos helicópteros, que causou a morte de todos os reféns, de um agente alemão e de cinco dos sete terroristas.

No Brasil, dando continuidade à monótona transmissão de cargos, durante a ditadura militar, em março de 1974, houve a troca de generais no comando do país: saía Emílio Garrastazu Médici e entrava Ernesto Geisel, para um mandato de mais quatro anos. O recrudescimento do regime militar, iniciado no governo Costa e Silva, chegou ao auge durante o mandato do general Geisel. Aumentaram expressivamente tanto o combate ao regime quanto a repressão aos movimentos que promoveram essa resistência.

O regime caracterizou-se como um período de retomada dos investimentos de capitais estrangeiros e da ampliação das estatais dos setores petroquímico, energético e siderúrgico. O crescimento do Produto Interno Bruto possibilitou o aumento do poder de consumo da classe média, mas a explosão da dívida externa e a maior concentração de renda foram alguns dos fatores negativos.

No ano seguinte, 1975, ocorreriam duas mortes violentas de figuras conhecidas e de trajetórias opostas às instalações e sob custódia do governo militar: Vladimir Herzog, no quartel-general do Exército, em São Paulo, e Lúcio Flávio Villar Lírio, no presídio Hélio Gomes, no Rio de Janeiro.

Vladimir Herzog, jornalista, professor e cineasta brasileiro, nasceu em 27 de junho de 1937, na cidade de Osijsk, na Croácia, morou na Itália e emigrou para o Brasil com os pais em 1942. Foi criado em São Paulo e naturalizou-se brasileiro. Estudou filosofia na Universidade de São Paulo e iniciou a carreira de jornalista em 1959, no jornal *O Estado de São Paulo*; no início da década de 1960, casou-se com Clarice Herzog.

Vladimir começou a trabalhar com televisão em 1963 e, dois anos depois, foi contratado pela BBC e mudou-se para Londres. Lá nasceram seus dois filhos. Em 1968, retornou ao Brasil, trabalhou na revista *Visão* por cinco anos e foi professor de telejornalismo na Fundação Armando Álvares Penteado e na Escola de Comunicações e Artes da USP. Em 1975, Vladimir Herzog foi escolhido pelo secretário de Cultura de São Paulo para dirigir o jornalismo da *TV Cultura*. Em 24 de outubro do mesmo ano, foi chamado a prestar esclarecimentos na sede do DOI-Codi sobre suas ligações com o Partido Comunista Brasileiro. Sofreu torturas e, no dia seguinte, foi morto.

Vladimir Herzog morto na cela do DOI CODI. São Paulo, 25/10/1975.
Crédito: Acervo Iconographia

A versão oficial da época, apresentada pelos militares, foi a de que Vladimir teria se enforcado com um cinto e divulgaram a foto do suposto enforcamento. No entanto, testemunhos de jornalistas presos, no mesmo local, apontaram que ele foi assassinado sob tortura. A fotografia do corpo pendurado pela cabeça, as pernas dobradas, o joelho quase encostado ao chão e a cinta amarrada à janela baixa da cela ficou retida na lembrança por muitos anos. Difícil acreditar em um suicídio.

Lúcio Flávio, conhecido marginal da crônica policial brasileira, delatou e testemunhou contra vários policiais corruptos, em especial, Mariel Mariscot de Mattos, um dos "homens de ouro" da polícia carioca, acusado de pertencer ao Esquadrão da Morte, organização que reunia justiceiros que perseguiam e assassinavam supostos criminosos, atuando no Rio e, posteriormente, em outros estados.

De classe média mineira, boa aparência, desembaraçado, inteligente e violento, iniciou suas atividades criminosas roubando carros e, depois, assaltando bancos e joalherias, além de praticar homicídios. Sua fama só aumentou pelas espetaculares fugas de diversas prisões e por ajudar a desmantelar o Esquadrão da Morte.

Lúcio Flávio relatou que se tornara bandido em 1968, depois de ter sua candidatura a vereador, em Vitória, impedida pelo regime militar. Houve um episódio, não confirmado, que dá pistas dos motivos que o fizeram contestar as autoridades e optar pelo mundo do crime: durante uma festa de casamento, agentes do DOPS invadiram a reunião e agrediram todos os seus familiares por ligação de seu pai ao ex-presidente Juscelino. Lenda ou verdade, não seria motivo para uma mudança de comportamento tão profunda.

Uma facada no pescoço que seccionou a veia carótida e vários ferimentos no peito mataram Lúcio Flávio, durante a madrugada, no presídio Hélio Gomes, onde cumpria pena. O autor do crime, um companheiro de cela, alegou legítima defesa, depois de uma briga por causa de um carteado.

A trajetória de Lúcio no crime organizado, aliada à sua condição de testemunha-chave nos processos envolvendo integrantes da própria polícia e as contradições do assassino confesso constituem um aspecto extremamente contrastante com as circunstâncias excessivamente banais apresentadas na versão oficial de sua morte; além disso, o assassino de Lúcio Flávio teria o mesmo destino, assassinado por outro preso.

Sua história ficcional foi lançada em filme, com o nome de *Lúcio Flávio, o Passageiro da Agonia*, com a direção competente de Hector Babenco, adaptação do livro homônimo do escritor, roteirista e autor de novelas José Louzeiro. A trama não contempla nenhuma ligação do pai de Lúcio Flávio ao ex-presidente Juscelino Kubitschek.

o—•—o

Não preciso fazer nenhum esforço de memória para visualizar, pela minha mente, as fotos publicadas em todos os jornais e revistas daquela época, mostrando o automóvel estraçalhado do qual foram retirados os corpos de Juscelino e de seu motorista, Geraldo Ribeiro.

Em 22 de agosto de 1976, por volta das dezoito horas, Juscelino Kubitschek viajava de São Paulo para o Rio de Janeiro pela rodovia Presidente Dutra, no banco de trás de seu automóvel Chevrolet Opala, que chamava carinhosamente de "Platão", dirigido pelo seu motorista particular, Geraldo Ribeiro. No quilômetro 165, nas proximidades da cidade de Resende, foram atingidos na lateral esquerda do carro por um ônibus da Viação Cometa. Desgovernado, o veículo atravessou o canteiro central e invadiu a pista no sentido contrário, chocando-se contra uma carreta. O carro foi arrastado por mais de trinta metros e ficou totalmente destruído. Tanto o ex-presidente como seu motorista morreram instantaneamente.

Juscelino Kubitschek
Crédito: Arquivo Público do Estado de São Paulo, São Paulo

JK, como era conhecido, tinha quase 74 anos e aguardava a restituição do regime democrático, pois, embora estivesse com os direitos políticos cassados pela ditadura militar desde 1964, alimentava a esperança de concorrer a uma nova eleição presidencial. Por esse motivo, era considerado adversário do regime.

Depois do velório, o cortejo seguiu para o aeroporto Santos Dumont, de onde o corpo seria levado a Brasília, cidade que ele construiu durante seu governo. Na capital federal, houve muita comoção; o acontecimento mobilizou toda a cidade para prestar a última homenagem a Juscelino.

Sem considerar qualquer tese de atentado político, devemos considerar que três das maiores lideranças civis brasileiras desapareceram, quase ao mesmo tempo: Carlos Lacerda, João Goulart e Juscelino. As circunstâncias das mortes foram, no mínimo, estranhas, num momento em que o governo militar iniciava um lento retorno ao regime democrático.

Carlos Lacerda, aos 63 anos, não saiu vivo de um hospital em que se internara para tratar de uma forte gripe, doença evoluída para infecção cardíaca; João Goulart, aos 58 anos, que teria morrido de infarto, foi achado deitado com um travesseiro sobre o rosto e, depois, esse estranho acidente na Via Dutra, vitimando JK aos 74 anos, em pleno vigor físico e político.

Transcorria o ano de 1976 e a preguiçosa passagem da ditadura militar para um governo civil estava em lento andamento. Mas a intransigência ainda dominava os meios de repressão a todos que desafiavam o regime ou se comportavam de maneira diferente dos "bons costumes" ditados pelas regras do governo e aceitos pela maioria da sociedade.

A censura havia, há pouco, simplesmente acabado com a vida artística de Taiguara, talentoso cantor e compositor de músicas românticas, tal o número de letras desaprovadas sem um motivo aceitável. Ele acabou optando por um exílio voluntário e, no seu retorno, jamais conseguiu recuperar a carreira que havia interrompido. A sublime música e a letra de "Universo no Teu Corpo" exemplificam o desperdício que causou sua punição pelos censores.

Somente a perseguição moral, por desvio dos "bons costumes" vigentes nessa época, explica a esdrúxula invasão, por parte da polícia, à casa da cantora e compositora Rita Lee, na rua Pelotas. Não precisava ser muito esperto para desconfiar que minha vizinha, à época, vocalista de uma banda de rock, recebendo em sua casa várias personalidades do mundo artístico e musical, não dividisse um baseado, no conforto do lar, para inspirar um bom "papo-cabeça". De qualquer modo, a polícia alegara que "encontrou" pequena quantidade de maconha na sala da residência e, apesar da visível gravidez da artista, levou-a para prestar depoimento no DEIC. Também foram detidas, na ocasião, duas auxiliares da cantora, bem como um divulgador de seu conjunto musical dessa época, Tutti Frutti.

Minha mãe morava na casa de número 403 da rua Pelotas e Rita Lee ocupava uma casa noventa metros rua abaixo, de número 497. Era vizinha da mansão de um conhecido dentista que, no período de minha juventude, quinze anos antes, possuía o único imóvel com piscina particular. Eu tinha uma paixão secreta por uma de suas filhas, mesmo sem ser correspondido e sem nunca ter me aproximado dela.

Do andar superior de minha casa, tinha uma visão privilegiada da piscina e do quarto que ela ocupava na mansão e eu tentava visualizar a garota, mesmo que parcialmente, sem nunca tê-lo conseguido. Valeu para fantasiar, e isso a gente não esquece!

As lembranças da Vila Mariana, que Rita relatou em seu livro autobiográfico, provocou-me um agradável retorno à época de minha infância e juventude, em que circulei por aquelas ruas e locais inesquecíveis por mais de vinte anos.

No fim desse ano de 1976, o assassinato de Ângela Diniz e o consequente julgamento do assassino confesso, Doca Street, escancarou o comportamento vergonhoso de uma sociedade que ainda não tinha consciência de que a "legítima defesa da honra" poderia transformar o agressor em vítima e a agredida em canalha.

Doca Street e Ângela Diniz conheceram-se em agosto, durante um jantar realizado na residência da socialite paulistana Adelita Scarpa, mulher de Doca. Apaixonado, resolveu abandonar sua esposa e filho para viver sua alucinada paixão com Ângela. Assim, o casal passou a morar no apartamento dela e a passar fins de semana na casa que ela possuía em Búzios, no Rio de Janeiro. Sem trabalho e sem dinheiro, Doca aceitou, sem constrangimento, ser mantido pela namorada, que bancava as onerosas e luxuosas despesas do casal.

Em razão de seu exagerado ciúme, coagia Ângela a deixar de frequentar os lugares habituais e a distanciar-se de seus antigos amigos. Passou a controlar todos os seus passos, o que começou a incomodá-la, já que estava acostumada a ser uma mulher independente e avessa a qualquer tipo de submissão. O romance, intenso e vigoroso, regado a cocaína e champanhe, começou a esfriar, e o lugar da paixão foi sendo ocupado pelas controvérsias.

No fatídico dia, o casal estava em casa de Ângela, em Búzios, para passar o fim de semana e as festas de fim de ano. Na praia, Ângela estava exagerando nos coquetéis e ficando cada vez mais desinibida e, quando uma atraente alemã, que vendia artesanatos na praia, aproximou-se, Doca percebeu que Ângela estava tentando seduzi-la. Quando voltaram para casa, ela estava embriagada e ele raivoso e humilhado. Retomaram, de forma muito intensa, a discussão sobre o caso da alemã na praia, e Ângela, descontrolada, anunciou que não queria mais saber dele, que o relacionamento tinha chegado ao fim. Doca resolveu retirar-se da casa, provavelmente para aguardar que os ânimos esfriassem.

Contudo, quando já estava a alguns quilômetros de distância, resolveu voltar para tentar uma derradeira reconciliação e encontrou-a descontraidamente sentada perto da piscina. Ajoelhado, pediu perdão, e Ângela olhou em seu rosto e disse-lhe, de forma ameaçadora: "Se você quiser continuar comigo, vai ter que suportar dividir-me com outros homens e mulheres, seu corno".

Logo que ela se levantou, ele disse: "Se você não vai ser minha, não será de mais ninguém", em seguida, desferiu quatro tiros contra ela, deixando a arma no local do crime, ao lado de seu corpo, evadindo-se. Essa foi apenas uma das versões do assassinato apresentada por Doca, à época do primeiro julgamento do caso. À primeira vista, frágil e fantasiosa.

As visitas ao meu pai e à chácara de Santana de Parnaíba, agora na companhia do meu primogênito, eram muito agradáveis. Quase todo domingo íamos até lá com tudo que é necessário para se fazer um bom churrasco. As crianças podiam brincar e correr com liberdade, e os mais velhos bater um papo descontraído com a família e saborear o churrasco, sempre acompanhado de uma caipirinha, elaborada com a cachaça Santa Margarida.

A família parnaibana parecia muito animada e harmoniosa, e os enteados de meu pai já começavam a projetar futuros casamentos. Ele havia feito uma pequena prainha junto ao córrego no fundo da chácara, que ele chamava de "praia dos netos", onde as crianças gostavam de brincar. Curiosamente, a prainha estava localizada ao lado do bambuzal verde e amarelo, no interior do qual, alguns anos antes, eu havia montado o "recanto romântico", em que eu também gostava de brincar. Evidentemente, o recanto estava desativado há algum tempo.

Morar sozinha numa casa de difícil manutenção, com a empresa funcionando no terreno dos fundos, foi se tornando uma alternativa desfavorável para minha mãe, principalmente depois do casamento de todos os filhos. Melhor seria que a empresa ocupasse o imóvel inteiro e que ela se mudasse para um apartamento nas imediações. Foi o que fez. Comprou um apartamento na alameda Santos, bem perto da rua Pelotas e se mudaria assim que terminasse uma pequena reforma. Por outro lado, havia a perspectiva, em médio prazo, de que sua empresa se transferisse para um prédio próprio e funcional.

Concluída a reforma, minha mãe mudou-se para o apartamento. A decoração incluía um cantinho reservado, na sala de visitas, com o piso levemente elevado, onde ela colocou o velho piano e uma poltrona. Nas visitas, eu gostava quando ela tocava um pouco de música clássica e, quando ouvia uma interpretação de Chopin, ficava particularmente enternecido. Ao longo da vida, jamais escutei uma peça de Chopin, em qualquer lugar que fosse, sem dirigir meu pensamento a ela. Saudade.

O apartamento era agradável, mas as preciosas recordações trazidas das inúmeras viagens ao exterior estavam ocupando todos os cantinhos disponíveis. Qualquer esbarrão, adeus a um vaso veneziano ou a uma xícara inglesa. Eu ficava tenso e pouco à vontade com o primogênito solto pelo apartamento.

Com a opção do passeio à chácara em Parnaíba, era cada vez mais difícil convencer seus netos a visitá-la. O apartamento era propício a reuniões de adultos e, em determinado momento, ela compreendeu isso e passou a visitar os filhos e netos em suas respectivas casas.

Nossa simpática casinha do Sumarezinho estava perto de ficar pequena para a família que estava se consolidando. Comecei a pesquisar e achei uma ótima casa na rua São Matheus, Granja Julieta, perto do Clube Banespa. A casa térrea não estava nas melhores condições de conservação, mas ficava num terreno grande e próxima à avenida Santo Amaro, com muitas opções de mobilidade urbana. Mesmo entregando a casa da rua Paulistânia como parte do pagamento e conseguindo um financiamento pelo valor máximo no Banco Nacional da Habitação, para pagar em vinte anos, ainda faltava um terço do preço para completar o pagamento.

Aproveitando o momento de grande produtividade que eu estava atravessando, com muitas obras em andamento e propiciando bons resultados à empresa, procurei o "chefão" e solicitei um empréstimo do tipo "sem condições de devolver", ou seja, "pelo conjunto da obra". Ele concordou e compramos a casa.

A minha vida particular social-alcoólica estava provocando dissabores, cada vez maiores, pois estava bebendo muito e metendo-me em uma série interminável de acidentes de carro. Numa época sem bafômetro, nem radar, a velocidade máxima permitida era sistematicamente desprezada. Além disso, vez ou outra ocorriam episódios deploráveis, no fim das noites; alguns inconfessáveis, outros perdidos na amnésia alcoólica, blecaute que causa incapacidade de lembrança de fragmentos ou de eventos inteiros do período de embriaguez da noite anterior. Apagão!

Certa madrugada, estava dirigindo embriagado, invadi uma calçada e estacionei. Chamei um táxi, que me levou para casa, ileso. No dia seguinte, avisei à polícia e logo acharam o carro, sem nenhum arranhão e com a chave na ignição. Apenas um aborrecimento, nem fui multado. Outra semana, uma notícia trágica, desagradável. Um automóvel desgovernado invadiu a calçada e atropelou um grupo de pessoas que estavam num ponto de ônibus. Motorista embriagado. Algumas pessoas mortas, outras muito machucadas. Gastura total!

Por que a gastura? Estava em pânico, com medo, assustado. Por quê? Achei que tinha atropelado aquelas pessoas? Mas o motorista foi identificado. O carro estava espatifado, vi as fotos no jornal. Achava que tinha sido eu. Por quê? Estava embriagado como ele? Identificação? Poderia ter sido eu. Quase eu?

No caminho para a nova casa, sempre percorria a perigosa marginal do rio Pinheiros. Em duas ocasiões perdi a direção e o carro desceu pelo barranco, indo parar perto da água contaminada do rio. Precisei de guincho para remover o carro e de ajuda para chegar em casa.

A companhia de seguros começou a dificultar a renovação da apólice e o reembolso de despesas. Não estava conseguindo tomar drinques com os amigos até o fim da noite, pois eles começavam a ir embora e eu continuava bebendo, sozinho, até a madrugada. Mas por motivos que eu jamais consegui desvendar, por mais bêbado que eu chegasse em casa, na manhã seguinte conseguia manter a rotina de tomar um banho frio e ir trabalhar. Na verdade, raramente bebia durante os dias de trabalho, e os acidentes, na maioria das vezes, aconteciam em fins de semana.

Nesse clima de euforia pela compra da nova casa e de mal-estar por causa das ressacas, minha esposa anunciou uma nova gravidez. Assim, com a obrigação de trabalhar obstinadamente para pagar as dívidas recém-contraídas, a preocupação com as bebedeiras e as despesas que aumentariam com um novo filho, entrei num clima de alerta total. Era hora de alterar o rumo da vida cotidiana novamente: restringir as noitadas, ajustar com cautela meu comportamento no trabalho, mostrar tranquilidade para não prejudicar a gestante, demonstrar alegria por essa notícia inesperada e esconder o pavoroso medo de enfrentar outra gravidez problemática.

O conjunto de acontecimentos e sensações discrepantes, além do mal-estar que me causava, provocou minha ida ao psiquiatra pela primeira vez: olhar grave, barba bem-feita, armação redonda dos óculos, cachimbo, cachecol e preço alto de consulta. Perfeito, porém não conseguimos sucesso no tratamento, não tocamos no assunto "alcoolismo" e, além disso, fui apresentado ao medicamento Lexotan, que viria a se tornar meu outro problema de dependência além do álcool.

O "caminho da roça" já estava marcado, precisava simplesmente seguir o protocolo: apresentar-me à maternidade no horário ajustado com o médico, com a paciente indo para o centro cirúrgico e eu para a saleta da tortura. Tinha que mostrar serenidade, agora turbinada pelo medicamento, aguardar a luzinha que acabou acendendo na cor azul, pela quinta vez, e observar a criancinha escurinha e mal-humorada no "aquário". Com a respiração descontrolada e o coração figurativamente estremecendo no peito, ouvi do médico que tudo correu bem e que a parturiente decidiu pela cesariana, de modo a realizar procedimentos que evitassem a concepção de outro filho. Havia, finalmente, terminado a minha parte na ordem sagrada "crescei e multiplicai-vos". Obrigado, Senhor!

Foi nesse clima que o patrão me designou para construir sua nova residência no Morumbi. O terreno estava comprado e os projetos concluídos, e eu deveria iniciar a obra de imediato. A obra era enorme e com os tradicionais exageros dos novos ricos. Piscina, quadra de tênis e jardins suspensos no aclive do terreno, seis suítes e mais de doze banheiros. Durante a execução dos serviços, muito mais próximo a ele e à sua família, não foi difícil perceber a nítida alteração em seu caráter. Estava deixando o agradável carisma para trás e assumindo uma personalidade desconfiada, autoritária e mal-humorada.

Numa dessas ações autoritárias, tomou uma atitude que me desagradou profundamente, como também a todos os outros diretores. Anunciou que teríamos uma reunião geral, todos os sábados pela manhã a que todos deveriam comparecer. Na estreia das ditas reuniões, notamos que havia um papelzinho em frente a cada uma das cadeiras da mastodôntica mesa, com o nome de cada diretor, ou seja, ele havia escolhido o lugar no qual cada um deveria sentar-se. Meu lugar foi designado à sua direita, correspondente à posição do apóstolo João, na Santa Ceia, ao lado de Cristo. Meu prestígio não fora comprometido durante a construção da mansão do Senhor. Aleluia!

> Como já era esperado, desde o fim da Guerra do Yom Kippur entre árabes e israelenses e a consequente crise do petróleo, o Brasil acabou dando um importante passo, no sentido de promover uma alternativa viável ao uso de derivados de petróleo como combustível veicular, ao criar o Programa Nacional do Álcool, ou simplesmente Pró-Álcool, em novembro de 1975.
>
> Entre os anos de 1968 a 1973, o Brasil passou por uma fase de grande crescimento econômico, que o posicionou entre as economias mais desenvolvidas do mundo. O denominado milagre econômico, ciclo que coincidiu com o período de maior repressão da ditadura militar, estava fortemente ameaçado de estagnar-se com a crise mundial do petróleo. Com o objetivo de atenuar a crise e postergar o enfraquecimento do milagre econômico, o governo militar criou um programa para substituir, gradativamente, a frota de

automóveis cujos motores consumiam derivados de petróleo por outros tipos que operassem com recursos da natureza, como o álcool derivado da cana-de-açúcar.

Naquela época, o país já dispunha de um setor açucareiro desenvolvido, de terras propícias à cultura, de condições climáticas compatíveis, de mão de obra farta nos campos agrícolas e de experiência na produção de álcool industrial. O setor açucareiro havia sido modernizado há pouco tempo e amargava um período de elevada capacidade ociosa, que diminuiria com a produção de álcool combustível, flexibilizando a produção de açúcar para exportação.

Os idealizadores do Pró-Álcool desenvolveram uma tecnologia pioneira, e o governo militar, por sua vez, fornecendo subsídios vantajosos aos usineiros, incentivou a produção. O Brasil foi se tornando cada vez menos dependente da gasolina importada e a indústria automobilística foi aumentando a venda de automóveis com motores movidos a álcool. Esse combustível, sempre considerado como um produto secundário da industrialização do açúcar, passou a desempenhar um papel estratégico na economia brasileira e deixou de ser apontado como uma simples reação a uma crise temporária, sendo uma solução permanente para o problema do abastecimento automotivo.

O que preocupava os idealizadores, no entanto, era o risco de sustentar todo o programa, baseado em valores que eram determinados por um cartel de países árabes, que poderiam, a seu bel-prazer, aumentar ou diminuir o preço de seu produto em qualquer momento. E foi o que aconteceu. O preço do petróleo começou a baixar, ao mesmo tempo que o preço do açúcar aumentava no mercado consumidor nacional. Para os usineiros, produzir açúcar ao mercado exportador tornou-se muito mais lucrativo que combustível para o mercado interno.

O programa começou a desabar e, em consequência, a falta de álcool combustível nos postos deixou os consumidores desse produto sem nenhuma alternativa. As sucessivas crises de abastecimento, aliadas à inesperada queda no preço da gasolina importada, provocaram revolta dos consumidores e descrença das montadoras de veículos, que passaram a não se interessar mais em fornecer automóveis com motores movidos a álcool.

Alguns anos mais tarde, a indústria automobilística brasileira desenvolveu um motor que funcionava com flexibilidade no tipo de combustível a ser utilizado. O motor desses automóveis passou a funcionar com qualquer mistura de álcool combustível e de gasolina que estivesse armazenada em seus tanques. Conhecida como tecnologia "flex", provocou o ressurgimento da exploração do álcool como combustível e a reativação do programa Pró-Álcool.

o—•—o

Tenerife era um dos lugares menos plausíveis para a ocorrência da maior e mais letal das tragédias aéreas da história da aviação internacional, entretanto, em 27 de março de 1977, uma combinação de diversos fatores negativos alterou totalmente esse prognóstico otimista.

Situada na ilha do mesmo nome, que compõe o arquipélago espanhol das ilhas Canárias, no oceano Atlântico Norte, ao largo de Marrocos e nas proximidades da Europa, Tenerife é um destino turístico disputado pelos europeus à procura de sol e de praias aconchegantes, além das exóticas paisagens lunares, pela sua origem vulcânica. É a maior e mais povoada das ilhas do arquipélago, com seu relevo dominado pelo vulcão Teide, com quase 4 mil metros de altura.

Desastre aéreo de Tenerife em 27 de março de 1977.
Crédito: Arquivo Nacional dos Países Baixos, Haia

O único aeroporto da ilha, nessa época, chamado Los Rodeos, possuía uma única pista de pousos e decolagens e as aeronaves deveriam taxiar até um dos pontos de acesso para a pista auxiliar, deslocar-se até o local de decolagem e aguardar permissão da torre. Como o tráfego aéreo era pequeno nessa época, a torre de controle realizava o procedimento com tranquilidade.

A tragédia começou a descortinar-se com a ocorrência de um improvável atentado terrorista e a explosão de uma bomba no aeroporto Las Palmas, na ilha vizinha, denominada Gran Canaria. Esse aeroporto foi fechado, e todos os pousos destinados a ele foram desviados ao aeroporto de Los Rodeos, que foi ocupando toda a área livre do estacionamento de aeronaves, inclusive, parte da pista auxiliar.

Dois enormes Jumbos Boeing 747 da KLM e da Pan Am, que estavam entre os pousos desviados de Las Palmas, chegaram quase ao mesmo tempo e estavam estacionados, em sequência, na fila para decolagem. A torre orientou os dois Jumbos a deslocarem-se para o ponto de decolagem. O primeiro deveria seguir direto até o fim da pista e dar um giro de 180 graus, para alinhar-se com o eixo, enquanto o segundo deveria seguir pela pista até o terceiro acesso para a pista auxiliar e aguardar a saída do primeiro Boeing.

Nesse momento, o aeroporto de Las Palmas foi liberado e as decolagens autorizadas no Los Rodeos. Três fatos concomitantes ocorreram e determinaram a tragédia: numa rápida variação climática, um denso nevoeiro marítimo cobriu a pista do aeroporto. Com o visual prejudicado, o Jumbo da Pan Am perdeu a terceira e prosseguiu para encontrar a quarta entrada à pista auxiliar, e um erro de comunicação entre o Jumbo holandês e a torre fez com que o piloto entendesse que sua decolagem estava autorizada.

O Jumbo holandês iniciou a decolagem, antes de o Jumbo da Pan Am sair totalmente da pista, e o violento choque entre as duas aeronaves foi inevitável, ocasionando a morte de 583 passageiros e tripulantes. No avião da Pan Am ainda houve setenta sobreviventes, incluindo o piloto, o copiloto e o engenheiro de voo, que milagrosamente conseguiram pular sobre a asa esquerda, que ficou intacta por alguns minutos e, dali para o solo, minutos antes de a aeronave ser totalmente consumida pelo fogo.

As ilhas Canárias formam um arquipélago espanhol no oceano Atlântico Norte, constituindo comunidades autônomas com uma identidade linguística e cultural coletiva diferenciada do resto da Espanha. Convencionou-se que o arquipélago teria uma capital e uma cocapital: Tenerife, estabelecida na ilha de mesmo nome; e Las Palmas, localizada na ilha Gran Canaria. São próximas aos arquipélagos portugueses da Madeira, dos Açores e do Cabo Verde, compartilhando com eles os grupos de ilhas próximas da Europa e da África.

O ardor não faltou à Copa do Mundo de Futebol da Argentina, em 1978, mas não foi um torneio caracterizado pela normalidade, porque a desorganização e os resultados cabalísticos de alguns jogos acabaram deixando uma impressão de favorecimento à equipe da casa. A conhecida rivalidade dos times brasileiro e argentino, mais uma vez, proporcionou um sabor especial à competição.

As guerras nem sempre se definem pela oposição de dois exércitos no campo de batalha; um jogo de futebol entre brasileiros e argentinos, disputando um título importante para os dois, comprova a ocorrência de outras batalhas, não definidas pelo poderio bélico dos oponentes.

Essa rivalidade dos dois países não é recente e, para ser bem entendida, devemos fazer uma regressão à nossa história colonial, por causa dos limites territoriais estabelecidos no Tratado de Tordesilhas entre os portugueses e espanhóis, colonizadores do Brasil e da Argentina, respectivamente.

Durante o período de colonização, esses limites geraram uma série de pequenos conflitos que culminaram no controle da Colônia do Sacramento, administrada pelos lusitanos e, ao mesmo tempo, inscrita no território espanhol. As disputas territoriais do período colonial transformaram-se em divergências política e econômica, com nossos dirigentes do Brasil Imperial temendo que a Argentina conseguisse acordos ou benefícios que causassem a ruptura da liderança brasileira junto às nações do Atlântico Sul. Em contrapartida, havia o temor de ser intenção dos brasileiros submeter a Argentina ao mesmo intervencionismo.

A Guerra da Cisplatina foi um conflito ocorrido entre o Império do Brasil e as províncias do rio da Prata, atual região da Argentina, no período de 1825 e 1828, pela posse da Província Cisplatina, região do atual Uruguai, localizada na entrada do estuário do rio da Prata, estratégica no domínio sobre a navegação do rio. O tratado de paz, que o Brasil foi obrigado a aceitar, provocou a perda da Cisplatina, mais tarde Uruguai, e enormes gastos e perdas humanas desnecessárias, fato que se inseriu entre os motivos da abdicação de Dom Pedro I, em 1831.

Durante a Guerra do Paraguai, entretanto, ambos lutaram lado a lado contra a ascendente e ameaçadora ditadura paraguaia, entre 1864 e 1870. Mesmo com a aliança, a rivalidade manteve-se viva pelos vários desentendimentos entre as tropas e as acusações dos dirigentes militares argentinos de que os brasileiros se comportavam com insubordinação, desrespeitando as designações oficiais. De qualquer forma, a aliança levou a melhor na guerra, praticamente destruindo o Paraguai, eliminando seu ditador e dando condições para a independência do Uruguai.

A desconfiança pairou outra vez na história dos dois países, quase um século mais tarde, quando o Brasil firmou o acordo binacional com o Paraguai para a construção da Hidrelétrica de Itaipu, quando ambos os países eram governados por ditaduras militares. Nessa época, os jornais argentinos noticiavam o desagrado do governo com a execução do projeto que, abertas as comportas, poderia deixar a capital Buenos Aires debaixo d'água. Verdade ou mentira, a rivalidade estava mantida.

Com o passar do tempo, os dois países amadureceram e perceberam que suas economias poderiam firmar bons acordos de cooperação e que ambos seriam beneficiados nas explorações comerciais. A discórdia ficou com os jogadores, equipes e torneios, que atraem o público apaixonado por futebol por meio dessa antiga rivalidade histórica.

Na Argentina, estava em pleno vigor o regime ditatorial recém-instaurado, no clímax da exposição de toda a truculência praticada contra os oponentes e com a popularidade em risco de desabar. Um bom resultado no futebol, jogando em casa, ajudaria o governo militar a camuflar as atrocidades que estavam sendo praticadas e a deter ou adiar a ocorrência de protestos populares. Da mesma forma, o Brasil estava atravessando um longo período de ditadura militar; e um resultado positivo na Copa, no país vizinho, representaria um bom presságio para o novo presidente, que assumiria em breve.

Foi a última Copa com apenas dezesseis seleções. A França cogitou boicotar a competição, como protesto contra a morte de freiras francesas a mando da ditadura argentina, mas acabou participando e foi eliminada na primeira fase.

O melhor jogador da Holanda, Johan Cruyff, conhecido como o "holandês voador", não compareceu à Copa, supostamente motivado por um protesto contra a ditadura militar. Na verdade, o real motivo foi o trauma que ele, sua mulher e seus filhos sofreram em razão de uma tentativa de sequestro em Barcelona, motivando o abrandamento da prática esportiva para dedicar-se à vida familiar.

Os dois rivais passaram pela primeira fase, com a Argentina ganhando da Hungria e da França e perdendo para a Itália, e o Brasil ganhando da Áustria e empatando com a Suécia e com a Espanha. Na fase de classificação para a final, brasileiros e argentinos empataram no confronto direto. O jogo entre Brasil e Polônia foi realizado primeiro e, embora o Brasil tenha vencido, ficou na dependência da partida entre Argentina e Peru, a ser realizada depois. Se os argentinos vencessem, a classificação para a final contra a Holanda dependeria do saldo de gols, o que acabou sucedendo. Acontece que a Argentina já sabia quantos gols deveria fazer contra o Peru para se classificar, e não eram poucos: mais de quatro, mas fizeram seis, des-classificaram o Brasil e partiram para a decisão contra a Holanda. Esse favorecimento fez com que, nas Copas seguintes, os jogos da última rodada das fases de grupo tivessem que ser obrigatoriamente no mesmo horário.

O Brasil teve que se conformar com a terceira posição, na vitória contra a Itália, e assistir, com mágoa, à consagração do rival na difícil vitória, na prorrogação, contra a Holanda. O estranho jogo da Argentina e Peru, que classificou os argentinos, gerou muita suspeita de favorecimento do time da casa. O time do Peru jogou abaixo da expectativa, para um time classificado em primeiro lugar na primeira fase, e a derrota por seis a zero mostrou um goleiro peruano muito abaixo de seu conhecido nível.

O Brasil deixou a Argentina como a única equipe invicta, sem perder nenhuma partida, com o "título simbólico" de campeão moral, segundo o técnico brasileiro. Não convenceu ninguém. Óbvio!

o—•—o

Certamente, não houve história de vida de outro artista que eu tenha acompanhado tão bem como a de Elvis Presley. No tempo de suas primeiras apresentações, quando eu tinha 14 anos, ele era um jovem americano de apenas 20 anos, com o topete alto, vestido com roupas coloridas e apertadas no corpo, magro e esbelto, cantando e dançando de forma provocante músicas que misturavam blues e gospel, mais tarde mundialmente conhecidas como rock.

Provocava histeria coletiva, principalmente entre as jovens tietes das primeiras posições perto dos palcos.

Nas últimas apresentações, infelizmente, apresentava-se da mesma maneira, mas num corpo deformado pelo excesso de peso, suando em bicas e com aparência doentia, com apenas quarenta anos.

Em 16 de agosto de 1977, chegou dos Estados Unidos a notícia do falecimento inesperado e prematuro de Elvis Presley, conhecido como "Rei do Rock", aos 42 anos. O acontecimento trouxe à tona momentos memoráveis da minha adolescência e juventude.

Nascido em janeiro de 1935, no Mississippi, Elvis era oriundo de uma família humilde da classe operária, mas era muito dedicado aos seus pais, especialmente à sua mãe, de quem ganhou o primeiro violão aos 11 anos. Frequentava com seus pais a igreja evangélica, razão pela qual a música gospel acabou se tornando uma importante influência em sua carreira artística. O primeiro aceno de sucesso aconteceu quando ganhou um concurso de calouros na escola onde estudava, em Memphis, no ano de 1946.

Em 1955, começou a fazer sucesso em shows, nos quais se apresentava com visual característico, aparência rebelde e estilo musical diferenciado, com seus quadris que rebolavam de forma provocativa. Nunca se apresentou fora do território americano, e as imagens de seus shows foram obtidas na televisão ou recuperadas das dezenas de filmes em que figurou.

Em pouco tempo, Elvis marcava presença em todos os locais: rádio, televisão e cinema; nem mesmo sua passagem pelo Exército foi capaz de frear sua carreira efervescente. Enquanto estava servindo na Alemanha, conheceu uma jovem chamada Priscilla e os dois se casaram; passaram a morar em sua mansão, conhecida como "Graceland", em que nasceu sua única filha.

Suas músicas dominavam o topo das paradas de sucesso e, embora seus filmes não estivessem agradando muito aos críticos, geravam lucro e as trilhas musicais faziam enorme sucesso.

Elvis Presley, c. 1977
Crédito: MediaPunch Inc/Alamy/Fotoarena

No início dos anos 1970, o casamento estava desmoronando e o divórcio acabou acontecendo em 1973. Priscilla ficou com a guarda da única filha do casal, Lisa Marie. O cantor também estava lutando contra uma dependência, cada vez maior, de remédios; outrora uma figura magra e esbelta, estava enfrentando problemas de excesso de peso. O estilo de vida destrutivo levou-o a ser hospitalizado, diversas vezes, por problemas de saúde. Apesar desses obstáculos, Elvis manteve-se popular e continuou excursionando até sua última apresentação, em junho de 1977, em Indianápolis. Durante o retorno a Graceland, a fim de se preparar para uma nova turnê, o rei do rock não resistiu a uma insuficiência cardíaca. Elvis foi enterrado ao lado de seus pais, em sua propriedade.

Ao longo de toda a carreira, Elvis popularizou o rock no mundo inteiro, ganhou três Grammys por suas gravações gospel e obteve incontáveis álbuns de ouro e platina. Sua mansão em Memphis, a Graceland, é parcialmente aberta ao público, sendo visitada por fãs de todo o mundo, só perdendo em frequência para a Casa Branca.

Ainda em 1956, a tradicional revista semanal americana *Variety* aclamou o cantor como "Rei do Rock", título consagrado fervorosamente pelos admiradores. Durante um dos shows, os adolescentes desenrolaram uma enorme faixa, na qual estava escrito: "Elvis é o nosso rei". Ele imediatamente interrompeu a apresentação e esbravejou: "Existe apenas um rei, e esse rei é Jesus Cristo".

Durante toda a vida Elvis expôs, de maneira explícita, sua fé cristã: cantava música gospel com louvor e até na hora de sua morte segurava um livro religioso. Elvis teria algum indício de fanatismo religioso? Não! Certamente, tratava-se apenas de um crente ardoroso. Assim seja!

o—•—o

O suicídio coletivo de quase mil pessoas, numa comunidade agrícola na Guiana, liderada pelo carismático líder Jim

Jones, fundador da seita pentecostal cristã e socialista Templo do Povo, foi um caso de fanatismo religioso radical que assombrou o mundo por muito tempo.

De acordo com o relato dos sobreviventes e de parentes dos seguidores da seita, embora a maioria das pessoas tenha participado do suicídio coletivo, bebendo cianureto diluído no ponche de frutas, muitas outras foram mortas a tiros e a facadas. O pastor, como revelava a cena do crime, suicidou-se com um tiro na cabeça.

Vista aérea dos corpos das vítimas da tragédia de Jonestown. O exército dos EUA de Fort Bragg, Carolina do Norte (NC), coloca os restos mortais em sacos para cadáveres, 20 de novembro de 1978. Crédito: National Archives and Records Administration, College Park

O episódio, além de imprevisível, causou muita perplexidade à sociedade americana e mundial, porque ele manifestava uma benevolente mensagem de igualdade e de ajuda aos mais necessitados. Jim Jones providenciava carvão para as famílias carentes no inverno, alimentação para os necessitados, pregava simplicidade e igualdade entre os adeptos do templo. Por outro lado, uma boa parte da comunidade religiosa apontava-o como charlatão, por pregar utópicos milagres e recuperação da saúde física e mental dos fiéis.

O Templo do Povo foi formado na cidade de Indianápolis, em meados de 1950, com uma proposta que pretendia praticar o que é chamado de "socialismo apostólico", pregando que "aqueles que foram drogados com o 'ópio' da religião" deveriam ser trazidos para a iluminação socialista.

Com o passar do tempo, Jim converteu-se numa considerável força política, passando a atrair a comunidade de brancos ricos de mentalidade liberal. Os membros do templo, na ocasião dos períodos eleitorais, passaram a votar em quem o carismático líder indicava, como ovelhas bem pastoreadas seguem o seu pastor. Seu prestígio aumentou consideravelmente e choviam políticos batendo à sua porta, tendo inclusive se reunido diversas vezes com o vice-presidente e a primeira-dama dos Estados Unidos.

Quando o templo se mudou para a Califórnia, a imprensa começou a investigar o que acontecia nos bastidores da seita, especialmente por causa do relato de vários desertores do alto escalão da facção religiosa, que delatavam lavagem cerebral, abuso sexual e até assassinato. Havia boatos de que o Congresso americano abriria uma investigação oficial contra o templo.

A paranoia de Jim Jones passou a intensificar-se, e a preparação para o apocalipse, que seria um suicídio revolucionário, começou a materializar-se. Após muita crítica da imprensa e a deserção de outros membros da seita, os dirigentes do

Templo do Povo aprovaram uma resolução para estabelecerem uma comunidade agrícola na Guiana e, assim, fugirem da investigação sobre os abusos reportados pelos desertores.

A comunidade, que veio a se chamar Jonestown, possuía escola, hospital, oficina de artesanato, moradia e uma série de recursos estruturais básicos para seus membros. Em contrapartida, não poderiam comunicar-se com familiares nem abandonar o local sem permissão, sob pena de severas punições.

Uma série crescente de desesperados relatos de familiares de integrantes da seita chamou a atenção de um congressista de São Francisco, que resolveu formar uma comitiva composta por jornalistas e parentes dos internos, e se dirigiu à Guiana para visitar a comunidade.

No dia 17 de novembro de 1978, a comitiva chegou e foi recebida com uma grande festa, em que todos pareciam felizes, afirmando que ali era o melhor lugar do mundo para se viver. No entanto, um homem entregou um bilhete ao congressista, informando-lhe que desejava ir embora, assim como muitas outras pessoas. Ficou claro que a festividade era uma artimanha para confundir o congressista; no dia seguinte, ele sofreu um atentado a faca, mas não se feriu gravemente. Resolveu, então, partir imediatamente e levar consigo todos os adeptos que desejassem ir com ele. No pequeno aeroporto, ao embarcar em dois pequenos aviões, os fugitivos foram atacados pelos seguranças de Jones e, no conflito, o congressista, três jornalistas e um dissidente foram mortos.

No mesmo dia, antes que o Exército guianense chegasse ao local, Jim Jones ordenou a consumação do suicídio revolucionário, vertendo cianureto em jarras de refresco e ordenando que todos o ingerissem. A ação levou à morte mais de novecentas pessoas. Jones foi encontrado morto com uma perfuração no crânio, típica de suicídio por arma de fogo.

Ficaram retidas em minha memória as várias fotografias estampadas, em todos os jornais e revistas da época, mostrando o campo coberto de centenas de pessoas mortas, homens, mulheres e crianças. Os relatórios patológicos assinalaram que muitos dos corpos apresentavam ferimentos a bala ou marcas que sugeriam que o veneno lhes fora introduzido à força. Se foi um suicídio revolucionário ou um assassinato em massa, ordenado por um psicopata fanático, jamais saberemos com certeza. Macabro e estarrecedor!

○—●—○

Na ótica de fanatismo religioso, o que aconteceu no Irã, em apenas dez dias do mês de fevereiro de 1979, teve uma significativa relevância no cenário mundial, mas, sem menosprezar o que houve ali, em virtude do que acontecia por aqui, ficou-me gravada na lembrança daquela época uma marchinha de Carnaval.

Naquele ano, aqui no Brasil, o general Figueiredo substituía Geisel no comando ditatorial do país, enquanto, no Irã, o aiatolá Khomeini liderava a revolução que derrubou o monarca Reza Pahlavi e instaurou a república islâmica.

O Carnaval de 1979 foi embalado pela "Marcha do Aiatolá", com os foliões vestindo roupas típicas, turbantes na cabeça, carregando um retrato do aiatolá como estandarte, cantando:

*"Geisel, você nos atolou
O Figueiredo também vai atolar
Aiatolá, aiatolá, venha nos salvar
Que o governo já ficou gagá."*

A marchinha foi criada por um grupo de jornalistas de Brasília, denominado "bloco do pacotão", em pleno regime militar, com uma proposta de criticar e ironizar a ditadura militar, sem que fossem considerados subversivos, criando uma forma disfarçada e sutil de protesto.

A revolução acarretou uma forte reviravolta na política, religião e costumes da sociedade iraniana, interrompendo uma monarquia autocrática e originando uma república islâmica teocrática radical, sob o comando do aiatolá Ruhollah Khomeini.

A cultura ocidental, com a anuência do xá, penetrava cada vez mais nos costumes sociais do país, e a repressão implacável, utilizada pelo regime, punia os opositores com prisões arbitrárias, torturas, assassinatos e censura dos meios de comunicação, contrariando vigorosamente a população, que realizava protestos mais contundentes.

O xá estava no poder desde 1941, e o regime, conhecido pelo estilo exorbitante de luxo, corrupção política e práticas brutais de repressão, começou a ser ameaçado por uma oposição religiosa que, além de defender o compromisso com as leis islâmicas, manifestava fervor à luta contra a pobreza. Enfrentando a crescente oposição de líderes religiosos e, principalmente, de Khomeini, o xá decidiu implantar o que ficou conhecido como Revolução Branca, que visava diminuir o papel do islamismo no reino, substituindo o calendário islâmico lunar pelo calendário solar usado no Ocidente, censurando as publicações marxistas e islâmicas, abolindo o regime feudal e concedendo o direito do voto às mulheres. No entanto, os contínuos ataques ao monarca tiveram como consequência o desterro de Khomeini. Instalou-se primeiramente na Turquia, depois no Iraque e, por fim, em Paris, então continuou o trabalho intenso contra o governo ditatorial iraniano.

A população mais desfavorecida do Irã desejava o retorno dos valores básicos do islamismo, em oposição aos esforços modernizadores do regime do xá, cujas promessas de progresso lhes soavam mentirosas e só provocavam o crescente distanciamento entre os mais ricos e os mais pobres. Concomitantemente, um movimento populista começou a organizar-se nas mesquitas pelos sermões que denunciavam a imoralidade dos valores ocidentais e foram criando um ambiente propício a uma revolução.

Um ataque agressivo à figura de Khomeini, publicado na imprensa oficial, gerou um ciclo ascendente de protestos e violência. O governo reagiu com truculência, resultando em um sanguinário massacre de civis, mas selou o fim do regime de Reza Pahlavi. O xá e sua mulher fugiram, a princípio, para o Egito, depois, iniciaram uma peregrinação que os levaria para os Estados Unidos e México, antes de seu retorno ao Cairo, onde ele morreria de câncer, em 27 de julho de 1980, aos sessenta anos.

Khomeini retornou de Paris, no primeiro dia de fevereiro daquele ano, foi recebido com exaltação e aclamado como líder pelo povo iraniano, assim, iniciou o trabalho que levaria à implementação de uma república islâmica, em que se tornou o líder supremo.

Enquanto Reza Pahlavi estava nos Estados Unidos para se tratar de um grave problema de saúde, militantes islâmicos invadiram a embaixada americana em Teerã, fizeram reféns norte-americanos e exigiram o imediato retorno do xá para que fosse julgado por seus crimes. Cinquenta e dois reféns permaneceram presos na embaixada por mais de um ano até que, em janeiro de 1981, uma série de acordos entre os dois países pôs fim à crise diplomática e os reféns foram libertados sob a escolta do governo americano.

O episódio reforçou o prestígio do aiatolá Khomeini e do poder político daqueles que apoiaram a teocracia e que se opuseram a qualquer tentativa de abrandamento das relações com o Ocidente. Também marcou o início das sanções econômicas contra o Irã, o que enfraqueceu ainda mais os laços econômicos entre os dois países.

Khomeini lançou uma campanha para, como ele próprio dizia, "exportar" a revolução iraniana aos países muçulmanos vizinhos, atitude que incitou o governo iraquiano, conduzido pelo recém-empossado Saddam Hussein, a iniciar uma guerra contra o Irã que durou oito anos e ceifou milhares de vidas.

Aqui no Brasil, processou-se a substituição da Presidência da República, saindo Ernesto Geisel, com a finalização de seu mandato, e assumindo o general João Baptista de Oliveira Figueiredo, para um mandato de seis anos, que viria a ser o último dos presidentes militares.

O presidente Geisel, que ora deixava o poder, pertencia à linha moderada das Forças Armadas, pois concebia o regime militar como transitório para assegurar o liberalismo no país. Durante o seu governo, iniciou-se a transição para a democracia liberal que ele mesmo determinou que deveria ocorrer de forma "lenta, gradual e segura". Algumas prerrogativas extinguiram-se, naturalmente, como o caso da cassação aos direitos políticos; e outras foram substituídas, como a proibição à propaganda política.

Um arremedo de democracia era aparentemente mantido, com eleições diretas apenas para deputados, senadores, vereadores e parte dos prefeitos. Nas eleições de 1970, a oposição, com muitos de seus líderes presos ou exilados, amargou esmagadora derrota para a Arena, partido de apoio à ditadura, que passou a deter dois terços da Câmara e quase todas as cadeiras do Senado. No entanto, nas eleições de 1974, o MDB, partido da "oposição consentida", recuperou-se espetacularmente, elegendo grande parte dos senadores e a quase maioria dos deputados federais. Um dos fatores mais importantes para essa vitória foi resultante da derrota dos árabes para Israel, na Guerra do Yom Kippur.

Num efeito cascata, os derrotados decidiram valorizar sua posição de maiores produtores de petróleo do mundo e promoveram uma alta repentina no preço do "ouro negro", contribuindo para o término do milagre econômico no país. A classe média, sentindo o prejuízo, usou as urnas para exprimir sua insatisfação.

Ao conquistar mais de um terço da Câmara, o MDB adquiriu o direito de exercer, de fato, o papel de oposição ao regime. O presidente reconheceu a vitória do MDB, em sua mensagem de fim de ano: "Ressentimentos não me tolhem, nem sinto simples constrangimento, ao registrar que a oposição alcançou substancial avanço na autenticidade de sua crescente expressão política".

Para compensar a desvantagem, o governo aprovou a "Lei Falcão", na qual os candidatos estavam autorizados a anunciar, em sua propaganda eleitoral, sua foto e breves dados de sua trajetória política, sem músicas, discursos ou imagens. Acatou também uma reforma, conhecida como "Pacote de Abril", que determinava que um terço dos senadores seria indicado pelo presidente, garantindo a hegemonia dos militares pela maioria parlamentar. Esses senadores ficaram conhecidos como "senadores biônicos", alusão a uma série americana da época, *O Homem de Seis Milhões de Dólares*, em que o protagonista ganhou poderes biônicos após uma cirurgia que salvou sua vida, com a condição de trabalhar para o governo.

Ainda com a suposta diminuição da intensidade da repressão ao regime militar, a perseguição aos militantes do Partido Comunista Brasileiro e a censura à imprensa persistiram. O general Figueiredo deu continuidade ao projeto iniciado no governo anterior de abertura do regime. Desse modo, em agosto de 1979, assinou a Lei de Anistia Política, que anulou as punições aos brasileiros feitas desde 1964.

Com essa lei, foram revogadas as penalidades propostas nas legislações do regime militar como o exílio, a perda de direitos políticos, as aposentadorias compulsórias, entre outras punições. As proibições das punições foram concedidas tanto aos cidadãos que se opuseram à ditadura quanto aos militares que atuaram nos organismos de repressão. Dessa forma, os crimes cometidos pelos agentes do regime não poderiam ser julgados.

o—•—o

Ainda no ano de 1979, do outro lado do oceano Atlântico, o mundo assistia à posse da primeira mulher ao cargo de primeira-ministra do Reino Unido e, assim, considerando o reinado de Isabel II, duas mulheres ascenderam às mais altas atribuições da hierarquia britânica ao mesmo tempo.

Não é fácil entender o significado do Reino Unido, pois ele abrange a ilha da Grã-Bretanha, que engloba a Inglaterra, a Escócia, o País de Gales e a Irlanda do Norte. Em 2016, desligou-se da União Europeia, sua moeda, a libra esterlina. A Irlanda do Sul, mais apropriadamente chamada de República da Irlanda, é um Estado soberano, governado por uma democracia parlamentar; faz parte da União Europeia e adotou o euro como sua moeda.

Margaret Thatcher, líder da oposição do Partido Conservador, assumiu o ministério num momento em que o Reino Unido se encontrava em plena recessão econômica. Ela anunciou um plano com iniciativas políticas e econômicas impopulares, para reverter o alto índice de desemprego e as dificuldades que o país estava enfrentando.

Basicamente, abrangia a desregulamentação, sobretudo do setor financeiro, a adoção de mercados de trabalho flexíveis, a privatização de empresas estatais, a atenuação dos programas assistenciais e a redução do poder e influência dos sindicatos.

A popularidade de Thatcher, durante seus primeiros anos de governo, foi prejudicada pela recessão persistente e aumento do desemprego, até que a vitória na Guerra das Malvinas e o início de uma recuperação da economia fizeram seu apoio popular ressurgir, sendo, categoricamente, reeleita em 1983.

Nenhum fato político expôs tão bem a visão econômica da ministra quanto a greve dos mineiros britânicos, em que ela mostrou firmeza ao não aceitar negociação para o seu término. Os mineiros foram fragorosamente vencidos, depois de uma greve de dezesseis meses totalmente ineficaz e sem benefício para eles.

Ao desmantelar o então poderoso sindicato, efetivou seu propósito de fechar todas as minas de carvão improdutivas do país e foi além: persuadiu todos os sindicatos de que era inútil contestar seu programa de governo, em relação à assistência trabalhista, uma vez que era uma tese fundamental para a regeneração da economia.

Foi intolerante com o nacionalismo irlandês e reagiu aos ataques do grupo paramilitar conhecido como IRA, que recorria a métodos terroristas para intimidar representantes do governo britânico a fim de anexar a Irlanda do Norte à República da Irlanda. Escapou por pouco de um atentado do IRA, em um hotel em Brighton, onde estava hospedada com outros membros do Partido Conservador, no qual cinco pessoas foram mortas.

Todo o contexto de sua gestão até aquele momento, bem como a forma fria e inflexível que empregava na abordagem dos vários aspectos de sua política, valeram-lhe o cognome de "Dama de Ferro", pelo qual ficou conhecida internacionalmente.

Thatcher sabia exatamente o que fazer quando chegou ao poder. Começou cortando subsídios, provocando um alto número de fechamento de empresas, tendo que enfrentar greves e manifestações dos sindicatos. Em poucos anos, a situação começou a melhorar com a modernização do sistema produtivo, o controle da inflação e a diminuição da taxa de desemprego. Ela permaneceu no ministério por onze anos e, durante esse período, ora foi amada, ora foi odiada, mas nunca foi esquecida.

A primeira-ministra britânica adotou um modelo de governo que seria o precursor do neoliberalismo, mas sua maneira de liderar foi muito criticada por seu caráter autoritário. Defendeu a permanência do Reino Unido na União Europeia, mas estipulou que o país não faria parte da Zona do Euro europeia, pois a libra esterlina havia servido muito bem ao povo britânico e não desistiria de sua tradicional moeda. Em 28 de novembro de 1990, a Dama de Ferro anunciou sua renúncia ao cargo de primeira-ministra da Inglaterra, depois de ter uma audiência com a rainha, telefonar a líderes mundiais e fazer um discurso de despedida.

Nos anos seguintes, começou a ter pequenos derrames e passou a maior parte de sua senectude lutando contra a perda de memória, vivendo reclusa em casa até seu falecimento, em abril de 2013, aos 87 anos.

Uma canelada que meu primogênito deu em meu patrão foi um forte presságio de que, dali para a frente, mutações estariam em curso em minha trajetória profissional. Foi o primeiro sinal!

A conhecida aversão que o patrão tinha por crianças fez parecer *sui generis* sua decisão de fazer uma inocente brincadeira com o meu filho, que mostrou inesperada rebeldia ao reagir com um pontapé. Desculpei-me com o patrão e corri atrás do filho, que escapuliu e foi para cima de uma mureta inacessível para mim, equilibrando-se em atitude desafiadora até se entregar e receber a devida reprimenda. O inusitado acontecimento deu-se durante a comemoração de fim de ano, na qual diretores, funcionários e respectivas famílias se confraternizavam nas dependências da empresa, num clima de alegria e descontração. Nas inevitáveis fofocas dessas ocasiões, era nítida a percepção da obscura mudança de comportamento do patrão.

Além das fronteiras profissionais, era comum, vez ou outra, reunirmo-nos à noite, para um drinque e um bate-papo descontraído, mas, em razão das circunstâncias, os assuntos sempre convergiam para as esquisitices do patrão, instaurando-se entre todos um clima de espanto, desânimo e incerteza.

As reuniões obrigatórias aos sábados, cada vez mais tediosas e sem propósito, causavam uma evidente desorganização na programação familiar dos participantes, uma vez que não poderíamos planejar atividades caseiras, passeios ou viagens familiares.

Em particular, minha programação não muito familiar aos sábados e que me proporcionava bem-estar ficava cada vez mais prejudicada. Roubava um precioso tempo que gostava de usar solitariamente, bebericando um caju amigo, acompanhado dos tradicionais pasteizinhos no Pandoro da avenida Cidade Jardim, em que me inteirava das últimas notícias, lendo o *Jornal da Tarde*, vibrante vespertino que circulava naquela época. Depois, um papo-furado com os amigos de sempre, no Jabuti Bar da rua Joaquim Távora, Vila Mariana, para "lavar a escadaria", termo usual à época para os primeiros goles do dia, com um chope acompanhado de petiscos e frutos do mar. Também gostava de almoçar, geralmente "frango a passarinho", no restaurante do Jockey Clube de São Paulo, na avenida Lineu de Paula Machado, enquanto fazia uma fezinha nas corridas de cavalo.

Essas reuniões semanais atrapalhavam inutilmente esses pequenos prazeres da vida, assim, sempre que possível, deixava de ir a algumas, alegando problemas particulares, mas não conseguia evitar as insinuações que, de forma indireta, recebia na reunião seguinte. No auge de minha carreira profissional, com 37 anos, marombando e levando pito sem propósito, estava tornando-se um fardo excessivo.

O patrão comandava as reuniões de uma maneira cada vez mais agressiva e não raro fazia um comentário inoportuno ou dava uma resposta taciturna a algum dos presentes: "Os incomodados que se mudem", por exemplo. Em certa ocasião, quando um velho companheiro discordou de seu ponto de vista, a respeito de um assunto trivial, ele reagiu prontamente, esbravejando de forma agressiva: "Cala a boca!".

Nunca me esqueci desse incidente e saí daquela reunião muito aborrecido e irritado, com o pressentimento de que numa próxima ocasião poderia acontecer comigo. Meu inconformismo exasperou-se, porque o agredido não reagiu, e todos os presentes, inclusive eu, calaram-se. O silêncio que se seguiu deixou a impressão de que a carraspana havia sido para todos. Foi o segundo sinal!

O fato ficou tão categoricamente retido em minha mente que, mais de trinta anos depois, quando escutei: "¿Por qué no te callas?", dito pelo rei Juan Carlos da Espanha ao presidente venezuelano Hugo Chávez, senti de imediato uma constrição no peito e uma palpitação cardíaca. A elocução foi proferida, durante a XVII Conferência Ibero-Americana, realizada na cidade de Santiago do Chile, no final de 2007.

O motivo desse forte desabafo do rei espanhol foram as constantes interrupções do presidente Hugo Chávez à manifestação do ministro espanhol Zapatero, em defesa de seu antecessor, ministro Aznar, que Chávez contestava duramente por suposto apoio de Aznar ao fracassado golpe de Estado contra o presidente venezuelano em 2002.

Atento aos sinais, o segundo depois da canelada do primogênito, acabei convencendo-me de que meus dias como diretor dessa empresa eram os derradeiros. Dessa forma, comecei então a idealizar um plano alternativo para alcançar o meu equilíbrio físico, mental e financeiro. Trocar, apenas e tão somente, por outra empresa não seria satisfatório, pois estaria apenas substituindo os protagonistas, uma vez que, afinal, os poderosos dirigentes de empreiteiras tinham, mais ou menos, o mesmo perfil.

Cada vez mais convicto, iniciei um estudo visando montar meu próprio negócio. Afinal, havia adquirido todo o know-how necessário para praticar, por conta própria e em menor escala, o que eu já fazia há muito tempo. O trabalho que eu pretendia realizar consistia, basicamente, na execução de pequenos túneis, por baixo de avenidas e rodovias, para a instalação de infraestruturas de saneamento. Naquele tempo, a demanda por esses serviços era grande e as empresas capacitadas para fazê-los muito raras.

Quando comentei com o profissional especializado, que sempre trabalhou comigo, que poderia estar de saída da empresa, ele, sem pensar, disse que se eu me demitisse ele iria embora também. Terceiro e último sinal!

Não me deixaria saciado se a demissão ocorresse de forma convencional, numa conversa particular; uma situação excepcional exigia, a meu ver, uma reação atípica. Passei a ficar de prontidão, para não desprezar a oportunidade de reagir, de imediato, a qualquer tentativa de menosprezo à minha pessoa por parte do patrão.

Transformei-me num "falcão peregrino", observando atentamente a presa antes do ataque decisivo. Remoendo.

Enquanto isso, minha vida íntima e pessoal transcorria dentro da normalidade. Tinha meu modo de vida particular resguardado, inserido nos limites de um casamento realista, sem hipocrisia. Não havia anuência explícita nem crítica ao meu comportamento fora de casa, como também não havia cobranças de minha parte dentro do ambiente familiar. Não era um pai ausente nem abandonaria minha intransigência e atenção aos indícios de deslizes ou vícios que, porventura, viessem a transparecer em algum dos filhos.

Estávamos completando dez anos de casamento, nos quais foram preservados os principais pilares da boa convivência: amizade, companheirismo, respeito mútuo, compartilhamento, situação financeira estável. Por outro lado, cinco períodos de gestação seguidos, perda de dois filhos recém-nascidos, devoção intensa aos outros três, minhas viagens regulares, preocupação com o trabalho, em apenas dez anos, evidentemente, não compõem o panorama ideal para o intenso desejo de noitadas de sexo selvagem.

Meu casamento aconteceu em plena década da revolução sexual feminina do fim dos anos 1960, com os costumes sendo alterados e as mulheres desenvolvendo sua sexualidade com mais liberdade. Era inevitável a curiosidade de vivenciar, nas horas de ócio, a nova era que estava se manifestando. A liberação sexual desafiava os códigos tradicionais de comportamento e alterava o convívio interpessoal. Eu não fazia nada além de estar presente e permitir que minha natureza se desenvolvesse com espontaneidade, sem procurar, mas também sem me esquivar das oportunidades de me divertir, conhecer pessoas, flertar, incorporar meu lado irresponsável, estimulado pela satisfação que a prática de contravenções me propiciava.

Trabalhando demais, estava na iminência de enfrentar o inédito cenário que minha vida profissional dava sinais de apresentar-

-me, sair do útero patronal e renascer como empresário solitário, no auge de uma nova crise econômica — desta vez, instabilidade alimentada pelo desfecho do milagre econômico brasileiro.

Os ensinamentos bíblicos, proporcionados por Eclesiastes, ajudaram-me a compreender a inevitável finitude da vida e o engano em procrastinar as oportunidades de sentir alegria e bem-estar. Eclesiastes 8:15: "Por isso recomendo que se desfrute a vida, porque debaixo do sol não há nada melhor para o homem do que comer, beber e alegrar-se. Sejam esses os seus companheiros no seu duro trabalho, durante todos os dias da vida que Deus lhe der debaixo do sol".

Mesmo descontente com minha situação, ainda permaneci por quase um ano em meu cargo e, em uma das tediosas reuniões de sábado, o patrão reagiu a uma pequena discórdia com alguém, dizendo: "A porta da rua é a serventia da casa"; assim, pressenti que havia chegado o dia do desfecho.

O pote das pequenas humilhações semanais havia atingido o nível máximo — pelo menos para mim — e transbordou, na forma de uma demissão imediata, ruidosa e agressiva, diante do patrão e dos demais atônitos diretores. *Happening!*

Não foi fácil controlar a tremedeira, a boca seca e as palpitações cardíacas, nem mesmo depois do caju amigo que eu bebia com sofreguidão no bar Pandoro, menos de uma hora após o desenlace. Apenas depois da terceira dose, comecei a retirar a "mão do coldre", ou seja, descontrair e começar a gozar a indescritível sensação de ter, finalmente, conquistado minha "carta de alforria". Sensações de medo, raiva, insegurança, alívio, esperança, desânimo e medo novamente, num caleidoscópio oscilante que, bem devagar, foi parando de girar.

Conforme acabei tomando conhecimento, o que se seguiu à malfadada reunião, após a minha explosiva retirada, foi bastante insensato: logo após um breve silêncio, ele reiniciou a reunião interrompida, como se a demissão ao vivo de um diretor, que integrou o grupo por mais de dez anos, fosse o acontecimento mais trivial do mundo, com meus colegas amigos calando-se novamente.

Como o desfecho foi explícito e compartilhado por todos, não houve clima para escusas ou reconsiderações, desse modo, as formalidades de meu afastamento foram rapidamente concretizadas.

Os encontros com os amigos diretores foram rareando e os convites para algum evento social entre eles desapareceram. Com o correr do tempo, todos, um a um, foram demitindo-se da empresa, evidenciando o óbvio: o motivo da situação angustiante que eu havia enfrentado não era fruto de minha imaginação, mas tão real que acabou atingindo todos os outros. Eu apenas fui o primeiro. Boi de piranha!

Minha vida social, depois desse episódio, alterou-se com profundidade. À medida que os amigos diretores foram se dissipando, os velhos companheiros de adolescência começaram a brotar espontaneamente; e as esquecidas amizades, eclipsadas durante longo período, voltaram a fortalecer-se.

Passei a visitar com frequência meu amigo de Paraty que, após desligar-se da empresa em que trabalhamos juntos, há mais de dez anos, acabou se estabelecendo na cidade. Com frequência saíamos de lancha pelas inúmeras ilhas, nas cercanias da cidade, nas quais nossos primogênitos podiam brincar tranquilamente. O gosto pela navegação começava a incrustar-se em sua rotina e ele praticou esse hobby por quase toda a vida, incorporando veleiros cada vez maiores e viagens cada vez mais longas.

Dos companheiros de juventude, por compatibilidade transgressora e alcoólica, um deles passou a fazer parte de meus programas mais frequentes: beber nos fins de semana e cuidar das ressacas, ao entardecer das segundas-feiras, numa sauna, religiosamente! Descobrimos a sauna do Hotel Transamérica, na avenida das Nações Unidas, com um custo-benefício muito atraente. Era um lugar tranquilo e podíamos descansar, bater um papo e projetar as tarefas para a semana que se iniciava. Durante nossas conversas, quando comentei que necessitava de uma pequena área para construir meus equipamentos de trabalho, ele ofereceu-me, sem custo, uma parte do terreno em que sua empresa estava estabelecida. Sem muita delonga, iniciei os trabalhos na semana seguinte.

Aluguei um pequeno escritório no edifício Winston Churchill, na alameda Eugênio de Lima, esquina com a avenida Paulista, contratei uma secretária e constituí minha primeira empresa. Menos de noventa dias após minha demissão, estava em condições de iniciar uma trajetória solo, que iria permanecer ativa por mais de trinta anos.

As grandes empreiteiras trabalhavam diretamente para as autarquias públicas, e meu intento era prestar serviços, de forma indireta, a essas empresas como subcontratado. Os amigos do antigo patrão evitavam contratar-me, mas seus inimigos, em muito maior número, mostravam muita satisfação em fazê-lo.

Quando o equipamento para a execução de pequenos túneis ficou pronto, eu já tinha uma série de obras agendadas. A emocionante estreia foi a travessia debaixo dos trilhos de uma estrada de ferro; quando o equipamento saiu ileso do outro lado, experimentei uma *sui generis* sensação de alívio. Havia vencido a primeira batalha de minha vida profissional independente, e o porre, nessa noite, foi inevitável.

Uma série de coincidências permitiu que eu mudasse as instalações do terreno emprestado para outro, pertencente à minha família. Era o quintal do casarão da rua Humberto Primo, antiga residência de meu avô materno, que meu irmão caçula administrava. Servia de estacionamento para automóveis, cujos proprietários lhe pagavam mensalidade e, também, era como base para a prática de seu hobby: criação e preservação de pombos-correios. Columbofilia!

Meu irmão havia comprado, para a empresa da minha mãe, alguns lotes de terreno em Alphaville, bairro novo em São Paulo, implantado entre os municípios de Barueri e Santana de Parnaíba, onde meu pai tinha sido prefeito anos atrás e possuía a chácara em que morava.

Ele havia adquirido alguns lotes em área residencial, na qual pretendia construir, em um deles, sua casa, e um lote bem maior na área industrial, em que implantaria o novo prédio da empresa. Dessa forma, não teria como continuar zelando pelo imóvel da família, e o meu interesse pela área foi um bom arranjo para os dois. Algum tempo mais tarde, ele me pediu e eu aceitei construir o novo prédio para sediar a empresa.

Tenho uma memória privilegiada, consigo descrever com minúcias os mais longínquos detalhes de minha vida pregressa; no entanto, é necessário que eu esteja sereno, com a mente receptiva, afastada de distúrbios emocionais e alheia aos acontecimentos contemporâneos. Não é o que está ocorrendo, neste dia 29 de outubro de 2018, um dia após a divulgação do resultado da eleição presidencial brasileira em que o Partido dos Trabalhadores, que já estava deteriorado há muito tempo, foi execrado do cenário político brasileiro.

O eleito, um deputado declaradamente adepto do militarismo e do antipetismo, conhecido como da ala direita radical, não era meu sonho verde e amarelo, mas representou, pelo menos para mim, a única forma de desengaiolar a população brasileira do populismo corrupto e incompetente do PT, comandado por seu eterno líder, mesmo dentro de uma cela na prisão. A eleição, que deveria ser um pleito democrático entre ideias e programas de governo, transformou-se num plebiscito entre o petismo e o antipetismo, quaisquer que fossem os candidatos representando as duas alternativas.

De certa forma, é uma satisfação que essa memória privilegiada me leve a vivenciar, com lembranças e emoções, a trajetória flutuante de um partido, como se fosse um humano: gestação, adolescência, juventude rebelde até a fase adulta, em que a vaidade, o excesso de confiança e a teimosia desaguaram na insaciável sede de poder, em traições, em contravenções, em crimes e, finalmente, em autodestruição, 38 anos após o seu nascimento[2]. Ironicamente, a idade em que várias celebridades encontraram a morte, depois de uma vida de exuberante sucesso, poder, vaidade e, no final, uso de drogas. Satírico!

Descontraído, deixo-me transportar ao dia em que, entusiasmado, aos 36 anos, coloquei na lapela do casaco, pela primeira vez, o simpático alfinete com a estrelinha do PT. A década de 1980 estava começando e eu participava das primeiras reuniões de um partido diferenciado, jovem, com propostas de renovação e, principalmente, com o propósito de ser um partido divergente dos demais.

O PT foi fundado por um grupo heterogêneo, constituído por militantes contrários ao regime militar, sindicalistas, intelectuais, artistas e cristãos ligados à Teologia da Libertação; desde logo, assumiu a defesa do socialismo democrático. Também foi decorrente da aproximação entre os movimentos sindicais da região do ABC paulista e os antigos militantes da esquerda brasileira, presos políticos e exilados, que tiveram seus direitos recuperados pela lei da anistia.

---

2 Em 2022, após uma disputa acirrada e permeada por atos antidemocráticos, o partido volta ao poder. Com 50,9% dos votos válidos, Luís Inácio Lula da Silva derrota o então presidente Jair Bolsonaro e assume a presidência do país pela terceira vez.

Política Nacional - Encontro do PT em SP em 10 de fevereiro de 1980.
Crédito: Arquivo Público do Estado de São Paulo, São Paulo

O surgimento de um movimento organizado de trabalhadores, consagrado pelo êxito das greves lideradas por Lula, em pleno regime militar, permitiu a reorganização de um movimento sindical independente, que mais tarde se materializaria na Central Única dos Trabalhadores. De início, esse novo movimento trabalhista buscava fazer política exclusivamente no ambiente sindical, porém, para afastar a persistente influência de partidos de esquerda tradicionais sobre o movimento sindical, procurou uma identidade restrita, com a criação de seu próprio partido político. O PT surgiu rejeitando as tradicionais lideranças do sindicalismo oficial, como também procurando colocar em prática uma nova forma de socialismo democrático, ignorando modelos em decadência, como o soviético e o chinês.

O manifesto de fundação foi lançado no dia 10 de fevereiro de 1980, no Colégio Sion em São Paulo. Mais tarde, foi oficialmente reconhecido como partido político pelo

Tribunal Superior de Justiça Eleitoral. Em sua própria definição, o PT sempre se pautou pela liberdade de opinião e pela disciplina partidária. A partir de sua base tradicional na classe operária urbana, organizou-se como um aglomerado heterogêneo de núcleos temáticos, de forma antagônica a uma organização de base em células de tipo comunista, que tendia a privilegiar a posição de classe dos filiados. Naquela época, era inimaginável pensar que o partido se descolaria de sua proposta inicial, ao se caracterizar por cometer crimes tão graves, que levaram o país a uma crise e a uma desorganização sem precedentes, levando também o seu líder a uma condenação por corrupção e a um consequente confinamento num cárcere federal.

Durante quase toda a vida adulta, precisei de ajuda psicológica para harmonizar minhas emoções contraditórias, muitas vezes exasperadas, sem razão aparente ou por motivação imaginária: medo de doenças inexistentes, de perder-me durante uma viagem, medo de avião, de elevadores.

Uma das mais estranhas especulações fantasiosas foi, durante muito tempo, o medo de ser sequestrado, em específico, para ser obrigado a projetar e gerenciar a execução de túneis para a fuga de penitenciárias ou que possibilitassem roubos a bancos.

As obras que eu fazia ficavam expostas nas ruas e estradas, e qualquer pessoa poderia olhar e considerar que seriam ideais para fins delituosos. Essa paranoia levou-me a acompanhar as notícias de fugas e assaltos com o auxílio de túneis executados de fora para dentro dos presídios e bancos focados pelos criminosos. Pelas fotografias exibidas em jornais, estudava e procurava entender os métodos utilizados para a execução desses túneis.

Os presos do complexo do Carandiru, por exemplo, consumiram mais de trinta anos aperfeiçoando planos de resgate, por meio de túneis, até conseguirem realizar as primeiras tentativas de fugas, em 1971. Um "tatu", túnel de fuga na gíria dos presos, foi descoberto por acaso. Os vizinhos do presídio estranharam a movimentação de novos moradores do bairro e comunicaram à polícia. Nesse caso, a entrada ficava nas proximidades do balcão de um bar da região; e o depósito da terra removida, numa casa nos fundos. O acesso era por um poço de três metros de profundidade e largo o suficiente para tornar possível ficarem em pé na boca do túnel, de modo a entregar o material de escoramento e retirar a terra escavada.

Para aumentar os meus receios, um engenheiro que cumpriu pena no mesmo pavilhão dos presos comprometidos com a tentativa de fuga foi investigado, por suspeita de participação no plano.

Passei a interessar-me, cada vez mais, por todas as notícias de escavações por túneis para esse fim, algumas das quais bem-sucedidas. Mesmo as escavações manuais de poços a céu aberto, quando arriscadas ou que provocaram acidentes ou mortes, eram alvo do meu desejo de conhecer os detalhes técnicos utilizados. A curiosidade que mantive pelo garimpo de Serra Pelada, na época das escavações manuais à procura de ouro, foi derivada desse bizarro interesse.

> Em 1980, entre Carajás e o Araguaia, foi descoberta, em plena floresta amazônica, uma formação geológica rica em metais preciosos, especialmente o ouro. Serra Pelada, como ficou conhecida, era uma colina coberta por vegetação nativa, encravada dentro dos limites da Fazenda Três Barras.
>
> A primeira pepita foi encontrada por um fazendeiro, que, após mandar a preciosidade para averiguação, permitiu a um grupo de trinta homens que tentasse a sorte em uma das grotas da propriedade. O ouro de aluvião, caracte-

rizado por aparecer em camadas superficiais da terra, era abundante, por isso, logo que a notícia se espalhou pelo país, movidos pelo sonho do "eldorado brasileiro", referência de uma lenda indígena que descrevia uma cidade toda feita de ouro e que escondia, no seu interior, vários tesouros escondidos, milhares de homens, principalmente do Nordeste do país, foram atraídos para Serra Pelada.

Em nenhum outro momento da história estiveram reunidos tantos homens com o mesmo objetivo, como aconteceu em Serra Pelada. O deslocamento humano era motivado pelo fato de que os indivíduos deixavam a família, muitas vezes em dificuldade, e seguiam para uma vida de sacrifícios, com a esperança de regressarem com muito ouro e resolverem os problemas financeiros das famílias por várias gerações.

Bamburrar na terra onde um pobre podia fazer-se rico da noite para o dia era o objetivo da legião de garimpeiros que chegou a Serra Pelada, nos primeiros meses de 1980. Bamburrar, na linguagem dos garimpeiros, significava ter sorte no trabalho e enriquecer. De picareta na mão e com muito ânimo, esses homens trabalhavam em duplas: "o minerador", que escavava; e o "saúva", que carregava às costas a terra com potencial aurífero.

O garimpo manual já contava com vinte mil pessoas, espremendo-se entre os barrancos, com uma força de trabalho proporcional à utilizada na construção das pirâmides do Egito. Nos primeiros meses, com a vegetação superficial retirada, a colina foi dividida em barrancos para a exploração individual. Em pouco tempo, aquele pedaço de floresta tornou-se o maior garimpo a céu aberto do mundo, e a esperança de tornar-se rico de uma hora para outra continuava atraindo milhares a Serra Pelada.

Durante toda a década, os jornais noticiavam os principais acontecimentos no local, repleto de histórias, promessas e tragédias: a visita do presidente João Figueiredo, em 1981; a descoberta da maior pepita de ouro do Brasil e segunda maior do mundo, em 1983; o desabamento de terra que terminou com dezesseis mortos, em 1986; as greves e protestos coibidos com violência policial, em 1988. Foram revelados, também, os bastidores de Serra Pelada. Como funcionava o sistema de pagamento, comércio e saúde; a precariedade das condições de trabalho dos garimpeiros; a violência que se instaurou na região após o fechamento da lavra manual; a corrupção na cooperativa dos garimpeiros e ameaças de morte a líderes sindicais.

Com o tempo, o ouro de aluvião ficou escasso. A perfuração de um lençol freático e as fortes chuvas sazonais típicas da região transformaram em um grande lago a fenda de mais de cem metros de profundidade de onde se extraía o minério. O garimpo manual tornou-se impossível, afinal, o principal lugar de extração de ouro estava submerso, e o metal encontrado na superfície era escasso. Os milhares de garimpeiros de Serra Pelada ficaram desocupados e aumentaram a pobreza e a violência na região. A divergência de opinião sobre as medidas cabíveis para retomar o garimpo gerou tensão entre os próprios garimpeiros, que continuaram sonhando com o tesouro perdido. No fim da década de 1980, o domínio sobre a área foi transferido para a Vale do Rio Doce, à época, estatal do governo federal. Mais tarde, a empresa destruiu casas com tratores e fechou as perfurações utilizadas para a exploração de ouro.

Desde a primeira vez que o homem pisou na Lua, em julho de 1969, um evento espacial não despertava tanto interesse mundial. O lançamento da nave Columbia, em abril de 1981, ao vivo e em cores, proporcionou uma eletrizante exibição de tecnologia quando os potentes motores rugiram, simultaneamente, jorrando uma espantosa carga de som, luz, fogo e fumaça, movimentando lentamente a enorme estrutura em direção ao espaço sideral.

O módulo espacial era composto pela Columbia e por dois propulsores de foguetes auxiliares, acoplados a um enorme tanque cilíndrico descartável de combustível sólido. Dois minutos após o lançamento, a Columbia alcançou o ponto próximo à altura de órbita. Os dois propulsores acoplados ao tanque apagaram-se, foram ejetados e voltaram suavemente, com paraquedas, à superfície marítima, para serem recuperados e reutilizados.

O motor principal da nave consumiu o combustível restante no tanque até que se esvaziasse por completo. A seguir foi desacoplado e iniciou o retorno à superfície terrestre em queda livre, desintegrando-se ao entrar em contato com as primeiras camadas da atmosfera. A nave Columbia prosseguiu sozinha, em direção a determinado ponto distante, para ser colocada em uma órbita circular em torno da Terra.

Depois do lançamento, com os tripulantes John Young e Robert Crippen, a nave permaneceu em órbita por dois dias e realizou 36 voltas em torno da Terra. O objetivo da missão era verificar o comportamento do novo veículo em órbita, testar os sistemas em geral, enquanto os computadores em terra checavam milhares de itens da navegação espacial. Ao final da trigésima sexta volta, a Columbia disparou seus retrofoguetes para diminuir a velocidade e sair da órbita, retornando para uma aterrissagem segura, ou seja, cumprindo o propósito fundamental da missão: "Uma nave lançada como um foguete e que pousasse como um avião". Todos os objetivos foram atingidos, suscitando o sinal verde para a continuidade do programa.

O programa Space Shuttle de voos espaciais tripulados foi concebido para transportar carga e tripulação do solo terrestre para as estações em órbita da Terra; completada a missão, o ônibus espacial entra na atmosfera terrestre e pousa como um planador.

O ônibus espacial é a única espaçonave alada tripulada reutilizável a ter alcançado órbita e pouso em uma pista especial. Suas missões envolviam o transporte de grandes volumes, em seu enorme compartimento de carga, para várias órbitas, incluindo segmentos a serem adicionados à Estação Espacial Internacional. Proporcionava também o envio de astronautas para o necessário remanejamento da tripulação fixa da estação. Foi considerada a maior e mais complexa máquina voadora já criada pelo homem.

Coincidência ou não, o ônibus espacial Columbia foi lançado no dia 12 de abril de 1981, no aniversário de vinte anos do voo espacial russo de Yuri Gagarin a bordo da nave Vostok 1. Na ocasião, os russos venceram os americanos na corrida pela conquista do espaço exterior ao colocar o primeiro ser humano no espaço sideral. Desaforo!

> Até o final da década de 1980, a NASA construiu e entregou mais quatro naves: Challenger, Discovery, Atlantis e Endeavour. No decorrer de 135 missões, dois ônibus espaciais sofreram acidentes catastróficos, causando a morte de todos os tripulantes, em momentos literalmente opostos: Challenger, segundos após o lançamento e, dezessete anos mais tarde, a Columbia, na reentrada da atmosfera, depois de completada a missão.

Uma boa conversa com meu pai, no tempo da minha adolescência, sentados à varanda da chácara de Parnaíba, era algo que eu poderia citar como um dos fatos mais prazerosos que aconteceram na minha vida, especialmente quando contava histórias por ele vividas no tempo da Revolução Constitucionalista de 1932.

Em certa ocasião, recordava ele, foi dado como "morto em combate" por um erro de comunicação do departamento de divulgação do Exército paulista; após curtir o sentimento de perda por algum tempo, sua família foi surpreendida quando ele apareceu "vivinho da silva" na casa de seus pais na avenida Pompeia.

Com a revolução na sua etapa final, ficou muito amigo de um dos combatentes da tropa inimiga e tiraram várias fotografias juntos com os uniformes militares de guarnições militares oponentes, algumas das quais guardo comigo até hoje.

A fim de retardar um confronto iminente entre as tropas insurgente e federal, foi mandado para um ponto avançado da área a ser defendida, próximo ao acampamento dos inimigos e, de meia em meia hora, durante toda a noite, disparou de sua metralhadora "tiros de inquietação", para deixar os inimigos sem dormir, tensos e cansados.

> Seriam apenas "bombas de inquietação" os artefatos levados às proximidades do Centro de Convenções Riocentro,

localizado no bairro de Jacarepaguá, Rio de Janeiro, no dia 30 de abril de 1981? Certamente, não! Naquele local ocorria um grande evento comemorativo do Dia do Trabalhador, concebido pelo Centro Brasil Democrático, organização ligada ao Partido Comunista Brasileiro.

Automóvel destruído no atentado do Riocentro. Rio de Janeiro, 01/05/1981.
Crédito: Acervo Iconographia

O automóvel Puma, estacionado no local reservado aos artistas e organizadores, levava dois ocupantes. Ao se deslocar da vaga, um artefato detonou no interior do veículo; a explosão destruiu o teto e lançou longe uma das portas do carro, matando instantaneamente um dos ocupantes e ferindo gravemente o outro. Muitas pessoas aglomeraram-se em volta e viram um terceiro homem, vindo de fora, retirar do que restou do automóvel duas granadas do tipo cilíndrico, usadas pelo Exército Brasileiro.

A primeira impressão era de que se tratava de um atentado terrorista da extrema esquerda brasileira, mas, ao chegarem as primeiras informações da identidade dos ocupantes do Puma, a certeza de que se tratava de um ato proporcionado por setores da ditadura militar tornou-se evidente. O capitão Wilson Machado, proprietário do carro, foi levado ao Hospital Miguel Couto, em estado grave; e o sargento Guilherme do Rosário faleceu no local do acidente. Ambos pertenciam ao Exército Brasileiro, sendo este último especialista em montagem de explosivos.

Trinta minutos após a explosão no Puma, uma segunda bomba foi detonada na casa de força que alimentava o Riocentro, lançada de fora por cima do muro, caiu no lugar errado e não causou nenhuma consequência, nem mesmo o corte de energia elétrica. Dentro do Riocentro, cerca de vinte mil pessoas assistiam ao espetáculo que transcorria normalmente, pois a explosão no carro não chamou a atenção do público, e a segunda pôde ser ouvida como um ruído abafado que não provocou nenhuma inquietação. Os artistas só eram avisados à medida que deixavam o palco e de forma discreta; a plateia só foi informada perto do final do show, quando o cantor e compositor Gonzaguinha subiu ao palco e disse: "pessoas contra a democracia jogaram bombas lá fora para nos amedrontar".

Desde sempre, fui aterrorizado com pensamentos catastróficos, carregados de imagens aterrorizantes, muitas vezes, sem nenhum motivo. Outras vezes, mesmo estando distante do local de acontecimentos calamitosos, imagino-me até protagonista de tais situações, vivenciando-as ilusoriamente com pavor.

Na minha fértil e negativa imaginação, no caso do atentado do Riocentro, senti todo o pânico daquela fictícia massa de gente que acabou de assistir ao desaparecimento de muitos artistas consagrados da música brasileira, devorados pelas chamas que envolveram o palco em que se apresentavam. Uma avalanche de pessoas correndo em direção aos portões de saída, ainda fechados e envoltos na escuridão provocada pela destruição da estação de energia elétrica. Não consegui evitar a ansiedade, o pânico, a insegurança e o medo que tais pensamentos geraram. Por consequência, sofri mal-estar, palpitação e falta de ar reais, enfim, gastura em sua forma mais complexa! Mas, felizmente, não foi esse o real desenrolar dos acontecimentos; a atrapalhada tentativa, efetuada por militares da linha dura do Exército Brasileiro, para conter o famoso "lento, gradual e seguro" processo de abertura política, iniciado no fim da década anterior, transformou-se num fiasco completo. Os militares que organizaram o atentado pretendiam detonar três bombas no local, eliminar importantes personalidades da esquerda brasileira, causar destruição e mortes pelo pânico que se instalaria durante a fuga do público presente ao espetáculo e, finalmente, incriminar os grupos de esquerda pela execução do ato criminoso. Era uma forma de tentar interromper a abertura política e continuar a ditadura militar, com o apoio maciço da população brasileira. Francamente!

Foi enorme o desgaste sofrido pela ditadura militar, e o presidente Figueiredo mostrou fragilidade ao não controlar as forças militares predominantemente mais à direita do Exército. De qualquer maneira, o fato teve força suficiente para marcar o fim do embate entre essas forças militares e deu sinal verde para o prosseguimento da abertura política.

o—•—o

Menos de quinze dias após o trágico episódio do Riocentro, sobreveio outro atentado, desta vez, com o objetivo de assassinar o papa João Paulo II. Quando o papa estava em Roma, havia duas oportunidades semanais nas quais ele poderia ser visto na Piazza San Pietro, no Vaticano: aos domingos, ao meio-dia, numa janelinha do prédio da biblioteca do Vaticano, no dia da bênção do papa aos fiéis; no Angelus, ao final da homilia, ele sempre se despedia dos fiéis dizendo: *"Non dimenticate di pregare per me, buona domenica a tutti e buon pranzo"* ("Não esqueçam de orar por mim, bom domingo a todos e bom almoço"). A outra oportunidade era às quartas-feiras, por ocasião da Udienza Generale, em que o papa podia ser visto bem perto, pois adentrava a Piazza de pé, no interior de seu papamóvel, cumprimentando todos os fiéis, num momento mágico para receber a bênção apostólica.

Naquela quarta-feira, dia 13 de maio de 1981, a praça estava plenamente tomada pelos fiéis e turistas de todos os países do mundo, aguardando o papamóvel, ainda sem a proteção dos vidros blindados, com ele sorridente e entusiasmado, acenando para os fiéis. De repente, fizeram-se ouvir dois disparos de arma de fogo; o religioso curvou-se com a mão no ventre, e a comitiva papal disparou em direção à Policlínica Gemelli, em Roma.

A multidão, atônita com a situação, pôde observar um homem ser rapidamente imobilizado; a seguir, ele foi transportado para o distrito policial, onde seria interrogado. Tratava-se de um terrorista de origem turca, chamado Mehmet Ali Ağca que, preso em flagrante, confessou o crime.

João Paulo II sofreu uma delicada cirurgia de mais de quatro horas, em que foram retirados os projéteis alojados em seu abdome. João Paulo II não só sobreviveu como também acabou exercendo um dos pontificados mais longos da história da religião católica: 26 anos. O papa atribuiu sua sobrevivência e cura à proteção de Nossa Senhora de Fátima, pois, nessa data, em 1917, ela teria feito sua primeira aparição na Cova da Iria, em Fátima, aos Três Pastorinhos, crianças portuguesas que, mais tarde tornadas santas, testemunharam as seis aparições da Virgem entre 13 de maio e 13 de outubro daquele ano.

Um ano após o atentado, o papa visitou, pela primeira vez, o Santuário de Nossa Senhora de Fátima, em Portugal, para agradecer à Virgem por sua recuperação. Na ocasião, ofereceu uma das balas que o atingiram ao Santuário, que posteriormente foi incrustada na coroa da Virgem, onde permanece até hoje. Em outro momento, na Cova da Iria, um padre rebelde atentou novamente contra a vida do papa com uma faca, porém sem causar maiores danos.

Ağca passou dezenove anos da pena de prisão perpétua, a que foi condenado, em cárceres italianos. Ele recebeu a visita do papa dois anos após o crime e recebeu seu perdão; depois de algum tempo, foi extraditado para a Turquia, onde passou a cumprir pena de prisão por crimes ocorridos no país.

A morte violenta de papas é uma espécie de tradição perversa que habita o âmago da Igreja Católica Apostólica Romana desde sua elevação a doutrina oficial do Estado. Ao longo de mais de dois mil anos de história, vários papas foram assassinados, ora por elementos da própria Igreja, ora por opositores externos. Na atualidade, essa barbárie medieval praticamente desapareceu. As tentativas de assassinato a João Paulo II e a desconfiança em torno da morte prematura de seu antecessor, João Paulo I, são casos dramáticos dentro da história da Igreja. Suas características apontam para a repetição de uma trama que não é novidade.

o—•—o

Para compensar esses últimos episódios cinzentos, sorumbáticos e sinistros, em outra quarta-feira, dois meses depois, um acontecimento coloriu, ainda que artificialmente, o panorama mundial: o conto de fadas em que se transformou o casamento real da princesa Diana com o príncipe Charles.

Realeza: casamento do Príncipe de Gales e Lady Diana Spencer, Londres.
Crédito: PA Images/Alamy/Fotoarena

A cerimônia religiosa ocorreu na Catedral de Saint Paul, em Londres, no dia 29 de julho de 1981 e com a presença de três mil e quinhentos convidados; com raras exceções, todos os chefes de Estado e de governo da Europa estavam presentes. A celebração foi vista por, aproximadamente, 1 bilhão de pessoas, em todo o mundo, via televisão por satélite, novidade na época.

O vestido da noiva foi concebido por notórios estilistas contemporâneos e foi encomendado pela alta cúpula do Palácio de Buckingham, com as exigências de que nenhum detalhe fosse revelado até o dia glorioso da cerimônia e que fosse um modelo inesquecível. O príncipe usou o uniforme de gala azul de capitão de fragata. Diana tornou-se oficialmente Sua Alteza Real Princesa de Gales e foi elevada ao patamar de terceira mulher mais importante da monarquia britânica, atrás da rainha Isabel II e da rainha-mãe.

Ainda que aparentassem felicidade e alegria durante o casamento, na verdade, a história foi bem diferente: era notório o romance nada secreto do príncipe com a duquesa Camilla, ainda casada, na época da cerimônia, com o oficial do Exército britânico Andrew Parker Bowles, conhecido como "Andrew, o corno".

Durante o noivado, as constantes aparições de Diana e Charles juntos começaram a atrair a atenção da imprensa, interessada em saber se um novo romance real estava para acontecer. Em cada momento que ela saía de seu apartamento, em Coleherne Court, Londres, era seguida por jornalistas. No início de fevereiro, Charles combinou um encontro com ela no Castelo de Windsor e pediu-a em casamento. O anel de compromisso era de safira, rodeada com diamantes solitários fixos, em aro de ouro branco e, no fim desse mês, o noivado foi oficialmente anunciado pelo Palácio.

O casal demonstrava alegria e parecia feliz enquanto estava nas ruas cumprimentando o público, entretanto, eram indisfarçáveis algumas crises de choro de Diana. Uma semana antes do casamento, enquanto assistia a uma partida de polo em que Charles estava jogando, ela começou a chorar novamente. Parecia evidente que era por causa das fofocas em relação a Camilla, mas na versão oficial era por exaustão.

Diana cumpriu seu papel mais importante para a coroa, gerando dois filhos homens, um dos quais se tornou o segundo na linha de sucessão ao trono britânico, atrás apenas do pai, o príncipe Charles, mas o casal acabou separando-se, em 1992, divorciando-se em 1996, e Charles ficou livre para casar-se com Camilla, como era de se esperar.

Em 31 de agosto de 1997, Diana morreu em um acidente de carro, no interior do túnel sob a ponte de l'Alma em Paris, assim como seu então namorado bilionário, herdeiro das lojas de departamento britânicas Harrods e do faustoso hotel parisiense Ritz. O motorista do carro também morreu; o quarto ocupante, um guarda-costas, foi o único sobrevivente, mas em seus vários depoimentos posteriores sempre afirmou que não se lembrava de nada. Na versão oficial, consta que o acidente que matou Diana foi causado pelo motorista que, tendo consumido álcool e sob o efeito de antidepressivos, perdeu o controle do veículo na entrada do túnel, batendo frontalmente numa das pilastras. Estranho, não é mesmo? Também acho!

No âmbito das emoções contraditórias que me acompanharam, durante toda a vida, nenhuma foi tão forte quanto a que se opôs ao excitante despertar sexual que todos descobrimos, ao entardecer fascinante da década de 1960 e vivenciamos com ardor na década seguinte. Essa oposição veio no início da década de 1980, na forma de um vírus desconhecido que causava uma doença generalizada, horripilante e fatal em homossexuais masculinos. Eu, que nunca precisei ser protagonista nem pertencer a um grupo específico para me envolver emocionalmente e imaginar-me como um deles, comecei a procurar pelo corpo as lesões repugnantes causadas pelo vírus, a consultar meu peso de forma compulsiva com medo do emagrecimento repentino, a evitar aglomerações, temendo contágio e, evidentemente, a abster-me de relações sexuais aleatórias.

As informações sobre essa doença seletiva e epidêmica começaram a chegar de forma fragmentada e inverossímil, até que, após um consenso entre os cientistas que estudavam a epidemia, divulgaram oficialmente que se tratava de uma doença adquirida de forma não hereditária, que causava deficiência no sistema imunológico do infectado. Manifestava-se de múltiplas formas, não sendo característico o malefício que a doença provocava, podendo ser, por exemplo, pneumonia ou meningite. Foi batizada com o acrônimo "aids".

> No dia 20 de maio de 1983, o cientista Luc Montagnier, do Instituto Pasteur, da França, isolou o vírus causador dessa doença controversa, que já era conhecida, equivocadamente, como "peste gay". A descoberta do vírus, que passou a ser chamado de HIV, acendeu a tocha da esperança a diversos indivíduos, homossexuais masculinos, diagnosticados com uma "nova forma de pneumonia" e com lesões decorrentes do sarcoma de Kaposi, que até então só afetava indivíduos

com o sistema imunológico muito debilitado. O vírus, na realidade retrovírus, caracteriza-se por possuir um período de incubação prolongado, provocar a contaminação das células sanguíneas e do sistema nervoso, além de debilitar o sistema imunológico. Os indivíduos infectados ficam vulneráveis, possibilitando o aparecimento de outras infecções e doenças oportunistas, que se manifestam com o sistema imune enfraquecido.

No decorrer o tempo, foram sendo confirmados os casos da doença em usuários de drogas injetáveis e em alguns heterossexuais e, como todas as formas de contágio ainda eram desconhecidas, a descoberta da doença levava o indivíduo infectado ao completo isolamento hospitalar preventivo.

O pânico começou a ser controlado quando foram distinguidas quatro vias claras de contaminação: a relação sexual, a transmissão hereditária de mãe para os filhos, a transfusão de sangue e o uso de agulhas de seringa contaminadas; no entanto, sem sintomas evidentes que pudessem diagnosticar a doença, o medo e a desconfiança provocaram fuga em massa de lugares públicos e até de escolas para evitar o contágio.

A aparição de várias personalidades conhecidas pelo público, em geral, com a aparência cadavérica, ajudou a tornar a doença mais conhecida e a impulsionar campanhas de conscientização, afinal, ainda pairavam muitas dúvidas sobre os métodos de prevenção. Uma das personalidades mais evidenciadas, na época, foi o ator norte-americano Rock Hudson, que a grande maioria dos admiradores, inclusive eu, nem sabia que era homossexual. Galã de filmes românticos, atuando com as mais consagradas atrizes da época, teve a sua homossexualidade acobertada pela indústria cinematográfica durante todo o período fértil de sua carreira.

O livro *Rock Hudson – história de sua vida*, escrito por Sara Davidson, em parceria com o próprio ator, escancarou a vida de uma personalidade promíscua, cuja homossexualidade compulsiva, com dezenas de parceiros, levou-o a ser a primeira vítima pública a morrer da doença, menos de dois anos após ser contaminado.

É evidente que existem muitos fatores que provocam uma baixa temporária da imunidade do corpo humano e, quando isso acontece, estamos sujeitos a uma eventual aparição de alguma doença oportunista. A que descrevi, detalhadamente, no início desta narrativa, foi causada pelo vírus da catapora, em estado latente no meu organismo, que eclodiu na forma de herpes-zóster, provocando muita dor e o aparecimento de lesões de péssimo aspecto. Com o mesmo problema, meu amigo de Paraty não teve a mesma sorte. Com baixa imunidade, provocada por um tratamento radioterapêutico, foi contaminado pela bactéria da meningite e contraiu a doença meningocócica que ocasionou sua morte em menos de uma semana.

Matutando sobre essa questão, sou forçado a admitir que não fui uma vítima indefesa e violentada, mas um "privilegiado" que, com meu organismo vulnerável, fui infectado por um vírus benigno, resultando em uma doença irritante e dolorosa, mas perfeitamente curável, fato que eu não tinha a menor capacidade de compreender quando resolvi iniciar, em fevereiro do ano passado, o tratamento psicológico. De qualquer forma, a doença impediu que eu desfrutasse, convenientemente, daquela viagem do fim do ano passado, e minha mente, revoltada e obscurecida, não ajudou em nada.

O desagravo, minuciosamente planejado para testar meu atual estado de espírito, veio na forma de uma nova viagem marítima de fim de ano, mas com um itinerário mais desafiador e estimulante. O roteiro escolhido englobava uma estada em Santiago do Chile por alguns dias, cruzeiro pelo oceano Pacífico em direção ao extremo sul da América até a Patagônia chilena, navegação pelos fiordes até a Patagônia argentina e, dali, pelo oceano Atlântico até Buenos Aires, para mais uma hospedagem de alguns dias.

Tanto na parte terrestre em Santiago e Buenos Aires, como na marítima, entre essas duas cidades, foram realizadas todas as excursões programadas, o que nos deixou ocupados, em tempo integral. Em nenhuma ocasião, nem mesmo quando fiquei doente e precisei de tratamento hospitalar, na capital argentina, tirei o foco do objetivo de fazer uma viagem agradável e compensadora. Para os passageiros em geral, nada de extravagante; para mim, um viajor controverso e perturbado, uma aventura audaciosa. Ufa!

Não restou dúvida, depois dessa viagem, de que algo se alterou no meu comportamento e na minha alma. O tratamento psicológico ininterrupto, aliado ao medicamentoso, com o ansiolítico e o antidepressivo, estavam mostrando os primeiros sinais palpáveis de uma melhora efetiva em meu estado físico e mental. Os vestígios oriundos da doença ainda são visíveis no lado esquerdo do meu dorso, neste 10 de janeiro de 2019, dia em que acabo de retornar da viagem. Satisfeito e aliviado com o resultado, sepultei, de vez, a sensação de fracasso que a desastrosa experiência do ano passado me causou.

Com este breve hiato temporal no meu inventário, volto ao ambiente sombrio, de meados da década de 1980, em que o governo militar, mal avaliado, decadente e ainda debilitado pelo fiasco acachapante do atentado do Riocentro, via crescer o movimento político democrático, com grande participação popular, que visava restabelecer a eleição direta para a presidência da República. O movimento, que passou a ser chamado de "Diretas Já", irrompeu entre os anos de 1983 e 1984, mobilizando milhões de pessoas em comícios e passeatas por todo o país.

Durante a ditadura militar, a escolha do presidente da República realizava-se por meio de voto indireto do Colégio Eleitoral; somente em 1982 foram retomadas as eleições diretas, entretanto, apenas para governadores, senadores e deputados. Para incentivar a retomada das eleições diretas, o deputado Dante de Oliveira apresentou, em 1983, uma emenda constitucional que, entre outras medidas, pretendia o fim do Colégio Eleitoral e o restabelecimento de eleições diretas para a eleição do presidente da República. Apesar de intenso apoio popular, no dia 25 de abril de 1984, a emenda foi rejeitada pela Câmara dos Deputados e nem seguiu para a apreciação do Senado Federal.

Com a rejeição da emenda, a eleição para a Presidência da República de 1985 foi novamente indireta. Ainda assim, os adeptos do movimento conquistaram uma vitória parcial em janeiro do ano seguinte, quando Tancredo Neves venceu Paulo Maluf, o candidato do governo, e foi eleito o novo presidente pelo Colégio Eleitoral, tendo como vice-presidente José Sarney, simpatizante do governo militar.

A liderança do movimento passou a formar a nova elite política brasileira, e o processo de redemocratização culminou com a volta do poder civil, em 1985, pela aprovação de uma nova Constituição Federal, em 1988 e, finalmente, em 1989, com a realização da primeira eleição direta para presidente da República, 28 anos após a eleição de Jânio Quadros, em 1961. Arre!

Tancredo Neves seria o primeiro presidente civil, depois do regime ditatorial, mas, com sérios problemas de saúde, foi internado à véspera de sua posse, logo depois de participar de uma missa no Santuário Dom Bosco em Brasília. Sentado na primeira fila de bancos da igreja, mostrava o semblante carregado e seguidamente levava a mão direita à barriga, num característico gesto de incômodo e dor. À saída da igreja, abatido e sempre tateando o ventre, evitou falar com jornalistas e dispensou os cumprimentos dos convidados da missa que acabara de ser celebrada, em sua homenagem, caminhando com muita dificuldade para o automóvel que estava à sua espera.

Tancredo simbolizava a união do país pelo retorno da ordem democrática; por esse motivo, enquanto ele sofria com as dores e rezava no santuário, o povo comemorava sua eleição, nas largas avenidas de Brasília e das outras capitais brasileiras, cobertas de bandeiras, cartazes e faixas verde-amarelas, em um autêntico êxtase patriótico. A música "Coração de Estudante", composta por Wagner Tiso e magistralmente interpretada por Milton Nascimento, tornou-se um dos hinos da campanha "Diretas Já". Simples e emotiva, conseguiu captar o clima de esperança sentido pelos brasileiros naquele momento histórico.

Naquela noite, os brasileiros foram dormir num clima de ansiedade pelo prenúncio de novos tempos, mas nas primeiras horas da manhã começaram a tomar conhecimento de notícias não só alarmantes como também inconcebíveis. Durante a madrugada do dia da posse, Tancredo tinha sido internado, às pressas, no Hospital de Base de Brasília e submetido a uma cirurgia de emergência, cuja causa foi marcada por uma enxurrada de informações médicas desencontradas. O arrebatamento da noite anterior foi convertido em um estado de torpor e desconfiança, incentivando a proliferação de boatos e teorias conspiratórias. As suspeitas de que fora vítima de um assassinato multiplicavam-se nas mais variadas versões.

Na realidade, a doença que acometeu o presidente eleito não foi nem súbita nem inevitável, visto que, desde junho do ano anterior, pouco antes de afastar-se do governo de Minas Gerais para dedicar-se à campanha presidencial, ele já vinha sentindo mal-estar e dor intensa na barriga, mas, com a ideia fixa em sua eleição, negligenciou os sintomas e não procurou ajuda médica, preferindo tratar-se de maneira paliativa, com analgésicos e antibióticos. A doença, ainda sem diagnóstico plausível, foi mantida sob absoluto sigilo por recomendação expressa do próprio presidente, que temia que notícias sobre sua saúde pudessem desestabilizar o delicado processo de redemocratização do país, provocando, por exemplo, o prolongamento do mandato do último dos generais presidentes e propiciando uma inoportuna sobrevida ao caquético regime militar.

Com a confiança nos médicos de Brasília abalada pelas informações contraditórias, a família decidiu pela formação de uma junta médica, que optou pela transferência do paciente para o Instituto do Coração, em São Paulo, em que seria submetido a mais cinco cirurgias. Foram 38 dias, durante os quais o país praticamente parou para acompanhar o calvário do presidente eleito. Uma multidão montou guarda em frente aos portões do instituto para velar, chorar e orar pela sua saúde, em uma onda de ecumenismo sem precedentes na história política brasileira: católicos, evangélicos, espíritas e esotéricos de todos os matizes estavam presentes.

No domingo, 21 de abril de 1985, dia do aniversário da morte de Tiradentes, o porta-voz da Presidência, com a voz embargada, anunciou a morte de Tancredo Neves. Há quem diga que ele morreu antes, quando seu cérebro deixou de funcionar, mas esperaram até o domingo, de modo que se aproximassem as figuras históricas de Tancredo e de Tiradentes, dois mártires que Minas Gerais ofereceu à história nacional. Uma multidão de dois milhões de pessoas acompanhou, nas ruas de São Paulo, o cortejo fúnebre que levou o corpo de Tancredo até o aeroporto, de onde seguiu com destino a São João Del Rei, sua cidade natal, onde seria enterrado.

○—●—○

A posse do novo presidente da República foi cercada de polêmica, pois, ao não se dar posse ao presidente, a posse também não foi dada ao vice, o que sustentou a tese de que o presidente da Câmara dos Deputados, Ulysses Guimarães, o terceiro na linha sucessória, deveria assumir o cargo.

Todavia, um complexo acordo de bastidores decidiu pela posse do vice e Sarney tornou-se o primeiro presidente do Brasil democrático. Ironicamente, a Nova República iniciava sob o comando de uma das figuras mais asseclas do regime anterior. Francamente!

A contenção do aumento inflacionário era o principal desafio a ser enfrentado pelo novo presidente, uma vez que o governo militar havia deixado uma "herança" de quase 250% de taxa anual. No entanto, mesmo com inúmeras tentativas estapafúrdias com os planos Cruzado, Bresser e Verão, a inflação só aumentou, com Sarney transferindo ao seu sucessor uma inflação de quase 2.000%. Ai de nós!

Embora a nova Constituição brasileira tenha sido promulgada durante a sua gestão, o mandato de Sarney, que conseguiu prorrogar-se por meio de negociatas por mais um ano, ficou marcado na história da República brasileira como o "governo da década perdida", em decorrência do inexpressivo crescimento econômico do período e da ineficácia no controle da inflação, ou seja, começamos mal e a tendência era piorar ainda mais!

o—•—o

Na Copa do Mundo de Futebol do México (1986), o jogador argentino Diego Maradona encantou o mundo com uma das atuações mais geniais da história das Copas e levou a Argentina ao seu segundo título mundial. Com uma campanha impecável e com a genialidade de Maradona, os argentinos conquistaram um título muito difícil de ser colocado em dúvida, foram seis jogos com cinco vitórias e um empate.

Copa do Mundo da FIFA, México, 1986 – Oitavas de final: Brasil x Polônia, Estádio Jalisco, Guadalajara. O brasileiro Sócrates (braços erguidos) comemora o gol de Josimar contra a Polônia com Careca, à direita, enquanto o polonês Roman Wojcicki observa, à esquerda. Imagem capturada em 21 de junho de 1986. Crédito: PA Images/Alamy/Fotoarena.

A partida entre Argentina e Inglaterra, nas quartas de final da Copa, foi um encontro que transcendeu o futebol; representava duas nações que se tornaram inimigas depois da Guerra das Malvinas, quatro anos antes e, com a humilhante derrota na disputa pelo arquipélago, o orgulho dos argentinos estava gravemente ferido. Maradona vingou seu povo, naquela que talvez tenha sido a atuação mais emblemática de um atleta em todas as Copas, recuperando um pouco a baixa autoestima argentina.

"Mão de Deus" é o nome do gol histórico marcado por Diego Maradona que, ao final do jogo, questionado se havia feito o gol com a mão, Maradona assim respondeu: *"Lo marqué un poco con la cabeza y un poco con la mano de Dios"*. Ainda marcou outro gol, seguindo com a bola na metade do campo, driblando metade dos jogadores do time inglês e chutando de dentro da área. Sua atuação nesse jogo e a posterior conquista do título deram-lhe a devoção eterna de seu povo.

A engenhosa seleção brasileira passou com tranquilidade pela primeira fase do torneio com três vitórias consecutivas e, nas oitavas de final, atropelou a Polônia. Nas quartas, entretanto, a seleção do Brasil foi desclassificada pela França na disputa de pênaltis, com uma cobrança desperdiçada por Zico, melhor jogador da seleção. O Brasil teve que se contentar com a sexta posição no torneio.

A seleção da Argentina chegou à final com claro favoritismo, evidenciado pela atuação de Maradona, e enfrentou a seleção alemã muito bem articulada. Depois de alcançar uma vitória parcial por dois gols, os argentinos cederam o empate aos alemães, e a partida iria para a disputa de pênaltis, mas Maradona, encapetado, desequilibrou a partida, marcando o gol do título.

Foi durante essa Copa do Mundo de Futebol, em junho de 1986, que percebi que meu interesse por futebol estava esvaindo-se, enquanto esse estímulo começava a estabelecer-se na mente de meus filhos de quinze, onze e nove anos, respectivamente. Não foi apenas no futebol que o desinteresse foi se estabelecendo em minha vida. Já não manifestava curiosidade nem pelas novidades na área musical, que tanto entusiasmo me causavam até há pouco tempo, nem pelos últimos acontecimentos na esfera política, insossa e irrelevante. Na realidade, encontrava-me apático e sem energia e, o pior, não tinha a menor ideia do motivo para essa angustiante situação.

O que me fez sair da indolência e assumir uma postura de compaixão e tristeza foi a notícia do assassinato, em dezembro de 1988, de Chico Mendes, em Xapuri, no Acre. O inusitado foi que esse acontecimento me provocou um sentimento de tristeza exagerado e desproporcional, uma vez que, na época, eu não conhecia nenhum detalhe de sua vida, nem o alcance de sua luta nos seringais do Acre.

Era evidente que o descontrole de meus sentimentos não tinha relação direta com os acontecimentos trágicos, mas com uma incapacidade interna de distinguir o que realmente tinha fundamento para me causar tristeza. Uma música ouvida no carro, a caminho do trabalho, levava-me às lágrimas; um filme televisivo ou no cinema provocava-me um nó asfixiante na garganta; o falecimento de um vizinho, que eu mal conhecia, provocava-me a dor do luto. Algo de muito estranho estava acontecendo comigo, "Sentimental demais", lembrando a música brega de Altemar Dutra, morto nesse mesmo semestre, aos 43 anos, em Nova York.

Com motivo real de comoção e misericórdia, o falecimento prematuro de um parceiro comercial e amigo pessoal de longa data causou um cataclismo na minha desgastada conduta. O hábito de fazer visitas rotineiras ao seu elegante escritório, ao cair de algumas tardes, possibilitou-me acompanhar a sutil e progressiva mudança nas suas atitudes e em sua aparência pessoal.

Engenheiro, como eu, convidava uns poucos amigos para um bate-papo de fim de expediente no seu escritório; e sempre, num ato ritualístico, retirava todos os projetos que estavam sobre a grande mesa de reuniões, substituindo-os por uma garrafa de "Scotch", um balde de gelo e alguns pratinhos de petiscos. Ficávamos, assim, bebericando, jogando conversas fora e, depois de algumas doses, gargalhando de algumas piadas velhas e sem graça.

Essas reuniões passaram a ser realizadas com mais assiduidade, tanto que recusei alguns convites, fiquei um bom tempo ausente e, quando entrei em contato novamente, ele havia se mudado para um outro escritório, mais perto de sua casa. Combinei uma visita ao novo escritório e ele, de uma maneira surpreendente e estranha, pediu que eu levasse uma garrafa de uísque, nacional mesmo — ele justificou.

Encontrei-o num pardieiro imundo, com garrafas espalhadas por todos os lados, com a aparência desleixada de um indigente e quase sem dentes, expondo com exagerado entusiasmo os grandes projetos que ele pretendia executar no futuro. Apenas simulei alguns goles na bebida e fui embora com o coração disparado, transpirando abundantemente, com um asfixiante nó na garganta e procurando um lugar para vomitar. Havia descoberto como se morre de alcoolismo!

Certo dia foi-me sugerido que consultasse um "médico de família" muito conceituado na zona Sul, onde eu morava. Ele atendia na sala de um sobradinho simples, na região de Santo Amaro, e os pacientes que iam chegando acomodavam-se em uma saleta anexa ao consultório. O atendimento era por ordem de chegada e ele ia chamando um a um; não havia agenda, secretária nem consulta com hora marcada.

Na primeira consulta, após ouvir-me, pacientemente, com a descrição detalhada de meus problemas, fez um exame tradicional e, ao apertar meu abdome na região ocupada pelo fígado, solicitou que eu respirasse profundamente. Dei um "berro"!

Receitou-me três medicamentos: Thiaminose de vinte miligramas injetável na veia, para melhorar a disposição e a energia, Epocler para revigorar a função hepática e Plasil para diminuir o mal-estar. O doutor informou-me, ainda, que minha saúde estava muito boa e, se eu maneirasse na bebida alcoólica, tão cedo não precisaria mais de médico. Gostei dele, que foi o primeiro a não me mandar parar de beber, apenas "maneirar" e isso tinha certeza de que conseguiria fazer. "Macuco no embornal"! Todavia, com a facilidade de ser atendido sem hora marcada, passei a consultá-lo, compulsivamente, todas as vezes em que sentia o mal-estar provocado pela ressaca. Em todas as ocasiões, recebia receitas com três medicamentos e, é claro, o conselho para maneirar na bebida. Atendeu-me por anos a fio e, se eu tivesse guardado as receitas, teria verificado que eram todas semelhantes.

Certa vez, numa tarde de repouso no Health Club do Hotel Transamérica com meu amigo de todas as segundas, ao avistar o massagista com jaleco branco e o estetoscópio pendurado no pescoço, subitamente e sem nenhum motivo, solicitei-lhe que medisse minha pressão arterial. Com o semblante franzido, informou que minha pressão estava extremamente baixa. Deixei o local e disparei ao consultório do doutor, já imaginando o derrame cerebral ou princípio de infarto e a cirurgia de colocação de pontes de safena no coração. Quando o doutor informou que minha pressão estava ótima e que o aparelho do massagista deveria estar com defeito, acusei, primeiramente, uma sensação de alívio, mas depois uma rebordosa angustiante. Babaca!

Foi muito difícil esquecer que tinha feito papel de parvo, mas os efeitos do susto levaram alguns dias para serem debelados. Inconformado e convencido de que meus problemas eram, sobretudo, psicológicos e que poderiam me levar a alguma tragédia, resolvi consultar um novo psiquiatra.

No primeiro ciclo de cinco sessões agendadas, comecei relatando os problemas que estava tendo com minha mãe, das dúvidas que estava tendo quanto ao prosseguimento de meu casamento, da atração exagerada que estava sentindo por mulheres, do medo exagerado de ficar doente e, sentindo muita vergonha, dos problemas que meu hábito de beber exagerado estavam me causando.

Ficaram de fora os apagões matutinos, em que nem ao consultar canhotos de cheques em branco ou preenchidos com a letra de outras pessoas conseguia desvendar o que ocorrera na noite anterior; o uso descontrolado do Lexotan, que se transformou num SOS pânico, sendo ingerido durante o dia ou à noite, assim que o mal-estar se aproximava; as dezenas de acidentes de carro; a impossibilidade de tomar um drinque sem transformá-lo num porre lamentável. Sem todos os elementos necessários a um diagnóstico seguro, o doutor receitou-me um antidepressivo, autorizou a continuidade do uso do Lexotan duas vezes por dia e aconselhou-me a maneirar na bebida; não perdemos o contato, longe disso, o carismático psiquiatra acompanhou toda a minha trajetória alcoólica e pessoal, cuidando de mim até recentemente, mais de trinta anos após essas sessões iniciais de terapia.

Eu estava dividido. Enquanto uma parte de mim ponderava que eu deveria parar de beber, uma vez que os graves prejuízos materiais e morais que sofria eram muito maiores que o prazer que o álcool proporcionava; a outra parte advertia que, sem beber, a vida perderia o colorido, o brilho e ficaria sem graça: era uma batalha íntima entre o racional e o emocional; entre a vida e a morte; entre o bem e o mal!

"Deus e o Diabo na Mente do Ébrio", inspirado na beleza semântica da combinação das palavras no título da obra cinematográfica de Glauber Rocha de 1964: *Deus e o Diabo na Terra do Sol*. Era cult afirmar ter adorado assistir a esse filme vanguardista, e eu assisti a ele até o fim e achei tudo um "saco". Em compensação, gostei tanto do musical romântico *A Noviça Rebelde* de Robert Wise, com Julie Andrews e Cristopher Plummer, lançado no mesmo ano, que assisti ao filme dezenas de vezes; a última, recentemente. Alienado!

De alguma forma, eu conseguia enxergar claramente algumas perspectivas no horizonte próximo: meu casamento estava em plena estabilidade crônica, que poderia se estender por alguns anos ou décadas; meu trabalho estava sendo sutilmente ameaçado pela crise financeira; era evidente o abuso que estava fazendo do Lexotan; era constante a lembrança de que o alcoolismo matou, de uma forma deprimente, o meu amigo engenheiro; a mim eram sempre prescritas recomendações do médico e do psiquiatra para que eu "maneirasse" no beber. Consciente desses fatos relevantes, tomei, finalmente, uma decisão que iria comprovar, no fim das experiências, que "não há nada tão ruim que não possa piorar ainda mais": com minha "força de vontade" e férrea determinação, iria "parar de beber, bebendo"; virei um laboratório ambulante de experiências alquímicas e eu, que já possuía assento no purgatório, passei a conhecer o verdadeiro inferno.

Fui ao adorável barzinho Café Parati, no Butantã, com o firme propósito de bater papo e de tomar uma só dose de uísque. Pedi um Ballantines num copo bem grande, cheio de gelo, e uma garrafa de Club Soda, que entornei, com o coração partido, até a boca do copo. Comecei, então, a beber o mais lentamente possível até que a dose acabasse, mas não o papo, que só foi terminar de madrugada, num puteiro do centro da cidade: único lugar em que os bêbados são tolerados, desde que portem um talão de cheques. Nesse tempo ainda não havia cartões de crédito.

Mas não desisti, concluí que não poderia ser com destilados. Assim, fui ao Bar Leo, à rua Aurora, no centro da cidade, com meu amigo de Paraty. Expliquei-lhe que tomaria apenas chope e, com o inesquecível serviço do garçom Luís e seus bolinhos de carne crua, comecei a beber. Estava sentindo-me empanturrado de chope e achei que apenas uma margarita, coquetel com tequila, sal e suco de limão, não iria estragar o meu propósito de parar de beber bebendo, afinal, já estava na hora de ir embora. Claro que foi um desastre, pois o pileque de várias doses de tequila, no dia seguinte, foi avassalador.

Em minha cabeça dura, as derrotas não foram tão importantes. Se eu tivesse que tomar só vinho não acharia tão desastroso, desde que fosse branco. Depois de uma refeição no restaurante Rubayat do centro da cidade, regada a "apenas" duas garrafas de vinho branco, com uma adorável presença feminina, achei que apenas um "digestivo" iria selar o agradável jantar de forma conveniente. Pedi ao garçom uma dose do amargo e escuro Underberg, mas o pifão foi tão intenso que, de madrugada, vomitei em casa; e quando vi aquela massa escura avermelhada sair de minha boca, disparei em direção ao pronto atendimento de um hospital por perto, seguro de que estava tendo uma hemorragia estomacal. Papelão!

Outra tentativa que fiz, desta vez em meu benefício, foi a de tentar parar de fumar. Entendia que, se parasse com esse vício, o malefício causado pelo excesso de bebida alcoólica seria amenizado e talvez até desaparecesse. Consegui, até com surpreendente facilidade, mas o mal-estar continuou igualzinho, aumentando o meu desespero. Pudera!

Essas tentativas ou variações mais complexas não se estenderam por dias ou semanas, mas por muitos meses, sempre acreditando que acharia uma fórmula viável de "parar de beber, bebendo". Acabei desistindo e constatando que também não conseguiria me libertar do medicamento. Estava perdido, fragorosamente derrotado pelo álcool e pelos medicamentos; e o pior, a solução não estava em mim, na medicina, nem na psiquiatria.

> O homem na famosa fotografia, segurando uma sacola em cada mão, em frente a uma coluna de tanques de guerra, na Praça da Paz Celestial, na capital chinesa, Pequim, não conseguiu deter a coluna, mas se transformou no símbolo da maior manifestação popular contra o Partido Comunista chinês.

Um homem chinês sozinho bloqueando uma linha de tanques que se dirigem para o leste na Chang'an Boulevard de Pequim, na Praça Tiananmen, em 5 de junho de 1989. O homem, que pedia o fim da recente violência e derramamento de sangue contra manifestantes pró-democracia, foi puxado pelos pedestres e os tanques continuaram seu caminho. O governo chinês calou uma manifestação estudantil pela reforma democrática e contra a corrupção do governo, matando centenas ou talvez milhares de manifestantes no maior protesto antigovernamental desde a revolução de 1949. Ironicamente, o nome Tiananmen significa "Portão da Paz Celestial". Crédito: Jeff Widener/AP Photo/Imageplus

O misterioso escudo humano, cuja identidade até hoje é desconhecida, participou, junto a milhares de estudantes, intelectuais e trabalhadores, dos protestos que ocorreram no que ficou conhecido como o "Massacre da Praça da Paz Celestial", entre os dias 15 de abril e 4 de junho de 1989, quando civis desarmados foram mortos pelos disparos das armas dos soldados do Exército chinês ou esmagados pelos tanques de guerra. Contra uma população completamente indefesa, o Exército usou de toda a sua força para massacrar mais de mil pessoas, além de efetuar prisões e praticar tortura, enquanto o partido justificava essas ações como necessárias, a fim de evitar uma rebelião contrarrevolucionária que acabasse com o sistema socialista.

Por mais que o governo chinês e os militares tenham apagado os restos da revolta e que, até a atualidade, seja chamada oficialmente de "incidente", a imagem indelével do rebelde solitário, desafiando uma linha de tanques de guerra, permanece na memória de todo o mundo, inclusive na minha.

Os protestos de Pequim fizeram parte do movimento que varreu todo o mundo socialista, no início da década de 1990 e que resultou no colapso da maioria dos governos do bloco socialista. Alguns poucos regimes, entre eles o chinês, sobreviveram a essa época de mudanças radicais, mas não sem alterações em sua política, chamada de "linha dura", de antagonismo ao mundo capitalista. De fato, a China começou a investir, a partir desses protestos, numa política de abertura de sua sociedade e economia, ainda que até hoje haja um controle estatal da mídia e da influência cultural externa.

Não demorou muito tempo para que alterações profundas acontecessem, também, nas nações alemã e soviética: a queda do Muro de Berlim, a reunificação da Alemanha dividida e o desmantelamento da União Soviética. Da mesma forma que foi o símbolo do começo da Guerra Fria, o Muro de Berlim acabou sendo o ícone do seu fim. Nos primeiros anos da década de 1990, a pátria soviética começou a entrar em colapso e, ao mesmo tempo, diversas manifestações começaram a surgir, nos dois lados da Alemanha dividida, reivindicando a destruição do muro. Os populares, portando marretas e outras ferramentas, derrubaram várias partes do muro em um protesto televisionado para o mundo todo, que teve como consequência o início do processo que terminaria com a reunificação da Alemanha em outubro de 1990.

Num processo inverso, sem conseguir acompanhar os avanços tecnológicos ocidentais e manter um nível de qualidade para a população, a União das Repúblicas Socialistas Soviéticas começou a desarmonizar: as repúblicas que a formavam começaram a exigir autodeterminação e liberdade política e, ao contrário do que havia acontecido em anos anteriores, quando as tropas soviéticas intervieram, desta vez os soldados ficaram nos quartéis. A primeira manifestação separatista que veio à tona foi na Lituânia, logo depois, na Estônia e Letônia, seguidas por Geórgia, Azerbaijão, Moldávia e Ucrânia, acontecimentos que tiveram como consequência a suspensão das atividades do Partido Comunista.

A Federação Russa assumiu as obrigações internacionais da União Soviética, as dívidas externas dos países-membros, o comando das forças militares, o controle das armas nucleares e a gestão da exploração espacial. Com o fim da União Soviética e do comunismo, o mundo passou a ter somente o capitalismo e o liberalismo como ideologias governamentais, inaugurando o processo da globalização e da economia de mercado que dominam o planeta atualmente.

Com a aproximação do dia em que os brasileiros iriam escolher, pela primeira vez em quase trinta anos, o novo presidente da República, o ânimo da população começara a ficar exaltado, enquanto o sonolento governo de José Sarney caminhava para um fim melancólico. Conhecidas lideranças históricas não conseguiam "emplacar" um candidato capaz de garantir uma vitória tranquila no pleito contra os emergentes Luiz Inácio Lula da Silva e Fernando Collor de Mello.

Esse clima de ineditismo na política brasileira despertou-me a curiosidade e abduziu-me de um longo período de autoestima no pé, de desinteresse e de falta de energia. Passei a acompanhar o desempenho do metalúrgico barbudo e do falastrão alagoano que, depois de superarem a descrença e o deboche dos 22 adversários, durante o primeiro turno da eleição, conseguiram a qualificação para um empolgante turno final.

Concorrendo pelo PT e vinculado a conceitos ideológicos retrógrados e estagnados, Lula estava muito mais assemelhado a um revolucionário cubano do que a um presidente da República. Entretanto, à medida que seus comícios se espalhavam pelos principais centros urbanos do país, sua campanha foi ganhando força e as pesquisas de opinião já apontavam intenções de votos com o triplo da votação obtida no primeiro turno.

Os conservadores passaram a temer que, em linguagem turfística, o petista atropelasse forte por fora e conseguisse vencer, ainda que no fotochart,[3] e poderia mesmo, não fosse seu desempenho sofrível diante das câmeras de televisão e, principalmente, da vinculação de um vídeo perpetrado pela campanha adversária, colocando no programa eleitoral uma suposta ex-namorada do petista, Miriam Cordeiro, acusando-o de ter oferecido dinheiro para que ela abortasse um filho deles. Golpe abaixo da linha da cintura!

> Com uma campanha muito bem planejada e com o apoio financeiro do empresariado brasileiro, Collor soube aproveitar a situação de marasmo de fim de mandato e, com um comportamento antagônico, mostrou-se esbanjando saúde, energia e autoconfiança em todas as ocasiões, fosse na televisão,

---

[3] Método fotográfico usado para definir o vencedor de uma prova turfística em que dois ou mais cavalos cruzam a linha de chegada praticamente juntos.

nos palanques ou nas ruas. Com um discurso carismático, crítico aos políticos tradicionais e alertando para o terror que uma vitória petista poderia proporcionar, o autointitulado defensor dos descamisados — os mais pobres na sua acepção — e caçador dos "marajás" — políticos corruptos com altos salários que viviam mamando nas tetas governamentais —, deu-se muito bem com a exploração desses motes.

Collor usufruiu do vantajoso espaço midiático que lhe foi oferecido e conseguiu divulgar com eficácia o título de "caçador de marajás", muito bem aceito pela população, sempre sedenta por punir os políticos desonestos e corruptos que pululam no ambiente das autarquias públicas.

No final, confirmou seu favoritismo e venceu Lula por uma pequena margem de votos. A campanha foi bem-sucedida, mas sua estratégia não foi inédita, uma vez que, trinta anos antes, o último candidato eleito pelo povo anteriormente à ditadura militar, Jânio Quadros, emplacou o mote "varre, varre vassourinha; varre, varre a bandalheira", ganhou a eleição, mas perdeu o mandato por renúncia apenas sete meses depois. Jânio, o gari; Collor, o caçador. Farinha do mesmo saco!

A derrota de Lula não foi acachapante, pelo contrário, com os mais de trinta milhões de votos alcançados, formou um capital político que iria projetá-lo como uma das personalidades mais importantes da esquerda brasileira.

A "década perdida" chegava ao fim e, no limiar da nova, boa parte da população brasileira ainda se refazia do "susto" da quase eleição de Lula quando começou a notar o período agitado que foi o início da espalhafatosa fase de transição entre os dois governos.

Collor usou e abusou do marketing, expondo-se abundantemente em atitudes de atleta, correndo com seguranças exibindo camisetas com mensagens patrióticas, exibindo-se na cabine de aviões, motos, tanques de guerra e, enfim, fazendo-se mostrar uma figura saudável, resoluta e destemida.

O pomposo imóvel projetado por Oscar Niemeyer, onde sua equipe foi instalada para a fase de transição ao novo governo, possui pavimentos com plantas arredondadas cada vez menores, à medida que ficam mais altas, semelhante a um bolo de casamento. Por esse motivo, passou a ser conhecido por "Bolo de Noiva". A grande movimentação de visitantes, empresários, técnicos, políticos, além da exuberância do gabinete do presidente eleito, garantiram ao edifício o status de sede do "governo paralelo", ofuscando ainda mais o palácio do presidente moribundo.

Zélia Cardoso de Mello, jovem economista e principal assessora econômica de Collor durante seu mandato na governança do estado de Alagoas, agora anunciada como ministra da Economia, passou a ocupar um dos cargos mais influentes do novo governo. Ela manifestava claros indícios de que trabalhava na aplicação de mais um choque econômico para reduzir a inflação persistente. O tempo passou rapidamente e logo chegou o dia da posse do novo presidente: quinta-feira, 15 de março de 1990. Collor conseguiu que o governo decretasse feriado bancário por três dias, antes do fim de semana, assim, o primeiro dia útil bancário seria na segunda-feira seguinte, 19 de março.

Mas a bomba chegou mais cedo do que se previa, ao ser anunciado por Zélia, pela televisão, o confisco dos ativos bancários e das cadernetas de poupança de todos os brasileiros que possuíam mais de cinquenta mil cruzados novos na conta, sendo permitido, a partir daquela segunda-feira, apenas o saque de até cinquenta mil cruzeiros, a nova moeda. O saldo ficaria retido para uso do Estado, pelo prazo de dezoito meses, quando tudo seria devolvido, com juros, para os correntistas e poupadores. O resultado desastroso do Plano Collor foi o primeiro dos muitos equívocos que fizeram o presidente ser, prematuramente, derrubado do Palácio do Planalto, e fizeram, também, com que Zélia consumasse um autoexílio em Nova York, onde se encontra até a atualidade.

Por mais impactante que tenha sido o plano divulgado por ela, de uma forma titubeante e acanhada, promovendo uma das maiores crises econômicas do país, Zélia ainda pode ser lembrada por um absurdo e inoportuno romance extraconjugal que manteve com o ministro da Justiça, Bernardo Cabral, casado e vinte anos mais velho que ela. O caso começou discretamente, com o casal se insinuando, trocando bilhetinhos e encontrando-se às escondidas; logo depois, jornalistas desconfiados que foram à festa de aniversário de Zélia presenciaram a tórrida dança dos dois, ao som da música "Bésame mucho", uma das canções mais gravadas no idioma espanhol. O romance, visto como "nitroglicerina pura" por Collor, imoral e inoportuno pela maioria dos brasileiros, resultou na demissão imediata do bígamo ministro da Justiça e, mais tarde, no afastamento da bailarina Zélia, que perdeu o cargo, mas não seu interesse por romances enigmáticos.

No ano seguinte, enquanto Collor estava sendo execrado do mundo político, tornou-se a sexta esposa do humorista

Chico Anysio, 22 anos mais velho, e, até seu autoexílio em Nova York, no fim da década, deu-lhe mais dois filhos que, somados aos sete que ele já possuía, completaram a prole com nove. Chico Anysio não deixou por menos, divorciou-se de Zélia e, três anos mais tarde, casou-se pela sétima vez, mas, quem sabe se por características biológicas, não teve mais filhos.

O episódio mais determinante da queda de Collor foi digno de uma epopeia familiar das mais dramáticas. Como num passe de mágica, seu irmão caçula, Pedro Collor, resolveu revelar, por entrevistas a *Veja*, uma importante revista da época, e em manifestações públicas, o seu repúdio ao comportamento do irmão mais velho que, usando os serviços de PC Farias, seu tesoureiro informal, também chamado por Pedro de "laranja" e "testa de ferro", estava desviando quantias milionárias de dinheiro público e sobras da campanha eleitoral para benefício próprio.

Três meses depois, em agosto de 1992, milhares de estudantes que ficaram conhecidos como "caras pintadas", com as faces em verde e amarelo, reuniram-se em frente ao Museu de Arte de São Paulo, na avenida Paulista, para protestar contra Collor. À noite, o presidente, duvidando de uma consistente amplitude do movimento, fez um emotivo pronunciamento em rede nacional, convocando os cidadãos a se vestirem, no domingo, com as cores do Brasil, em sinal de apoio à sua administração.

Milhões de cidadãos vestindo preto foram vistos em todas as cidades do país, caminhando em passeata ou acenando com bandeiras pretas das janelas dos prédios, configurando uma convincente resposta da população e um autêntico sentimento de revolta e insatisfação popular daqueles que haviam depositado em Collor a sua confiança, na primeira vez que o Brasil votou para escolher o seu presidente depois da ditadura militar. O "Domingo Negro", como ficou conhecido, selou o destino de Fernando Collor.

Em 29 de dezembro de 1992, o Senado reuniu-se para votar o impeachment. Poucos minutos depois de iniciada a sessão, o advogado de defesa de Collor, ciente da derrota iminente, anunciou a sua renúncia. Contudo, a votação não foi interrompida, Collor foi destituído do cargo de presidente da República e seus direitos políticos foram cassados por oito anos.

Quanto aos mais importantes protagonistas do imbróglio "collorido", ninguém foi responsabilizado pelos crimes cometidos: Zélia Cardoso de Mello, condenada a ser *ad aeternum* ligada à canção "Bésame Mucho", está degredada voluntariamente em Nova York; Pedro Collor faleceu em 1994, em decorrência de um câncer de pele, aos 42 anos; PC Farias foi assassinado dois anos depois, em sua protegida casa de praia em Guaxuma, nas proximidades de Maceió. Bizarro, não é mesmo? Também acho!

"De repente, não mais que de repente", como finda o "Soneto de Separação" de Vinicius de Moraes, encontrei-me subindo a escadaria dos fundos da Paróquia Nossa Senhora do Perpétuo Socorro, na rua Sampaio Vidal, Jardim Paulistano em São Paulo. Ao alcançar o topo, vislumbrei, ao fim do corredor, uma porta de madeira com a parte de cima envidraçada, em que estava gravado o símbolo internacional de Alcoólicos Anônimos e, embaixo, Grupo Jardins.

Com o coração a mil, disfarçando sentimentos de expectativa, vergonha e medo, abri a porta da sala e entrei, para selar uma aliança que me levaria à abdicação da vida antiga, como condição para adquirir uma nova vida a partir daquele momento. O panorama que se materializou, assim que abri a porta da sala pela primeira vez, foi surreal. Ingressei, ilusoriamente, na obscuridade de um nevoeiro anárquico, tal era a quantidade de pessoas fumando, adultos sentados em carteiras escolares ou de pé no meio da sala, conversando animadamente ou mais afastados e encostados na parede.

Com cautela, dirigi-me ao cidadão que estava de pé, apoiado com uma das mãos à mesa, posicionada sobre um palanque levemente elevado, em uma atitude que fazia crer que dirigiria o evento. Tinha barba escura, óculos de aro grande e fisionomia circunspecta. Nem consegui questioná-lo. Apontou para o fundo da sala e solicitou que eu me sentasse num dos lugares vazios, transparecendo que a cerimônia estava para começar. Assim que me sentei, com o coração destrambelhado, escutei o sonido de um despertador; todos se posicionaram em pé, fez-se um breve silêncio e rezaram conjuntamente e em voz alta uma oração. Após algumas formalidades, ele chamou um dos presentes, que se acomodou na cadeira ao lado da mesa, anunciou seu nome e começou a palestrar para os ouvintes.

Os palestrantes foram revezando-se, cada qual abordando um tema aleatório, uns com voz calma e serena, e outros, esbravejando. Eu estava tentando disfarçar a minha situação de incredulidade, espanto e mal-estar, enquanto esforçava-me para conseguir observar, dissimuladamente, o comportamento das pessoas, homens, mulheres, jovens e idosos, que estavam ao meu redor, quando uma fedentina insuportável invadiu a sala, misturando-se com o já nauseante cheiro da fumaça de cigarro. Na realidade, o fedor antecedeu a figura repulsiva que estava entrando na sala; um velho com a barba comprida esbranquiçada, face distorcida em um sorriso congelado, com um saco encardido carregado sobre um dos ombros, coxeando com o auxílio de uma bengala improvisada até uma cadeira à esquerda da sala, na primeira fila.

Se eu já estava decidido a cair fora assim que aparecesse uma oportunidade, com o ocorrido naquele momento tive certeza. Assim que escutei o sonido do despertador para um breve intervalo, tentei falar com o cidadão de barba que dirigia a reunião, pois eu não queria simplesmente "sumir" sem dar satisfação, mas ele estava ocupando-se com outras pessoas e não me concedeu a oportunidade. Resolvi ir embora assim mesmo. Entrei no banheiro, localizado no corredor ao lado da copa, ainda sem saber se era para urinar ou vomitar. Encontrei um sujeito magricela com as calças abaixadas, sentado na bacia sanitária do box com a porta aberta, dando-me boas-vindas, alegremente, com uma voz fina e estridente. A impressão que me causou foi a de que meu coração havia parado de bater.

Abatido e com receio de uma queda, desci vagorosamente as escadas, apoiado no corrimão, sentindo tontura e mal-estar. Na calçada, encontrei um grupo de pessoas que estavam presentes à reunião, fumando, conversando e, logo que me avistaram, acercaram-se de mim e abordaram-me com perguntas e observações corriqueiras: "Você é daqui mesmo?", "É sua primeira reunião?", "Legal que você tenha vindo" e, a principal, "Se você gostou da primeira parte, a segunda vai ser melhor ainda". Credo!

Ninguém mencionou o velho fedorento, e isso me deixou aparvalhado e curioso, será que incomodou só a mim? Driblei a indisposição e a determinação de ir embora e voltei à sala, para tentar desvendar o mistério, pensando: "Afinal, quem está na chuva é para se molhar!".

No reinício da reunião, o velho já havia ido embora, mas seu bodum ainda não. O sujeito barbudo fez menção de abeirar-se, porém, sem saber o que perguntar, apressei-me a sentar lá atrás e ficar calado. Passei a observar os quadros e avisos pendurados na parede, mas não conseguia discernir o que os participantes sentados na cadeira ao lado da mesa estavam falando.

Estava com a cabeça confusa, sentindo-me estranhamente vencido, em estado de torpor, quando observei o barbudo perguntando solenemente aos presentes se alguém gostaria de ingressar na irmandade. Falou olhando sério em minha direção, fez um breve intervalo, que todos retribuíram com respeitoso silêncio, e prosseguiu a reunião. Senti mil olhares em minha direção, gelei e quase morri de vergonha e constrangimento.

Ao final, todos se levantaram e rezaram novamente a mesma oração, cujo texto eu reconheci num dos quadros fixados na parede, no qual estava identificada como "Oração da Serenidade". Fui embora assustado e convencido de que mais uma tentativa de parar de beber havia sido tentada sem êxito. Nunca mais passaria nem por perto daquele inferno lotado de malucos, estranhamente localizado no interior de uma paróquia. Não pareciam "gente como a gente" e eu não vislumbrava possibilidade de interagir com eles. Assustado e deprimido, até passou pela minha cabeça dar uma paradinha, a fim de reorganizar meus pensamentos, numa conhecida padaria que ficava no meu trajeto para casa, mas resolvi não complicar, ainda mais, um dia que não tinha sido fácil e desisti da ideia.

Naquela noite, evitei conversar com alguém em casa. Enjoado, recusei o jantar e fui cedo para o quarto. Olhei minha imagem no espelho do banheiro e perguntei várias vezes, baixinho: "Será que estou enlouquecendo?", "Será que tenho que submeter-me a essa situação?". Não consegui dormir, pois a imagem daquela sala lotada não desgrudava de minha cabeça e eu achava incompreensível situar-se dentro de uma paróquia. Por que ninguém se incomodou com a presença do "profeta fedorento" e que oração era aquela que todos rezaram com tanto respeito?

A curiosidade e as dúvidas invadiram todo o meu dia e impediram-me de raciocinar, ocupando todo o espaço pensante disponível de meu cérebro. Escolhi fazer apenas serviços mecânicos: dobrar e guardar os projetos de obras, organizar minha gaveta e passar a limpo minha agenda telefônica. Ao fim da tarde, curioso demais, decidi voltar à paróquia para tirar a cisma. Fui recebido calorosamente pelos fumadores reunidos à entrada secundária da paróquia. Entrei rapidamente, pois queria ver se conseguia falar com o barbudo. Para minha surpresa, quem estava sentada à mesa era uma mulher jovem, cordial e compenetrada em seu trabalho. Informou-me que o "coordenador" de ontem só voltaria no dia dele, na próxima semana.

Logo que avistei o colega de barba, sentado entre os demais, dirigiu-me um olhar amistoso, demonstrando satisfação pelo meu retorno. Começava a aprender alguma coisa a respeito da irmandade: quem dirigia a reunião era o "coordenador", convocado para o trabalho, uma vez por semana, ou seja, os coordenadores eram os participantes do grupo que se revezavam na função.

O profeta fedorento não compareceu nesse dia; depois fiquei sabendo que ele era um carroceiro que aparecia, de vez em quando, para tomar café e comer algumas bolachas, disponíveis para todos os presentes no intervalo das reuniões. Observei, também, que todos tratavam-se como "companheiros" e não como amigos ou colegas.

Continuei minha peregrinação pelos quadros e avisos espalhados pelas paredes, quando notei dois que se destacavam dos demais: "Evite o primeiro gole" e "Só por hoje". Não consegui evitar um pensamento crítico: mensagens infantis e sem significados evidentes. Ainda sem convencer-me de que o real objetivo da "seita secreta" seria o de orientar a imediata interrupção do beber compulsivo, e não o de apresentar um método próprio de "parar de beber, bebendo com moderação", sentia-me um tanto quanto perdido.

Em uma época em que não se dispunha de computador, internet, Google e Wikipédia, meu desconhecimento de alguns setores não habituais era total e, por isso, não tinha a menor ideia do que seria "Alcoólicos Anônimos", e ainda demorou algum tempo para convencer-me de que não se tratava de uma seita e muito menos de uma entidade secreta.

De qualquer maneira, algo intrigante e curioso fez-me continuar assistindo às reuniões, ainda sem entender bem o conteúdo dos depoimentos. Numa delas, irrompeu para dentro da sala, com estardalhaço, um aleijado maltrapilho e grosseiro e, sem pedir licença, sentou-se à cadeira dos depoentes, gritando uma montanha de baboseiras, acompanhado do olhar complacente do coordenador do dia. Em seguida, ele foi embora ainda gritando; e eu, gato escaldado, não fiquei tão impressionado desta vez.

Passava dia e noite pensando e recordando o que se passava nas reuniões, muito incomodado em permanecer calado, sem me relacionar com os companheiros e envergonhado por não ter ingressado, com os olhares a mim dirigidos, quando ocorria a inevitável pergunta do coordenador.

Minha mente não parava de produzir pensamentos repetitivos. Imaginava-me ingressando na irmandade com uma alocução natural e empolgante; quando me encaminhava diariamente para o grupo, ensaiava depoimentos sinceros e comoventes, que nunca foram concretizados. Entretanto, na realidade, ficava imobilizado na cadeira, só observando o cenário mutante das reuniões, sem condições de qualquer atitude efetiva.

Estava olhando fixamente para o quadro em que estava escrito "evite o primeiro gole", num intenso devanear, quando, instintivamente, percebi que havia perdido quase dois anos de minha vida num verdadeiro inferno, tentando evitar o segundo gole. Percebi por que a pequena frase fazia sentido. Caramba!

Comecei a desarmar a carapuça imaginária que eu tinha criado, a fim de ficar isolado de meus companheiros, dos quais eu me achava muito diferente. Num delírio de imaginação fantástica, a barreira de vidro que me mantinha separado dos demais companheiros foi modificando-se e metamorfoseando-se em um enorme espelho fosco, no qual apareciam as fisionomias de cada companheiro, formando um mosaico caótico que, justamente por ser constituído de fragmentos heterogêneos, foram se atraindo mutuamente e se movimentando em direção ao centro do espelho, formando uma única imagem estática: um desfocado e enorme semblante que tinha muitas das características do meu rosto.

As primeiras recusas de convites feitos pelos meus amigos de bebedeira começaram a suceder-se, naturalmente; as do meu amigo de Paraty causaram estranheza de sua parte e amargura e desconforto em mim. Entretanto, continuei frequentando as tardes das segundas-feiras na sauna do Hotel Transamérica. Meu amigo, um beberrão metódico, jamais misturava ingestão de álcool com terapêutica da ressaca.

Um dia de cada vez, fui incorporando lentamente a metodologia seguida pelo grupo; minha mente aclarada ficou mais receptiva a receber novas mensagens, uma das quais, repetida por vários companheiros: tomar Lexotan, citado nominalmente, era equivalente a um beber sólido. Senti o golpe com a força de um "gancho" no fígado. Todo o orgulho e a satisfação que sentia por ter conseguido a abstinência de forma tão eficiente e tranquila foi para o ralo. Resolvi tomar providências, sem consultar o médico; assim, fui ajustando a dosagem ao que o médico havia prescrito inicialmente: um pela manhã e outro à noite. Começaram então os efeitos colaterais da abstinência, bem conhecidos por todos os companheiros: tremores, sudorese, tontura, boca seca, mal-estar, insônia, palpitação e até pensamentos suicidas. Gastura abstêmia!

A tentação de "tomar uma" para acabar com esse sofrimento passou a estar presente no meu cotidiano, entretanto, com as reuniões diárias no AA, acabei convencido de que, em vez de "matar um leão por dia", como era corriqueiro dizer-se à época, deveria "cuidar do meu leão todo dia". Logo, fui adiando o meu intento de beber até que a síndrome se acalmou. Numa visita rápida ao meu psiquiatra, acabei substituindo o medicamento Lexotan por um indutor de sono, que tomo até a atualidade, sem causar dependência nem prejudicar a minha saúde.

Não senti o tempo passar: estava comunicando-me bem com alguns companheiros, tinha a sensação de conhecer os princípios básicos da irmandade, a síndrome de abstinência havia sido debelada, e as aparições rotineiras do profeta fedorento, do magricela cagão, do aleijado grosseiro e de outros assemelhados não me impressionavam mais.

Certa noite, quando o coordenador daquele dia perguntou se alguém gostaria de ingressar, levantei a mão e dirigi-me ao palanque, ouvindo a manifestação festiva dos companheiros. Com a voz trêmula e comovida, declarei: "Meu nome é Fernando, sou alcoólico, estou sem beber há um ano e gostaria de convidar o 'Companheiro Barba' para me entregar a ficha amarela de ingresso e a verde de um ano". Nesse ato, o companheiro passou a ser meu padrinho em Alcoólicos Anônimos. Ao fim da reunião, fui embora aliviado, porém frustrado, porque não consegui me declarar alcoólatra, escolhendo a palavra alcoólico, mas afinal são palavras sinônimas, com uma delas apresentando uma sonoridade mais suave e a outra um timbre que induzia o rigor e a amargura. Possivelmente, o orgulho e a vaidade, sentimentos indesejados para quem pretende alcançar a sobriedade, estavam interferindo na escolha.

Naquele tempo, o Grupo Jardins, um dos primeiros em São Paulo, tinha apenas vinte anos de existência. As menções acerca dos "Doze Passos" raramente eram feitas nos depoimentos dos companheiros e não havia reuniões específicas para divulgar a literatura de AA. Certo dia, adquiri o livro *Viver Sóbrio*, um dos mais elementares da literatura de AA. Logo que comecei a lê-lo, percebi que seria altamente esclarecedor. Lia o livro como os católicos rezam o terço, observando cada estágio e, refletindo, converteu-se em meu "livro de cabeceira".

Certa noite, quase ao fim da reunião, o coordenador avisou que havia tempo para um último depoimento e perguntou se alguém gostaria de utilizá-lo; levantei a mão, sentei-me à cadeira dos depoentes e disse: "Boa noite, meu nome é Fernando, sou alcoólatra e gostaria de compartilhar com vocês um pouco de minha história". E só parei de falar quando o sonido do despertador ecoou pela terceira vez. Bravo!

> Inteiramente envolvido com o meu "admirável mundo novo", reproduzindo o título do famoso romance ficcional de Aldous Huxley, dei-me conta de que tínhamos um novo presidente da República somente quando, no desfile de escolas de samba do Carnaval de 1994, a modelo Lilian Ramos foi abundantemente fotografada, sem calcinha, no camarote da Marquês do Sapucaí, ao lado do então presidente Itamar Franco. É provável que Lilian tenha sido encorajada ao assistir ao filme *Instinto Selvagem*, de 1992, com Michael Douglas e Sharon Stone em que, numa cruzada de pernas minuciosamente estudada, ela permitiu pôr à vista, sem calcinha, sua parte mais íntima. O filme foi um enorme sucesso de bilheteria e, como num passe de mágica, a atriz recebeu o "passaporte" para tornar-se celebridade internacional. Afortunadas xoxotas!

Itamar Franco, na condição de vice-presidente, assumiu como o novo presidente da República para completar o mandato de Collor, que terminaria em 1º de janeiro de 1995. Novamente, os eleitores viram frustradas as expectativas de terem um candidato eleito pelo voto popular para dirigir o país.

Depois do verdadeiro terremoto que foi a gestão de Collor, o novo presidente tinha a missão fundamental de promover o equilíbrio das contas públicas e diminuir a hiperinflação que corroía o valor da moeda brasileira, afetando a maior parte da população. A equipe econômica formada sob a liderança do sociólogo Fernando Henrique Cardoso, FHC, anunciou um novo plano de estabilização chamado "Plano Real", reforma econômica neoliberal com o lançamento de uma moeda forte, o real, que iria promover o equilíbrio pela paridade da moeda com as reservas cambiais disponíveis. Esse modelo de desenvolvimento da economia, mesmo arriscado, conseguiu captar recursos, combater a hiperinflação em um curto espaço de tempo, e a desvalorização monetária estabilizou-se em um índice razoável até a atualidade.

o—•—o

Ao fim de seu breve mandato, Itamar Franco alcançou o auge de sua popularidade. Fernando Henrique Cardoso aproveitou o bom momento e, evidenciando-se como autor e mantenedor do Plano Real, conseguiu vencer a eleição presidencial de 1994 sem maiores dificuldades. Seu governo foi marcado pela manutenção da inflação sob controle, pelas privatizações de empresas governamentais, por uma série de reformas constitucionais e pela quebra do monopólio estatal do petróleo, do setor de telecomunicações e da energia elétrica. Com o objetivo de reduzir as despesas estatais, o governo FHC fez uma minirreforma no serviço público, atuando no processo de estabilidade de funcionários e liberando a contratação de serviços terceirizados, forçando, assim, o término do emprego estável.

De olho em mais um mandato presidencial, seu partido político conseguiu a aprovação de uma emenda constitucional que permitia a reeleição para presidente da República, governadores e prefeitos, dessa forma, FHC tornou-se o primeiro mandatário a disputar uma reeleição no Brasil. Ainda sustentado pelo êxito do plano de combate à inflação, com a popularidade em alta e contando com a máquina estatal, FHC conseguiu, com facilidade, a reeleição no primeiro turno da eleição presidencial de 1998. Lula, por sua vez, perdeu as três primeiras eleições em que disputou a presidência; a primeira contra Collor e as outras contra Fernando Henrique Cardoso.

o—•—o

Um programa dominical que eu gostava de assistir na televisão era a transmissão das corridas de Fórmula 1, no tempo em que o piloto Ayrton Senna estava dominando o cenário esportivo brasileiro. O Grande Prêmio de San Marino, disputado no domingo, dia 1º de maio de 1994, em Ímola, Itália, não estava fadado a ser uma competição corriqueira. Na sexta-feira, o piloto brasileiro Rubens Barrichello, na época com apenas 21 anos, sofreu um acidente grave no início dos treinos, ao bater contra o muro de proteção e capotar seu carro, sem consequências graves. No sábado, véspera do grande prêmio, a situação ficou ainda pior: um piloto austríaco falhou, ao contornar a curva Villeneuve do circuito, e morreu, ao bater na barragem de proteção de concreto.

Destroços do carro do piloto tricampeão mundial de Fórmula 1, Ayrton Senna, voa pelo ar em 1º de maio de 1994, depois que o brasileiro perdeu o controle na sétima volta do Grande Prêmio de San Marino. Senna morreu em decorrência dos ferimentos deste acidente.
Crédito: STR OLD/Reuters/Fotoarena

No domingo, eu estava atento à tela da televisão, torcendo por uma vitória do Senna, que não havia pontuado nas duas corridas anteriores, vencidas pelo piloto Michael Schumacher, seu adversário direto. Ao contornar a curva Tamburello, inesperadamente, seu carro passou pela tangente e seguiu direto até atingir, em cheio, o muro de proteção, a mais de trezentos quilômetros por hora, causando a morte imediata do piloto.

Depois de acompanhar o atendimento médico pela televisão, fui para a rua e encontrei todos os vizinhos fora de suas casas, lamentando a má sorte daquele que havia se transformado num herói nacional. O acidente de Senna é um dos episódios mais tristes da história do esporte nacional, mas sua morte provocou uma inovação tão expressiva na segurança da Fórmula 1, que foi a última de um piloto da categoria, mesmo em acidentes mais catastróficos.

○—●—○

Uma inovação relevante na área do marketing empresarial no futebol aconteceu na Copa do Mundo dos Estados Unidos, de 1994. Embora não disputasse, nem de longe, a preferência dos torcedores norte-americanos, a federação de futebol americana, motivada pela perspectiva de grandes lucros e com sua característica competência empresarial, fez com que o projeto tivesse a maior média de público até essa data, reunindo, em cada jogo, setenta mil pessoas. Infelizmente, o resultado numérico não se traduziu num espetáculo proporcional. De maneira geral, os jogos foram retrancados, sem emoção. A seleção brasileira, no empate contra os suecos, saiu do campo sob vaias, e a torcida mostrou de forma clara o seu descontentamento com o esquema excessivamente defensivo.

Zagallo, depois do fracasso em 1974, voltaria ao futebol, vinte anos depois, com uma máxima infeliz: "Prefiro ser campeão jogando feio do que perder jogando bonito". Realmente, uma pérola!

Nas oitavas de final, o Brasil jogou e desclassificou os donos da casa, no dia 4 de julho, o Dia da Independência dos Estados Unidos, e o marketing que promoveu a partida exaltava o espírito nacionalista. Foi um jogo duríssimo, com os americanos empreendendo uma verdadeira batalha, mas, no final, perderam pelo placar mínimo.

> Depois de vencer as seleções holandesa e sueca, o Brasil foi à final contra a Itália, repetindo a emocionante final da Copa de 1970, no México, quando os brasileiros venceram por quatro a um e conquistaram o tricampeonato mundial. Desta vez, o Brasil venceu na disputa de penalidades máximas, tirando completamente o brilho do espetáculo, mas venceu feio, como queria o técnico Zagallo. Enjoado!

Um dia de cada vez, o tempo foi passando normalmente, durante o qual fui reforçando meu propósito de manter a abstinência alcoólica, participando das reuniões todos os dias, partilhando meu depoimento pessoal quando possível e alcançando um lento, mas consistente crescimento espiritual, acreditando que o Poder Superior me levaria a um estado de serenidade permanente. Minha exagerada curiosidade levou-me a procurar outros livros da literatura do AA, como *Os Doze Passos* e *As Doze Tradições*, assim como o conhecido livro azul *Alcoólicos Anônimos*, escrito por um dos fundadores da irmandade em 1939.

Quando um grupo de "Narcóticos Anônimos" passou a ocupar uma sala na paróquia, vizinha à nossa, meu desvelo pelo assunto levou-me a conhecer o grupo Recanto de AA, situado numa capelinha no interior de uma clínica de recuperação, frequentado por alcoólatras e, principalmente, dependentes de outras drogas.

O Recanto Maria Teresa era uma clínica terapêutica, situada à rodovia Raposo Tavares, nas proximidades da cidade de Cotia, habilitada ao tratamento e à recuperação de dependentes químicos. Coligada ao Hospital São Camilo, em São Paulo, tornou-se referência nacional pelo know-how de seu corpo clínico, pela astúcia dos enfermeiros e voluntários e pela conveniência de suas acomodações. Além do prédio da administração, do alojamento dos internos e do refeitório, dispunha de grandes áreas ajardinadas e de charmosas pracinhas com bancos de jardim.

A terapêutica adotada pela clínica arrimava-me no programa dos Doze Passos de Alcoólicos Anônimos, aplicado em conjunto com terapias alternativas e procedimentos psicofarmacológicos, objetivando a melhoria do estado de saúde física, espiritual e emocional dos internos.

Após transpassar o grande portão de entrada da clínica, era necessário percorrer a bela senda tortuosa, na qual, a meio caminho do escritório administrativo, localizava-se uma capelinha revestida de tijolos vermelhos. O local não dispunha de altar fixo, mas, eventualmente, podiam ser realizadas missas católicas com altares improvisados.

A capela era compartilhada com o Grupo Recanto de Alcoólicos Anônimos, cujas normas e procedimentos eram os mesmos adotados pelos demais grupos da irmandade, com reuniões abertas ao público em geral. Em se tratando de um espaço terapêutico, para assistir às reuniões do grupo, obrigatórias para os internos da clínica, os frequentadores externos deveriam ser cadastrados a fim de obterem a permissão de entrada, com o compromisso de não se afastarem das proximidades do local da reunião, providencialmente distante das outras instalações.

As reuniões, realizadas três vezes por semana, eram policiadas com rigor por enfermeiros e voluntários experientes, geralmente, dependentes químicos com abstinência prolongada, que obstavam qualquer contato suspeito entre internos e visitantes, no sentido de garantir ou atenuar o necessário distanciamento dos parentes e inibir qualquer tentativa de tráfico de drogas.

Minha rotina na irmandade seria alterada, durante muito tempo: minhas reuniões passaram a ser intercaladas, ora no Grupo Jardins, ora no Grupo Recanto, do qual se podiam avistar os companheiros internados; mas, sob o olhar vigilante dos enfermeiros e voluntários, não deveria me aproximar ou conversar com eles.

As reuniões do Grupo Recanto propiciaram um grande crescimento ao meu entendimento da natureza da dependência química. Escutei atentamente depoimentos de alcoólatras, adictos, dependentes cruzados, ou seja, aqueles que, não conseguindo evitar "o primeiro gole", acabavam chafurdando-se, não no álcool, mas nas drogas. Participei de várias reuniões e, sem constrangimento, utilizei todas as oportunidades de apresentar meu depoimento pessoal. Tristeza, confiança, alegria, medo, raiva, surpresa, frustração, expectativa, esperança, decepção eram emoções girando num assustador ciclone fantástico. Povoaram minha mente durante alguns anos e, por vezes, chegaram a me pôr em situação de perigo: meu barco de ilusões que não foi a pique somente por causa do substancioso lastro advindo da fé de que o Poder Superior não iria me abandonar.

E não abandonou mesmo! A emoção advinda da escrita até esta parte da experiência, sem a menor dúvida, causou volubilidade em meu estado de subconsciente, guardião de minha memória, assim, ponderei que uma pequena pausa para reflexão seria conveniente.

⸻

Neste mês de fevereiro de 2019, comemorando o primeiro ano de psicoterapia, deixei em casa minha querida esposa, ainda no soninho da manhã, e, na companhia de meu cachorro, peregrinei ao meu local predileto, em Ribeirão da Ilha, para evocar o passado e meditar sobre algum assunto evidenciado: o gramado em frente à entrada lateral da Paróquia Nossa Senhora da Lapa, com vista privilegiada do cemitério, com suas lápides enfeitadas com flores artificiais multicoloridas.

A inquietação exagerada e a lembrança do amparo recebido do Poder Superior, naquela época, levaram-me, instintivamente, a avaliar meu desempenho em relação à prática dos Dozes Passos de AA, tanto no Grupo Jardins, em que iniciei minha caminhada em direção à sobriedade, quanto nos grupos posteriores, nos quais continuei empenhado em mantê-la. Não foi nada difícil, mesmo que o tempo tenha decorrido, constatar que minha eficiência nessa prática esteve aquém, em comparação com o benefício recebido até aquele momento.

Sabia que a inserção dos Doze Passos em minha vida cotidiana era fundamental para uma reabilitação satisfatória. Os três primeiros, abstratos que são, referiam-se, respectivamente, à admissão, à crença e à entrega e foram incorporando-se à mente, à maneira de viver e, sem dúvida, mostraram-se fundamentais para a consumação da minha abstinência prolongada.

"Fizemos minucioso e destemido inventário moral de nós mesmos"; esse é o quarto passo, que implica uma ação direta, a ser realizada fisicamente, com papel e lápis; e não me ensejou o efeito pretendido. E não foi por falta de vontade, mas por pura incompetência.

Foram inúmeras as tentativas frustradas de tentar escrever, pelo menos, algumas páginas, com o propósito de inventariar a minha vida pregressa e de desvendar quando e por que os meus desejos naturais foram deturpados para levar-me a um beber compulsivo, causando grave prejuízo à minha vida e à de outras pessoas que conviveram comigo naquela época.

Convencido da incapacidade de redigir um simples texto, passei a dedicar-me aos outros passos, todavia o quinto, "admitimos perante Deus, perante nós mesmos e perante outro ser humano, a natureza exata de nossas falhas", decorrente do anterior, não poderia também ser praticado. Os demais, porém, do sexto ao décimo segundo, foram incorporando-se à minha nova maneira de viver, à medida que foram sendo assimilados. Ao longo dos anos que se sucederam, a prática dos Doze Passos foi indispensável à minha vida cotidiana, mas a ausência dos passos quarto e quinto sempre esteve presente no rol de minhas grandes frustrações.

Como seria possível, ponderei focado nas policromáticas flores dos jazigos do cemitério, que alguém que viu frustradas, durante tanto tempo, todas as tentativas de escrever algumas palavras sobre a própria vida, desatasse a escrever páginas e mais páginas, como se as palavras vertessem copiosamente da *Boca della Verità*, face humanoide esculpida em mármore, instalada no pórtico da igreja Santa Maria in Cosmedin, em Roma?

Senti a presença do Poder Superior naquele momento, revelando que estava finalmente incorporando todos os Doze Passos de Alcoólicos Anônimos em minha vida, uma vez que a escrita até agora desenvolvida referia-se, na realidade, ao meu inventário moral e destemido, sugerido no quarto passo; e que a admissão da natureza exata de minhas falhas perante outro ser humano, no caso, minha psicóloga, abonava a realização do quinto passo. Eureca!

Utilizei-me da mesma expressão supostamente proferida por Arquimedes de Siracusa, matemático e cientista grego que viveu no século III antes de Cristo, ao descobrir como resolver um complexo dilema apresentado pelo rei Hierão, que queria saber o peso do ouro de sua coroa, pois desconfiava que seu ourives o havia enganado. Arquimedes deveria, então, determinar a densidade da coroa e comparar com a densidade do ouro e, para isso, necessitava, primeiramente, medir o volume da coroa; mas como fazer isso sem derretê-la?

O físico descobriu a solução do dilema ao entrar em uma banheira cheia de água para tomar banho, pois notou o nível da água subir e, ao sair, viu o nível descer. Concluiu que a diferença entre os dois níveis correspondia ao volume de seu corpo; assim, para medir o volume da coroa do rei, bastava afundá-la num pote de água e medir o volume deslocado. Consta que ele ficou tão eufórico com a descoberta que saiu correndo pelado pelas ruas da cidade gritando: "Eureca, eureca!" — palavra de origem grega que significa encontrar ou descobrir. De acordo com os fofoqueiros da época, o ourives se deu muito mal!

A surpreendente revelação despertou-me um forte sentimento de gratidão e alívio, mas não pude evitar o gosto amargo que a demorada exposição do cemitério instaurou em minha boca; sem dúvida, a perda de entes queridos estava no cerne dessa questão. Ao retomar a escrita do meu inventário, depois do valedouro recesso, a morte de um de meus irmãos e de meus pais, ainda naquela década, estava na primeira fila da minha memória.

○—●—○

Com a transferência da sede da empresa de minha mãe para o novo prédio em Alphaville, bem longe da alameda Santos onde morava, ela transferiu ao meu irmão caçula o controle total da empresa e retraiu-se, a fim de desfrutar de uma merecida vida de aposentada. Viajou por diversos países, quase sempre com uma de suas melhores amigas, e seu apartamento ficou repleto de fotografias e de lembranças dessas viagens. Ela transparecia estar bem de saúde e, embora morasse sozinha, satisfeita com seu modo de viver. Já velhinha, passou a compartilhar o apartamento com uma acompanhante de confiança.

No decorrer dos anos, passei por alguns desentendimentos com meu irmão, a respeito de seu modo egoísta e sigiloso de gerenciar a empresa, já que, junto com minha mãe, eu era o terceiro sócio. Em função disso, para não me indispor com ele e com minha mãe, achei por bem me afastar por algum tempo do convívio mais frequente.

Nesse espaço de tempo, recebi um telefonema de sua acompanhante e fui surpreendido com a notícia de que ela havia sofrido um derrame e que estava internada no Hospital Iguatemi, na avenida Professor Francisco Morato, no Butantã. Entrei em pânico por não ter sido avisado assim que ocorrera o mal-estar; fiquei sem saber por que a internação foi feita num hospital do Butantã, pois havia, pelo menos, três hospitais de primeira linha próximos à avenida Paulista, a uma quadra de seu apartamento.

Quando cheguei ao hospital, ela estava internada na UTI, provavelmente em estado de coma, induzido ou não. Não consegui falar com o médico nesse dia e meu irmão não quis me dar nenhuma informação a respeito.

No dia seguinte, à hora da visita, sua fisionomia estava serena. Tentei me comunicar com ela diversas vezes, sem sucesso, e por ficar ciente de que a chance de reverter o quadro tendia a reduzir gradualmente, com o passar do tempo, insisti com meu irmão pela sua transferência a um hospital mais credenciado, uma vez que ela possuía cobertura por seu seguro-saúde. Ele não concordou e até hoje não sei o motivo.

Conversei com meu advogado quanto à possibilidade de forçar a transferência, mas como não fui responsável pela internação, só poderia fazê-lo com uma ordem judicial, mesmo sendo seu filho. Tive que me conformar, mas minha relação com meu irmão ficou deteriorada *ad aeternum*.

Sempre acreditei que pessoas, em estado de coma, conseguem ouvir o que se passa nas proximidades, por isso, não é sem razão que todos falam bem baixinho na UTI. Traumatizado com o problema da internação, passei a visitá-la compulsivamente e todos os dias conversava com ela. Organizei uma estratégia de assuntos diários: cuidados com o seu apartamento, lembranças de suas viagens, informação sobre sua acompanhante, sobre suas amigas, ou seja, depoimentos nos moldes do AA, só que invertidos: em vez de falar sobre minha vida, falava sobre a dela.

Disposto a monologar por todos os dias em que ela sobrevivesse, sem faltar a um dia sequer, ao cabo de noventa dias, de forma inesperada, ela despertou levemente e falou comigo algumas palavras, comentando a respeito de minha formatura, perguntando também de sua amiga de viagens. Então, chamou-me de "pretinho de luxo", como ela havia me apelidado durante a minha infância. Depois disso, faleceu.

Conversei sobre esse episódio com um médico, que ligou o fato ao "canto dos cisnes", aparente esforço extremo do corpo humano, usando o restante de seu potencial vital para tentar reverter a finitude humana inexorável.

O "canto do cisne", expressão popular metafórica, surgiu na Grécia Antiga por volta do século III antes de Cristo, época em que viveram o físico Arquimedes e o rei Hierão, a partir de uma crença de que o cisne branco, mudo durante toda a vida, trinava uma bela canção no momento de sua morte. Atualmente, é sabido que os cisnes brancos não são mudos, emitem grunhidos e assobios, assim como não trinam uma bela canção ao morrerem.

A fé que deu origem à expressão foi denegada, porém a lenda permaneceu ao longo dos séculos e, ainda hoje, é usada para descrever a derradeira e suprema inspiração de um artista ou o último suspiro do doente terminal antes da morte. Durante a cerimônia de cremação e em todo o período de luto, meu coração permaneceu pesado, mas agradecido e sem culpa. A oportunidade de ouvir algumas de suas palavras, antes de morrer, foi dulcificante.

○—•—○

Meu pai viveu na chácara de Santana de Parnaíba, na companhia da mulher e com o acompanhamento constante dos familiares até o dia de sua morte. Ele sempre teve uma maneira decidida para resolver os assuntos aflitivos. Em certa ocasião, ele foi atacado por um galo velho e levou uma esporada que feriu sua perna; perseguiu o agressor por todo o terreno até cercá-lo e agarrá-lo. Em seguida, pisou nos dois pés do galo, segurou sua cabeça e esticou seu pescoço até a altura de seu próprio ombro; cozinhou-o, separou e secou suas pernas e pendurou-as na parede como recordação da desventura.

Em outra circunstância, seu cachorro, companheiro de muitos anos, adoeceu gravemente e não era possível a recuperação; meu pai levou-o até o meio do terreno, disse alto: "Adeus, amigo", e atirou na cabeça dele.

Quando sua mulher começou a apresentar os primeiros sintomas da doença de Alzheimer, ele até achava graça: brincava que ela havia saído do portão de camisola, que esquecia o nome dele, mas quando percebeu a gravidade da situação, com os lentos, mas persistentes sintomas, ele começou a entrar em depressão.

Seus filhos, preocupados com o estado de saúde da mãe, faziam visitas cada vez mais frequentes, no entanto, chegou o dia em que ela precisou ser internada numa clínica. Meu pai ficou grande parte do tempo sozinho na chácara e acabou fazendo o que eu sempre pressentira que ele faria: com a mesma arma que atingiu o cão, deu um tiro na própria cabeça. Fiquei abalado e muito triste com o trágico acontecimento, mas não surpreso. Nos anos e mais anos de "conversas ao pé do ouvido" que tivemos, à varanda da chácara, bebendo a cachaça Santa Margarida, chamada por ele de "a santa de sua devoção", eu sabia que existiam possibilidades concretas para que isso acontecesse.

○—●—○

Meu irmão, inventariante dos bens deixados por minha mãe, destinou provisoriamente e de imediato, com a concordância de todos, um imóvel para cada herdeiro; e a mim foi destinada uma casa na alameda dos Arapanés, no bairro de Moema. Por ser mais próxima ao centro da cidade, mudei-me com a família da casa da Granja Julieta, numa época em que o trajeto já não oferecia mais perigo em razão de minha abstinência.

O inventário dos bens da minha mãe, envolvendo quatro escritórios de advocacia, demandou catorze anos para ser concluído, por intermináveis oposições do caçula da família. Aos cuidados de uma única advogada parnaibana, o inventário dos bens deixados por meu pai demorou menos de seis meses para ser concluído e, após negociações com os demais herdeiros, coube a mim, como não poderia deixar de ser, a chácara de Santana de Parnaíba.

o—•—o

Algum tempo depois, houve um inesperado encontro num lugar expectável: local de votação para eleger o presidente de uma associação informal que defendia os interesses das empresas de engenharia prestadoras de serviços para órgãos públicos. Encontrei ali um grande amigo, engenheiro que trabalhou na empresa em que eu era estagiário, no meu primeiro emprego nas obras da Assembleia Legislativa do Ibirapuera. Depois da votação, resolvemos almoçar juntos e, durante a refeição, foi muito fácil identificar, no seu modo de falar, várias expressões bem conhecidas no âmbito da irmandade de AA. Lentamente ele foi descrevendo como a compulsão alcoólica metamorfoseou a sua vida até ser convertida em uma grave situação de "fundo de poço", felizmente, a tempo de ser resgatado e encaminhado a uma sala de AA, onde está, desde então, conseguindo a sua reabilitação. Foi um breve, mas contundente relato que escutei com serenidade, nos moldes do quinto passo; depois invertemos as posições, tornando-nos metaforicamente irmãos.

Ao final do agradável almoço, comentei que estava num período de desânimo, de falta de entusiasmo e que pretendia vender minha empresa de engenharia para fazer algo diferente do habitual. Ele comentou que a informação veio no momento certo e que logo eu teria notícias suas. Não demorou muito e ele pediu-me um portfólio bem detalhado de minha empresa, bem como o preço que almejava na negociação. A partir de então, acontecimentos surpreendentes, prazerosos e inesperados sucederam-se aceleradamente.

O processo de venda iniciou-se de imediato, e o contrato comercial foi formalizado rapidamente. Eu deveria ficar à disposição da construtora por três anos, até transferir todo o know-how, conjunto de conhecimentos práticos necessários à continuidade do trabalho que eu desenvolvia. Superando qualquer previsão otimista, os documentos técnicos em meu nome, utilizados nas concorrências públicas, proporcionaram para a construtora a conquista de uma obra importante de saneamento em menos de um ano. Bravo!

Pretendendo consolidar o bom momento que desfrutava, procurei um outro amigo de longa data, proprietário de uma importante empresa de engenharia, e propus a ele uma parceria na execução da obra conquistada, por meu intermédio, certo de que o sucesso nesse empreendimento propiciaria a mim a oportunidade de cruzar os céus do Brasil num jatinho particular, meio de transporte dos altos executivos da construtora.

Qual o quê! Meu amigo, absorto no próprio sucesso, deu importância zero às minhas pretensões; portanto, o resultado do empreendimento foi pífio e, além do mais, fui obrigado a ficar ouvindo, várias vezes, a notável trajetória de sua carreira, de suas realizações e de como havia conquistado uma enorme fortuna. Por que cargas d'água ele fez isso? Jactância?

Após os três anos ajustados no negócio, encontrava-me desobrigado, endinheirado, com o tempo livre e dispondo de um espaço muito bem localizado, na Vila Mariana, para qualquer propósito a que eu viesse me interessar. O talento de minha mãe por música, já que era professora de piano, e a agradável lembrança de suas interpretações de Chopin no velho piano do seu apartamento, condicionaram-me a aproveitar um pouco do tempo livre recém-adquirido para estudar piano com a antiga professora de meus três filhos.

No mesmo período, muito mais à vontade nas salas de Alcoólicos Anônimos, portava, sem embaraço, alguma partitura musical para ser corrigida durante as reuniões, plagiando um companheiro que sentava mais atrás e fazia o mesmo. Não demandou muito tempo para uma aproximação, em que fiquei sabendo que ele era músico e maestro, muito atuante nas décadas de 1960 e 1970, acompanhando músicos afamados em turnês pelo Brasil; ele também compunha e atuava em grupos musicais e cameratas.

Como acontece com quase todo dependente químico, viu sua promissora carreira ruir e, quando nos aproximamos, ele defendia o "pão nosso de cada dia" com aulas particulares de violão e com cachês pela apresentação em bares, clubes de jazz e nos teatros de pequenas cidades, tocando música popular e erudita.

Passamos a conversar muito sobre o assunto musical até o dia em que ele me convidou para uma apresentação sua em um bar exclusivo de música jazzística, mas todas as repetidas ofertas de bebida alcoólica grátis eram firmemente recusadas. Observei que seu domínio no violão e na guitarra elétrica era de excelente qualidade. Quando mencionei que tinha me aposentado e que dispunha de um espaço desocupado, grande e muito bem localizado na Vila Mariana, seus olhos revelaram uma personalidade visionária; queria conhecer o lugar o mais rapidamente possível.

No local devoluto em que minha pequena empresa funcionava com grande movimentação, vozerio e trabalho, meu companheiro vislumbrou salas de aula de interpretação musical, palco para a apresentação de conjuntos de câmara e até mostras de dança e teatro. Foi um encontro de duas personalidades opostas: o pragmático que se fundamenta naquilo que é conhecido, básico e costumeiro; e o utópico, com ideias aparentemente mirabolantes, fantasiosas e extravagantes.

Nas ocasiões em que conversávamos sobre esse e outros assuntos ligados à irmandade, aproveitávamos a oportunidade para dar longas voltas a pé pelas ruas da Vila Mariana. O visionário falava sem parar e o pragmático ficava a escutar, até que um dia coloquei "ordem na casa": quem saísse falando, voltava escutando e vice-versa. Numa dessas voltas, confessei, constrangido, que estava estudando piano e que a professora costumava fazer, na própria casa, uma apresentação dos alunos para as famílias, em que cada um poderia mostrar o progresso de seu aprendizado.

Eu tinha feito isso algumas vezes, sem problemas. Acontece que, desta vez, a apresentação seria pública, num dos átrios do Shopping Center Ibirapuera; e eu tocaria a Sonatina em Fá maior de Beethoven. Ensaiava compulsivamente e estava morrendo de medo. No dia anterior à apresentação, ele sugeriu que fôssemos até o local para que eu visse o piano, me acostumasse com ele, tocasse a nota fá várias vezes até me familiarizar com o seu tom; enquanto isso, eu calculava, apreensivo, o número de pessoas que caberiam no átrio, e não eram poucas. Ai de mim!

Foi então que ele me deu uma "dica de malandro musical", que foi muito útil: "Se você perder uma nota ou um período musical, evite o silêncio e toque qualquer coisa, que ninguém vai perceber. Aqui ninguém vai entender de música clássica!".

Na noite da apresentação, quando meu nome foi chamado, o átrio estava (para a alegria da professora e para o meu desapontamento) lotado de pessoas. Ao chegar a minha vez, fui em direção ao piano como os condenados se encaminhavam ao cadafalso. Sentei-me e coloquei um lenço entre as mãos suadas. A professora fez o anúncio e eu fiquei imóvel, branco total. Ela aproximou-se docemente enquanto a plateia fazia um silêncio apavorante e murmurou: "Fá, toca o fá!". Toquei-o três vezes e comecei vacilante, então, fui adquirindo confiança e a sonatina foi ganhando corpo.

Quando se aproximava do término, a ansiedade provocada por estar conseguindo tocar até o fim tomou conta de mim e desapareceram as notas para terminar a música; lembrei-me do conselho do companheiro e fiz uma sequência de arpejos aleatórios, desde as notas mais agudas até as mais graves, tocando qualquer nota, e finalizei com um acorde duplo, com os dez dedos em notas ao acaso, produzindo um som dissonante alto e forte.

O público aplaudiu com entusiasmo, a professora dirigiu-me um olhar enigmático e, logo que eu me reposicionei na roda formada pelos alunos, ainda tentando colocar de volta o coração no devido lugar no peito, notei um puxãozinho em minha calça. O mais novo dos alunos do grupo confidenciou-me, com as mãozinhas na boca, simulando segredo: "Tio, nesse final você arrasou!". Arrasei mesmo!

De qualquer forma, foi o sinal que estava faltando para decidir sobre a parceria com o companheiro músico e chegamos a um bom termo: ele poderia realizar seu sonho quimérico; e eu, capitalizado com a venda da empresa, iniciar uma fase inédita de "mecenas".

Mecenato é um termo que deriva do nome de Caio Mecenas, que viveu entre os anos 70 a.C. e 10 a.C. e foi um influente conselheiro do imperador Augusto. Mecenas formava grupos de intelectuais e poetas e deleitava-se ao sustentar suas produções artísticas.

Afinal de contas, o que teria eu a perder com essa aliança? O local continuava enrolado, numa renhida disputa entre herdeiros e não havia perspectiva de extinguir-se, ficaria ocioso por muito tempo e sob minha responsabilidade, o que não era vantajoso para mim. Ainda não havia a menor ideia do que fazer de minha vida de aposentado precoce e, sob a influência do sinal recebido, no final amaneirado da apresentação da Sonatina de Beethoven, resolvi aceitar o desafio.

Num piscar de olhos, o utópico companheiro viu a transformação de um almoxarifado em um palco com o piso elevado. Um escritório administrativo transformou-se em três salas de aula; e uma oficina mecânica converteu-se em um salão, cujas paredes tiveram os cantos devidamente arredondados, a fim de caracterizar um fundo infinito, técnica utilizada para dar a máxima atenção possível do observador ao objeto da ação, deixando o segundo plano um pouco menos nítido: ideal para aulas de fotografia e ensaios coletivos fotografados. Valha-me Deus!

À medida que os dias e meses foram se sucedendo, fui reparando que ele era uma pessoa muito engajada em uma certa classe de músicos e artistas que viveram seus tempos de notoriedade e que estavam para aposentar-se, dispondo de tempo e ânimo para se apresentarem em locais agradáveis, sem compromisso, com o propósito de manter circulando o sangue artístico em suas veias.

Certa vez, fomos assistir a uma apresentação da Orquestra Sinfônica Municipal, num afamado teatro de São Paulo e ele levou-me direto às coxias, onde os músicos estavam se preparando para a mostra. Exibindo muita intimidade com quase todos, foi apresentando-me como um pianista, seu amigo pessoal de longa data, proprietário de um imponente espaço pluricultural. Pianista de uma só sonatina e espaço cultural em fase de planejamento. Francamente!

Dessa forma, foram aparecendo e lentamente se engajando professores de multi-instrumentos, música, canto, arranjo musical, maestros, orientadoras de balé, produtores de teatro e até um renomado pintor, consagrado internacionalmente, que se propôs a ministrar oficinas de técnicas de pintura. Um grande amigo de juventude, cujo irmão morreu no trágico acidente aéreo de Orly, em 1973, teve uma presença relevante na divulgação gratuita dos eventos culturais e mostras do espaço cultural. Ele trabalhava na Editora Abril e tinha bom trânsito entre os editores da revista *Veja São Paulo*, importante veículo de difusão cultural daquela época. Rotineiramente enviávamos a programação das atividades culturais, que eram publicadas na revista da semana seguinte.

Sempre tive uma grande paixão pelo cinema e fiquei animado quando incorporamos ao nosso staff um professor de fotografia e um professor de produção cinematográfica, ambos originários dos primeiros filmes em preto e branco do tempo do cinema novo.

Quando surgiu uma oportunidade, arrisquei uma parceria informal com uma conhecida preparadora de elenco, para cinema e televisão e, depois de prolongadas negociações, ela transferiu-se com sua equipe e passou a ocupar um setor do espaço. Dispunha de secretária exclusiva e uma equipe própria para desenvolver seu trabalho. Não se imiscuía em atividades que não lhe diziam respeito e as práticas do centro cultural não intervinham em suas oficinas de interpretação.

Suas apresentações periódicas, para diretores e produtores de cinema, ocupavam todo o espaço, e as atividades rotineiras eram suspensas para o importante *happening*. Era uma verdadeira festa: no meio da aglomeração dos muitos convidados, ocorriam performances de alunos em vários pontos pré-selecionados do espaço. Assim que a projeção de luz era dirigida a um deles, nesses locais, a atuação do aluno era iniciada, só terminando com o lento escurecer da luz. Após algum tempo, a projeção era dirigida a outro ponto e uma nova performance era apresentada e, assim por diante, até o término da mostra.

Foi aprazível assistir, no meio do pátio escuro, à cena de um duelo entre duas alunas, corpulentas e sensuais, simulando espadachins medievais em luta. Cada vez que suas espadas se tocavam, provocavam um estridente som metálico e liberavam mil estilhaços de faíscas prateadas.

Foi no mesmo pátio escuro que acompanhei, curiosíssimo, a cena de um dublê, com fogo ateado ao corpo, despencar de cima do prédio da administração num colchão de água convenientemente escondido e sair correndo em chamas, bem perto dos espectadores, até desaparecer na esquina para ser "apagado" por três competentes assessores, munidos de extintores de incêndio. Foi uma fase muito intensa da minha trajetória de vida, na qual o novo começou a exercer hegemonia sobre o conhecido, de uma forma bastante contundente.

○—●—○

A família de minha esposa possuía um pequeno apartamento na cidade do Guarujá, no edifício Quebra Mar, localizado na praia de Pitangueiras, em frente a uma praça que, por sua vez, estava diante da praia. O apartamento necessitava de uma reforma radical e, durante algum tempo, dediquei-me a restaurá-lo, hospedado em uma pousada nas proximidades, até que se converteu num local agradável e charmoso, que, com o passar do tempo, seria meu lar alternativo.

Na noite da penúltima passagem de ano da década e do milênio, sentado ao lado de minha esposa na sala de visitas, a televisão ligada e o repetitivo e exagerado silvar do apito do guarda-noturno provocaram-me um repente de intensa nostalgia. Levantei-me serenamente e anunciei que estava indo para o apartamento do Guarujá. Foi a primeira de uma série de fugas geográficas empreendidas até que, definitivamente, mudei-me de fato para a cidade praiana, consolidando a nossa separação.

Não houve reação explícita, pedido de desculpas ou de esclarecimentos, apenas uma troca de olhares retratando que o que estava ocorrendo naquele momento já era esperado por ambos há muito tempo. A curta viagem para o Guarujá foi melancólica e pesarosa. Cheguei à cidade a tempo de mesclar o meu real sentimento de tristeza com a falsa alegria coletiva ao comemorar o término de mais um ano.

Com a mudança definitiva para o apartamento do Guarujá no horizonte próximo, tornava-se cada vez mais dificultosa a minha presença em São Paulo, principalmente por não se tratar de um comparecimento imprescindível para o meu sustento.

Minha dedicação aos grupos Jardins e Recanto foi lentamente transferida aos grupos Ilha de Santo Amaro, na avenida Santos Dumont, e Quero Viver, situado na parte de trás da Igreja Nossa Senhora de Fátima, no centro da cidade do Guarujá. Compreendi que o meu "ritual de passagem" havia atingido o seu objetivo e não havia motivo para estendê-lo por mais tempo. O novo estava novamente disponível e eu não podia perder mais oportunidades.

Algum tempo depois, o espaço cultural sofreu outra reestruturação e, mais uma vez, uma metamorfose; desta vez, na forma de uma clínica de desenvolvimento humano, que ajudei a construir e que passou a ser gerida por meu filho psicólogo.

Os ritos de passagem facilitam a nossa percepção no campo de atuação que ocupamos na sociedade, em cada momento da vida, simplificam a dinâmica de perdoarmos a nós mesmos e aos outros, permitem-nos a desvinculação do fardo acumulado no tempo transcorrido e nos revelam o caminho para pressentir o novo que está por vir.

Esse período de transição pode acontecer de forma consciente, com a assunção do domínio da própria vida e da tomada de decisões ao que nos diz respeito, ou pode passar ao largo da nossa percepção, acarretando-nos o acolhimento de uma vida instintiva, em que não há questionamentos de quem somos e o que estamos fazendo com a nossa vida.

O fim do mundo é um rito de passagem que preocupa muita gente e causa reações diversas em cada um: indiferença, medo, agitação, ansiedade. Tais comportamentos podem variar de acordo com a filosofia de vida de cada pessoa, com sua história, com sua crença.

Nas proximidades do fim da década de 1990, principalmente em meados de 1999, a onda de pânico foi se generalizando entre as populações, com a convicção de que o mundo iria se acabar no fim do milênio. Grupos de religiosos fundamentalistas, messiânicos, movimentos antissociais e amantes das conspirações semearam e propagaram a boataria. Houve pregações, grupos de apoio, comunidades para a reconstrução do mundo após o desastre; grupos organizados de pessoas que passariam juntos a virada do milênio ou o último momento; feirões para a venda de artigos, como moedas de ouro, fogão a lenha, armas, munições, comida e até livros-guia de sobrevivência à calamidade que estava para acontecer.

E não foram somente as pessoas de mente fraca ou pequenas empresas temendo perdas financeiras que se desesperaram. Governos de diversos países montaram comitês especiais de contingência de crise para monitorar anomalias, preparando medidas preventivas para saná-las. Entre essas previsões pessimistas, destacava-se a que estava sendo divulgada como o Bug do Milênio, ou erro fatal nos programas usados nos computadores no mundo inteiro.

Focando o olhar naquela atualidade, parece bobo e infantil tal sentimento, mas só quem viveu a virada do milênio conhece o vendaval que o bug acarretou, uma vez que foi a primeira previsão apocalíptica da era tecnológica e, também, um dos mais conhecidos da história contemporânea.

```
Na virada do ano 2000, previa-se que todos os computadores
seriam paralisados por um bug, termo que, em informáti-
ca, significa erro ou falha na execução de um programa.
```

Acreditava-se que, como a maioria dos computadores do mundo registrava, a partir de meados do século XX, datas de dois dígitos, inclusive para o ano, os sistemas entrariam em colapso por causa do 00 do novo ano. Assim como o 19 das datas referentes ao ano estava fixo à memória dos computadores, ao clicar o 00 do ano 2000, os computadores entenderiam que se tratava do ano 1900.

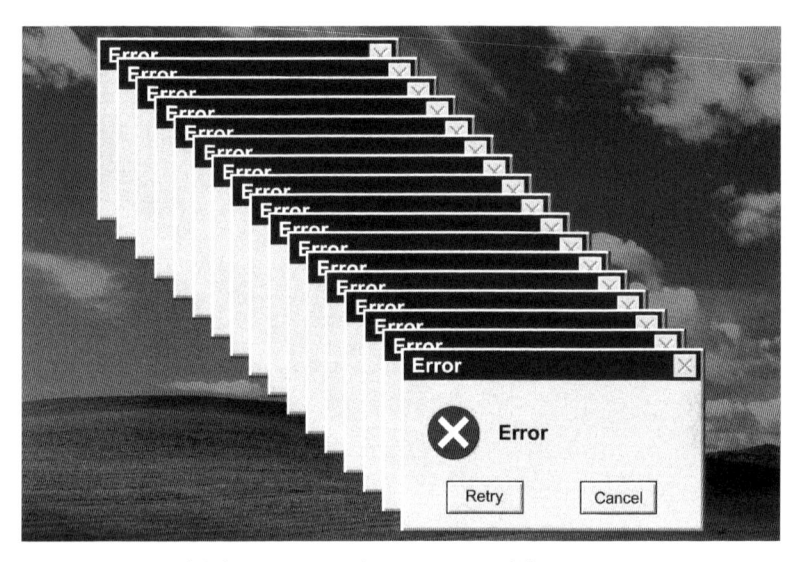

Bug do Milênio. E o mundo não se acabou! Crédito: Amanda Chagas

Lembro-me muito bem da confusão que gerou o preenchimento dos talões de cheque durante esse período e, da mesma forma, nos cheques estava registrado, no lugar da data, o 19 fixo no espaço reservado para o ano, o que suscitava dúvida se os cheques seriam validados ao desprezar-se o 19 e colocar-se 2000 em cima, rasurando o cheque.

No início da era da computação e padronização, no fim dos anos 1950, um procedimento foi fundamental ao entendimento desse problema do ano 2000: visando diminuir custos de hardware e enxugar o espaço da memória dos computadores, os programadores eram instruídos a economizar cada bit possível. Assim, um recurso que se adotou, de maneira geral, foi a abreviatura das datas, utilizando dois espaços para os dias, dois para os meses e dois para os anos, deixando fixo o 19 e flexibilizando o complemento do ano com apenas dois dígitos, economizando dois bytes cada vez que uma data era introduzida no sistema.

O problema central era a desconfiança geral de que esse padrão de datas não teria sido modificado, na totalidade dos sistemas do mundo, mesmo com o decorrer de décadas e, no instante da passagem do ano de 1999 para 2000, os computadores, com o 19 fixo na memória, entenderiam que se tratava do ano de 1900 e não 2000. Os sistemas seriam travados, ao mesmo tempo, com uma série de consequências imprevisíveis: explosões nucleares, controle de aeroportos em colapso com a queda em massa de aviões, sistemas bancários desconexos, fornecimento de água e energia elétrica em pane, enfim, o retorno à "idade das trevas".

Embora a onda de pânico generalizado tenha se instalado, as consequências do bug foram infinitamente menores do que se temia: os programas e sistemas mais modernos já estavam preparados e não sofreriam com esse defeito no código. De qualquer maneira, até hoje o assunto é motivo de confusão, curiosidade e informações desencontradas. Um fato é certo: na realidade, tratou-se do "blefe do milênio" e muita gente ganhou rios de dinheiro com o pânico alheio.

Passei a noite do último Natal da década na casa de meu primogênito, que havia se casado em agosto de 1998, e a passagem do último ano do século e do milênio no apartamento do Guarujá, sozinho, abstêmio, abonançado, esperançoso e solteirão.

○―●―○

O novo milênio começou com um "bug emocional" de proporções tão gigantescas quanto o anterior, só que desta vez nem foi "blefe" nem assustou milhões de pessoas. Foi autêntico, originou-se na parte mais recôndita da minha alma e envolveu somente duas pessoas.

Um reencontro ocasional, o vacilante dançar ao ritmo lento de músicas românticas, o roçar furtado e tímido no canto dos lábios, o beijo longo permitido e compartilhado foram ingredientes primordiais para o despertar inequívoco de uma paixão que, como um vírus em estado de latência, desabrochou de forma eletrizante, provocando sensações de leveza, como se meu cérebro tivesse liberado, em segundos, todas as emoções e sentimentos armazenados. O formigamento por todo o corpo manifestou-se numa linguagem corpórea que precedeu toda e qualquer expressão vocal.

Nada foi dito, avaliado, prometido ou planejado, mas eu sabia que a paixão perdida que, inconscientemente, procurava havia tanto tempo, tinha sido finalmente incorporada. Por um longo período, fiquei cético, sem saber se havia sido uma atração fundamentada ou se tratava-se de uma paixonite, empolgação alimentada por fogo de palha e que logo seria dissipada. Assim, deixei que a euforia fosse se instalando lentamente e tomando uma forma repleta de brandura e suavidade na minha mente confusa.

Minha dedicação ao programa de Alcoólicos Anônimos não sofreu descontinuidade, uma vez que ela gostou de assistir às reuniões, que, esporadicamente, frequentava na minha companhia. Com o decorrer do tempo, passamos a nos comportar como namorados, mas, como ela era muito retraída, ficamos por muito tempo numa situação de relacionamento incerto. Além do mais, ela morava em São Paulo, no bairro do Butantã, e eu no pequeno apartamento do Guarujá.

A situação começou a mudar quando, em julho de 2002, comprei um apartamento no edifício Orla, bem maior e na mesma praça em que estava localizado o anterior, só que mais perto da praia. Assim, sempre que possível, ela passava alguns dias no Guarujá; e eu, quando precisava ir a São Paulo, ficava aninhado no apartamento do Butantã. Percebi que essa situação não tinha nada de incerta e a falta de definição ou formalidade deixou de incomodar-me. Chegou o dia em que, independentemente de onde estivéssemos, ficávamos sempre juntos e inspirados pela paixão.

Dessa forma, após o decurso de três anos, surgiu uma oportunidade de negócio imobiliário e troquei o apartamento do edifício Orla por outro, mais central e perto de todos os recursos necessários para um morar tranquilo: supermercado, shopping, farmácia, cabeleireiro e, naturalmente, a praia de Pitangueiras.

O edifício Status, bem localizado na rua Quintino Bocaiúva, foi o local em que, pela primeira vez, mobiliamos e decoramos um lar compartilhado, fazendo-me sentir um homem casado pela segunda vez. É o local que ocupamos quando estamos na cidade.

Certo dia, ao final de uma das reuniões do grupo Ilha de Santo Amaro, um companheiro muito alto e magro, pintor de profissão, confidenciou-me: "Notei, pelos seus depoimentos, que você gosta muito de literatura do AA; o Grupo Doze Passos, em Santos, é ideal para esse modelo de reuniões".

Fomos conhecer o Grupo Doze Passos, com sede na rua Alexandre Herculano, no bairro do Boqueirão. Diferentemente do que ocorrera no Grupo Jardins, há dez anos, quando subira a escadaria tenso e apavorado, desta vez adentrei pela escadinha lateral confiante e entusiasmado. Ao atingir o patamar central da escada, já avistei no topo um armário com portinhas envidraçadas, exibindo estantes tomadas por livros da literatura de AA. No andar de cima, fui imediatamente abordado por um companheiro que fez as saudações habituais, perguntou-me se já pertencia à irmandade ou se estava procurando por informações.

Feitas as devidas apresentações, passei a observar o local: a metade de trás da sala, acessada pela escada, era destinada à parte administrativa, com a mesa do regra-três, que anotava presenças, contabilizava o dinheiro coletado e assessorava, a distância, o coordenador da reunião; um assento perto da mesa do regra-três era destinado ao companheiro recepcionista, que ficava sentado durante toda a reunião, aguardando a eventual chegada de um pretenso ingressante ou de visitantes. Uma grande mesa sem cadeiras era usada para servir o café e bolachas no intervalo das reuniões, atrás da qual, fixado na parede, distinguia-se um grande quadro de avisos; para completar, havia a saleta de abordagem e reuniões administrativas, a copa-cozinha e os banheiros masculino e feminino.

A metade da frente era destinada às reuniões do grupo. No formato "californiano" ou circular, a cadeira do coordenador ficava no meio da parede frontal, entre as duas janelas que davam para a rua, e não era diferente das cadeiras dos demais membros, que ficavam lado a lado, formando um quadrado arredondado. Nas laterais, mais acima, havia de um lado um quadro com a "Oração da Serenidade" e do outro a declaração "Eu sou Responsável".

Era o único grupo conhecido com sede alugada e, além da despesa com o aluguel, havia gastos com material de limpeza, café e biscoitos servidos no intervalo das reuniões e até com assinatura da *Vivência*, revista brasileira de Alcoólicos Anônimos.

Durante o período de minha permanência de quase cinco anos no grupo, nunca notei falta de dinheiro para as contas mensais, pois a meta sempre era atingida e até ultrapassada com a contribuição dos companheiros, em cumprimento à sétima tradição: "Todos os grupos deverão ser absolutamente autossuficientes, rejeitando quaisquer doações de fora".

Na parede lateral, havia banners com a transcrição dos Doze Passos, Doze Tradições e Doze Conceitos de Alcoólicos Anônimos. Espalhados discretamente pela sala, havia também vários bordões: "Evite o primeiro gole", "Só por hoje", "Viver e deixar viver".

O deslocamento diário do apartamento no Guarujá ao grupo Doze Passos, em Santos, era muito penoso, principalmente pela obrigatoriedade de se utilizar as balsas na travessia do estuário de Santos, entretanto, eu não esmoreci. Participei de quase todas as reuniões e apresentei meu depoimento pessoal quando convidado, comecei a fazer parte do rodízio de coordenadores, ocupei várias vezes a função de regra-três, anotando presenças e contabilizando as doações diárias, que eram entregues ao tesoureiro do grupo.

Minha grande frustração era não ter conseguido, embora com todo o conhecimento adquirido pela assídua frequência às reuniões e à literatura, realizar finalmente meu inventário moral. Dessa forma, continuaria a viver sóbrio, mas somente com a completude dos Doze Passos a almejada sobriedade plena seria adquirida, e ainda faltavam dois.

No grupo havia três gurus, velhos companheiros que não desempenhavam oficialmente nenhuma das funções rotineiras, porém muito respeitados, orientavam as atividades e participavam ativamente das reuniões de abordagem de novos ingressantes. Ao fim do segundo ano de permanência, fui convidado pelos gurus a desempenhar a importante função de tesoureiro e, no ano seguinte, para meu espanto, a função de coordenador geral do grupo.

Como coordenador geral, tive a *sui generis* oportunidade de administrar uma empresa de uma forma totalmente oposta àquela a que estava acostumado. Com o orgulho afastado e a humildade manifesta, aprendi a ouvir a todos com atenção, a assumir apenas atitudes compartilhadas e a só decidir por alguma ação ou mudança com a concordância da maioria inequívoca dos companheiros. Ao fim daquele ano, completei a obrigação assumida e retomei a minha rotina de membro habitual do grupo por mais algum tempo, quando, em outra estripulia do destino, fui morar em Florianópolis.

Uma viagem ao longínquo país da Tunísia, que minha mulher realizou com um grupo de pessoas, tirou-me da zona de conforto, para iniciar um novo e profundo ritual de passagem. Durante a inédita viagem, ela se aproximou e consumou fortes laços de amizade com alguns dos viajantes, dentre os quais uma jovem paulista, que estudava e morava em Florianópolis. Quando ela mencionou à nova amiga, durante as várias ocasiões em que puderam conversar a sós, que estava incomodada com a recorrência de uma forma de abscessos cutâneos, doença que havia se tornado crônica e que não conseguia debelar, ainda que com vários tratamentos e cirurgias a que fora submetida, a paulista afirmou que certamente ela encontraria a solução definitiva do problema em Florianópolis, com um pai de santo que conhecia. Assim, ofereceu-lhe seu apartamento, no bairro da Trindade, que se encontrava vazio, para uma estadia durante o tratamento.

Acreditando fielmente que minha companheira resolveria seu aflitivo problema, aguardei, com paciência, uma oportunidade de realizar uma viagem a Florianópolis para conhecer o babalorixá. Estava confiante, pois ainda estava nítida em minha memória a ocasião em que meu padrinho de crisma curou-me do eczema nas pernas, orando com um ramalhete de mato no pequeno córrego localizado nos fundos da chácara de Santana de Parnaíba. Portanto, logo que surgiu uma ocasião favorável, decidimos viajar de automóvel até a cidade, e de início nos hospedamos no Hotel Joaquina Beach, na praia da Joaquina, que eu há muito tempo desejava conhecer.

Não tardou muito e sua amiga apareceu no hotel para conversar; muito atenciosa, foi nossa guia pela cidade por alguns dias, enquanto minha companheira aguardava o dia da consulta com o pai de santo.

Nessa época o religioso atendia num pequeno templo no terreno da casa onde morava, na rodovia Baldicero Filomeno, na Freguesia do Ribeirão da Ilha, deliciosa comunidade situada ao sul da ilha, entre o morro e o mar, cujo centrinho lembrava muito o de Santana de Parnaíba, com seus casarios coloridos tombados pelo Patrimônio Histórico, a igreja matriz, a pracinha e o Centro Social.

A rodovia tornou-se conhecida por margear uma pequena parte do litoral catarinense, em um de seus trechos mais bonitos. Seu caminho segue rente e paralelamente à faixa litorânea, cercado pela Mata Atlântica, por mais de vinte quilômetros, em cujo caminho encontram-se várias pequenas comunidades praianas, entre as quais, a Freguesia do Ribeirão da Ilha. Distante 25 quilômetros do centro de Florianópolis, Ribeirão é o segundo distrito mais antigo da cidade, atrás de Santo Antônio de Lisboa, mais ao norte da ilha.

> Com suas águas plácidas, seu jeitinho de vila do interior, em que as pessoas andam devagar e tranquilas, além de seus inúmeros restaurantes especializados em frutos do mar, a freguesia é um lugar especial. Com a chegada de seis mil indivíduos do arquipélago dos Açores em Portugal, a localidade foi o núcleo da colonização açoriana nos séculos XVIII e XIX.
>
> Fundaram a Freguesia de Nossa Senhora da Lapa do Ribeirão defronte à fortaleza de Araçatuba, erguida em

1742 para defender a entrada da baía sul da ilha, em que, atualmente, encontra-se o município da Palhoça. A influência açoriana continua forte, com os casarios coloniais ainda preservados; em sua maioria geminados e dispostos em frente ao mar e ao redor da praça da igreja. Foi por volta de 1939 que a freguesia foi promovida a vila, donde provinham os alimentos enviados às tropas sediadas no forte.

Na época, destacava-se pelo cultivo de café, mandioca e cana-de-açúcar e, nas suas encostas, havia cultivo de milho, feijão, hortaliças e melancia. Até o início do século XX, era possível encontrar muitos engenhos de farinha na região, mas foi com o mar que seus habitantes criaram a maior simbiose, fazendo do Ribeirão o maior produtor de ostras do Brasil.

Construída em 1763 e sagrada em 1806, a Igreja Nossa Senhora da Lapa tem características externas preservadas até hoje, o que não ocorreu com seu interior, que sofreu desastradas intervenções. Ao lado direito da igreja, há a capelinha dedicada ao Divino Espírito Santo e, no esquerdo, há o cemitério do Ribeirão, em que, à vista das multicoloridas flores artificiais de seus jazigos, eu, sempre acompanhado de meu cão, passei várias horas dedicadas à meditação e a recordações durante a escrita deste inventário.

O trabalho preliminar da minha mulher junto ao pai de santo foi a realização da cerimônia do jogo de búzios dentro do pequeno templo, situado no terreno de sua residência. Na abertura cerimonial, o babá tocou algumas vezes o adjá (sineta), rezou e então saudou todos os orixás, estabelecendo, assim, sua comunicação com eles. A seguir, iniciou os arremessos à mesa, especialmente preparada com os colares de fios de contas, que representavam todos os orixás.

Questionou as divindades, que, agindo sobre o modo como os búzios se espalhavam na mesa, indicaram ao babalorixá a solução das questões que lhe foram apresentadas: o orixá de cabeça de minha esposa era Obá e, para a cura de sua doença, o trabalho identificado por ele poderia ser realizado em qualquer momento. Assim estabelecido, o babá, auxiliado por uma filha de santo das mais antigas e qualificadas, celebrou a cerimônia dentro do pequeno templo, com rituais característicos, oferendas e sacrifícios. Depois dessa cerimônia, minha esposa realizou alguns retornos, para a confirmação do tratamento, num dos quais, muito curioso, eu também joguei os búzios, descobrindo que o meu orixá de cabeça é Bará.

Passamos a visitar quase todos os recantos da cidade, encantando-me cada dia um pouco mais com o alto-astral que estava sentindo. A fé de que minha mulher seria curada, definitivamente, não me abrandou, nem por um instante, a forte convicção. Voltamos a São Paulo, mas sempre que possível passávamos uma temporada em Florianópolis, no apartamento da amiga, no hotel da praia da Joaquina ou nas pousadas do centrinho da Lagoa da Conceição.

Minha companheira foi se embrenhando, cada vez mais, nos vários aspectos da religião do babá; e eu, por minha vez, encontrei num simpático grupo de Alcoólicos Anônimos uma forma de não descontinuar minha recuperação, enquanto estivesse em Florianópolis. O Grupo Lagoa Serena ocupava, naquela época, uma das salas do Centro Cultural Bento Silvério, conhecido como "Casarão da Lagoa", ao lado da pracinha principal.

O tempo passou rapidamente e não houve mais recaída da doença que perturbava minha companheira; ela desejava permanecer por mais tempo em Ribeirão da Ilha, o que só seria possível se alugássemos ou comprássemos uma casa ali. Naquele tempo, a freguesia era basicamente composta de moradores nativos e, por esse motivo, era muito difícil alugar ou comprar uma moradia naquele local; por outro lado, eu não me sentia seguro em morar em locais afastados do centrinho, geralmente ermos; logo, teria de ser perto da igreja matriz e do Centro Social.

Como numa comunidade pequena não existe segredo, todos na Freguesia do Ribeirão sabiam que estava procurando uma casa; e, certo dia, quando me encontrava em São Paulo com a perna esquerda engessada por uma queda que havia sofrido, durante a reforma de uma casa pertencente à minha mulher, recebi um telefonema inesperado: fui advertido de que uma casa, na melhor parte da freguesia, estava à venda e que eu deveria retornar imediatamente ao Ribeirão se quisesse aproveitar a rara oportunidade. Mesmo com o pé esquerdo engessado, dirigi o carro de câmbio automático até Florianópolis e fui vê-la. Sem dúvida, era exatamente o que estávamos procurando.

Solicitei uma consulta urgente com o babá, que já havia desaconselhado, depois da consulta aos orixás, a compra de três casas que lhe havia apresentado; desta vez, por meio do jogo de búzios, afirmou que o caminho estava livre e que deveria comprá-la, o que foi feito ainda naquela semana.

Era uma casa de pescador, com um terreno excepcionalmente grande, uma vez que os lotes de fundo para a praia eram, em geral, muito pequenos. No terreno havia uma pequena casa em frente à rodovia e um grande barracão de barcos próximo à praia, ao lado de uma charmosa árvore chamada amendoeira ou chapéu-de-sol; necessitava de uma reforma radical, o que não era um grande problema para mim.

O Ilê de Xangô, templo que o babá estava construindo havia muito tempo, substituiu o caseiro e foi inaugurado num trecho da rodovia, ainda mais perto da casa que havíamos comprado. Diferentemente das conhecidas religiões do candomblé e da umbanda, a praticada pelo babá, chamada Nação, popularmente conhecida como Batuque, é mais comum no Rio Grande do Sul, e o trabalho que desempenha se caracteriza, exclusivamente, pelo culto aos orixás. Comecei a assistir continuadamente às cerimônias no ilê e gostava da movimentação, em roda, da dança dos filhos e filhas de santo, da incorporação dos orixás e, principalmente, das rezas referentes a cada orixá, obedecendo a uma ordem estabelecida, ao toque dos tambores do alabê.

Agradava-me, em especial, o fato de serem cantadas em iorubá, idioma da família nigero-congolesa. Não compreendia o que cantavam, como nas missas em latim de minha infância, nas quais também nada entendia, mas achava os rituais cada vez mais interessantes.

O abalê não é simplesmente um tamboreiro que sabe tocar o ilu (tambor) e cantar as rezas em iorubá; ele deve pertencer à religião com, pelo menos, o apronte de ori (cabeça) e o recebimento do axé (poder) para a função. Tem, ainda, a responsabilidade de trazer para o mundo os orixás evocados pelas rezas, e qualquer erro pode prejudicar a cerimônia. Por esse motivo, não se faz um abalê da noite para o dia, porque, além de conhecer os fundamentos da religião, é imprescindível que tenha respeito, humildade e amor pelo que faz.

> O salão principal do Ilê de Xangô é iluminado por doze lustres, cada um apresentando a figura de um dos orixás do batuque, pendurados numa sequência estabelecida, formando um círculo no teto com o mesmo diâmetro do piso do salão onde são realizadas as cerimônias. Na parte frontal, há um pequeno palco com o piso elevado, em que ficam os tambores do abalê e, no lado oposto, fica o altar principal e o quarto de santo anexo, nos quais são guardadas as obrigações de todos os filhos da casa. Entre os orixás não há hierarquia, nenhum é mais importante que o outro

e eles se complementam de acordo com as funções de cada um dentro do culto.

Bará, meu orixá de cabeça, por ter várias características pertencentes aos homens, apresenta-se como o mais humano, prestativo e presente. É guardião de todas as necessidades dos homens e deve ser o primeiro a ser servido, em qualquer obrigação, para que o ritual seja bem encaminhado. Nas raízes, está ligado ao culto masculino, pois, independentemente de suas qualidades, é associado à virilidade. Alupô, Bará!

Ogum é dono dos metais e senhor da guerra, modela as próprias ferramentas e ensina os homens a forjarem o ferro e o aço. Dono das armas, é invocado para vencer demandas, é protetor dos policiais e dos soldados, é dono do obé (facas de obrigações), por isso, sua reza vem logo após a do Bará, pois, sem ele, não tem como outros orixás serem feitos. É senhor da bebida alcoólica e esposo de Iansã. Diz o itón (lenda) que Iansã o traiu com Xangô, após embebedar Ogum com atã (bebida alcoólica). Ogunhê, Ogum!

Oiá é tradicionalmente conhecida por ser um orixá jovem. Adota o nome de Iansã quando está numa qualidade mais madura e, autoritária e sensual, é o primeiro orixá feminino a ser cultuado na hierarquia, antes de Xangô. Senhora dos ventos, raios e tempestades, diante de uma forte ventania, conta-se que Oiá está "abanando a saia". Rege a sexualidade feminina, a sedução e a paixão, é dona do teto e da panela; protege os desabrigados e os famintos; domina os eguns (espíritos dos mortos) e é evocada nas obrigações de alvoroço causado por espíritos não evoluídos. Epaeio, Oiá!

Xangô é o orixá assente do pai de santo e, por isso, dá nome a seu templo: "Ilê de Xangô". Conhecido como um dos orixás do batuque, na sua qualidade Agodô (o mais sábio), é sincretizado como São Jerônimo; na qualidade Aganju (o mais jovem), como São Miguel de Arcanjo e, na qualidade Aganju de Ibeji (criança), como Cosme e Damião. Orixá da justiça e das escritas, suas ferramentas são o machado de dois fios, o livro e a balança; o local das oferendas a Xangô é a pedreira, em especial, se for perto de algum rio ou praia. Na mitologia africana, Xangô teve três esposas: Oxum, Oiá e Obá; sua comida preferida é o amalá, preparado na base de pirão de farinha de mandioca, em que se adiciona molho de carne de peito bovino com mostarda e é oferecido numa gamela com bananas e maçãs.

Uma vez por ano, jogava búzios com o babá e, entre outras coisas, consultava-o sobre o caótico inventário dos bens deixados pelo meu avô materno, pois não acreditava que esse caso, algum dia, poderia ser solucionado, tal era a precariedade da relação entre os tios e os primos herdeiros. Contudo, quando Xangô era evocado, mostrava sempre o caminho livre para a resolução do problema que demorou catorze anos, mas a justiça foi feita e o problema foi resolvido. Kaô Kabecilê, Xangô!

Odé e Otim são orixás da fartura e dos excessos; divindades da caça, vivem nas florestas, são protetores dos caçadores em suas expedições. Os principais símbolos de Odé são o ofá (arco e flecha) e o irukerê (espanta eguns); os de Otim são o ofá (arco e flecha) e o ladugbo (cântaro); são inseparáveis e sempre cultuados juntos nas cerimônias. Existe um itón (lenda) em que Otim aparece como imaginação de Odé, que vivia sozinho na mata, criando Otim como sua melhor amiga; em outro, Odé aparece como irmão de Ogum e Bará e é casado com Otim, sua companheira inseparável. São guerreiros das matas, e suas rezas e danças conjuntas são as mais belas dos cultos, ocupando seus filhos com ágil movimentação de seus bodoques, lanças ou arcos. Oquebambo, Odé! Oquebambo, Otim!

Obá, orixá de cabeça de minha mulher, é associada às lutas e à "virilidade" feminina, seu culto é cheio de tabus e não é comum encontrar filhas de Obá no ilê. No passado, somente mulheres eram iniciadas e, durante suas rezas, os homens não tinham permissão para dançar. É associada ao orixá das rodas e do corte, traz consigo a navalha e o punhal, é companheira de Bará e uma das esposas de Xangô. De acordo com o itón (lenda), no intuito de agradar a Xangô, foi convencida por Oxum, uma das outras esposas, a cortar a própria orelha, por isso, nas suas rezas, as filhas de santo dançam com uma das mãos escondendo a orelha. É sempre evocada, em casos de brigas, visando o reequilíbrio emocional, e sua cor é rosa. Exó, Obá!

Ossanha é o senhor das folhas e plantas medicinais. Os ritos africanos começam com suas ervas, desde uma simples lavação de cabeça até o assente de orixás. Conta um itón (lenda) que Oiá abanou a saia e fez com que os ventos espalhassem as folhas, para que os demais orixás pudessem apoderar-se de algumas, mas foi inútil, porque apenas a Ossanha cabe liberar as propriedades mágicas das ervas. Relata-se, também, que o orixá teve uma das pernas amputadas e, por essa razão, quando manifestado numa cerimônia, dança e movimenta-se numa só perna. Eú, Eú, Ossanha!

Xapanã foi o orixá evocado para o tratamento da minha esposa. Senhor da saúde e das doenças, tanto pode curá-las como provocá-las. É o orixá da varíola e das doenças contagiosas, muitos o colocam como orixá do cemitério e da morte. É temido como o grande guerreiro, pois, além das guerras, traz epidemias e doenças, motivo pelo qual ficou vinculado às grandes catástrofes. Dono da vassoura, varre os males dos nossos caminhos e é sempre reverenciado na maioria dos trabalhos que envolvem limpezas mais complexas; nas danças, é sempre apresentado com a palha encobrindo as feridas de seu rosto guerreiro. Abáo, Xapanã!

Oxum é um dos orixás femininos mais cultuados do Brasil. Dona das águas doces e senhora do ouro e da riqueza, rege a fecundidade feminina, protege o feto e a gestação, é muito procurada por mulheres grávidas ou que desejam engravidar, em busca de proteção. Apresenta-se maternal e receptiva, mas tem seu lado guerreiro e altivo. Sua dança, sempre aspergindo perfume, é majestosa e com ritmo sinuoso leve, refletindo a sua beleza suave e magistral; também é responsável, junto a Xangô, pela mesa de Ibeji, uma das principais obrigações de aprontamento, para que os filhos tenham uma vida doce e próspera em sua jornada. Iêiêu, Oxum!

Iemanjá é a divindade das águas salgadas, dos mares e dos oceanos. Responsável pelo movimento das águas do mar, é protetora da vida e também deusa da pérola e defensora dos pescadores e marinheiros. Senhora dos lares, traz harmonia para toda a família e, como orixá do pensamento, soluciona problemas de depressão e instabilidade emocional. Enquanto Oxum está mais presente na energia da fecundidade, Iemanjá tem sua força na manutenção da consciência humana. Omiodô, Iemanjá!

Oxalá é o pai de todos os orixás e também dos mortais. Criador e administrador do universo, tem como características a paz e a harmonia espiritual. Quando moço, manifesta-se dançando como os outros orixás, mas em suas passagens como velho chega ao mundo arrastando-se, caminhando com dificuldade e, muitas vezes, fica parado, esperando auxílio de outros orixás. Em sua qualidade Oxalá de Orumilaia, é dono dos oráculos e da visão espiritual e, em consequência, do axé de búzios. Epaô Babá, Oxalá!

Ibeji são entidades gêmeas que formam um único orixá. A homenagem aos Ibeji, chamada de "mesa de Ibeji", consiste em acomodar uma toalha arreada ao chão, na qual crianças de até sete anos e mulheres grávidas são convidadas a comerem canjas feitas de aves que foram sacrificadas, doces de toda espécie e na qual também se encontram brinquedos e balas. Em geral, Xangô e Oxum ocupam seus filhos de santo para prestigiarem a cerimônia, não sendo comum a presença de outros orixás, por se tratar de um rito doce, em que a energia da fecundidade está muito presente.

Após frequentar o Ilê por longo tempo, minha companheira resolveu ingressar na religião como filha de santo e tornou-se a única Obá da casa. Por minha vez, satisfeito com meu desempenho espiritual nos grupos de AA, passei a frequentar o antigo e conhecido Grupo Tranquilidade, situado numa aconchegante casa térrea na rua Felipe Schmidt, no centro de Florianópolis.

Fundamentado apenas e tão somente pelas consequências da frutífera amizade entre minha companheira e a estudante catarinense, durante a viagem de ambas à longínqua Tunísia, em dezembro de 2000, na qual se conheceram, o curso natural de nossas vidas estava modificando-se a olhos vistos.

Minha mulher passou a fazer parte de um templo religioso afro-brasileiro, do qual, até essa ocasião, nunca tinha ouvido falar. Conseguiu debelar uma doença que a incomodou durante anos, sem intervenção cirúrgica ou medicamentosa. Adquirimos e assentamos residência em uma pequena comunidade açoriana de Florianópolis, cujos usos e costumes dos habitantes desconhecíamos, enfim, uma nova maneira de viver estava sendo sutilmente descortinada.

O primeiro desafio a enfrentar, nesse novo formato de viver, foi quebrar a resistência da melindrosa sociedade açoriana quanto à nossa presença em seu meio. Foi uma ação perseverante e contínua, que nos mostrou afinidade com algumas pessoas e tolerância com outras, entretanto, depois de algum tempo, cada um de nós, à sua moda, conseguiu conquistar inúmeras amizades.

A maioria dos moradores, de origem majoritariamente católica, tinha reserva em relação a tolerar a prática de religiões afro-brasileiras no meio social de sua comunidade. Assim, a primeira cerimônia pública de batuque que eu tive a oportunidade de acompanhar, a festa anual em homenagem ao orixá Iemanjá, foi realizada na praia, em frente à pracinha principal da freguesia.

A roda dos filhos e filhas de santo foi formada, incluindo minha mulher pela primeira vez e, ao som dos tambores, começaram a girar, dançar e cantar as rezas, evocando os orixás. Ao final da cerimônia, houve uma farta distribuição de frutas e doces. Observei que vários moradores ficaram muito reticentes a pegar alguma das iguarias, mas depois de muita insistência acabaram aceitando.

O maior transtorno a que fui obrigado a me submeter foi na área que mais conheço, ou seja, a reforma da casa. Encomendei o projeto de uma conhecida arquiteta, mas não consegui a aprovação legal, tal era a quantidade de documentos e certidões exigidos pela prefeitura. Fui informado de que edificações novas não eram aprovadas na região, por se tratar de área de proteção ambiental e cultural, além de ser em terreno de marinha.

Pequenas reformas eram toleradas, em prédios já existentes e, assim mesmo, com forte fiscalização da prefeitura; portanto, era por esse motivo que eu notara que a execução de pequenas obras era intensa aos fins de semana e à noite, evidentemente para fugir da fiscalização.

Não restava alternativa senão utilizar a pequena casa em frente à rodovia e a garagem de barcos diante da praia, de modo a convertê-las na morada dos sonhos de minha mulher. Dessa maneira, a reforma da casa da frente deu lugar a uma morada com três confortáveis dormitórios, banheiros e cozinha; e a arrojada reestruturação da garagem de barcos, não obstante a penalização com várias multas e embargos dos órgãos de controle, resultou numa magnífica edificação avarandada de dois pavimentos à beira-mar. Passamos então a dividir nosso dia a dia: uma temporada em Ribeirão da Ilha e outra no apartamento do Guarujá, com rápidas passagens por São Paulo.

Numa das reuniões do Grupo Doze Passos, em Santos, um companheiro muito querido comentou que ele e sua mulher fariam um cruzeiro marítimo pela costa brasileira e propôs-me que fôssemos com eles. Nunca havia entrado em um navio, e as novidades sempre me assustavam, porém, com o incentivo de minha mulher, aceitei o convite. Foi o primeiro de uma série de cruzeiros que comecei a engendrar e, também, a forma de conhecer a Europa sem depender muito das viagens aéreas, que sempre me deixavam estressado.

Nos anos seguintes e até recentemente fizemos inúmeras viagens à Europa, sempre com uma das travessias por via marítima. Eu relaxava um pouco quando estava a bordo, preocupava-me nos trechos terrestres e exasperava-me nos trechos aéreos.

Não obstante as inúmeras viagens anuais que passamos a realizar, cada vez mais distantes e prolongadas, não conseguia desfrutar convenientemente do relaxamento que essa agradável atividade deveria me proporcionar. Vivia continuamente preocupado pela possibilidade de perder-me de minha mulher, ou de me atrasar no horário da partida do navio nos portos, ou de necessitarmos de atendimento médico em algum lugar despovoado. Sentia muito medo, e os pesadelos me aterrorizavam, mas tentava não estragar o programa da esposa; no entanto, infelizmente, novos horizontes e novas gasturas!

Confiante de que morar definitivamente em Ribeirão da Ilha estava se tornando uma realidade em curto prazo, procedi à outra reforma, aproveitando o que fora feito anos atrás, para deixar a casa definitivamente confortável, aconchegante e funcional. Assim, entre outras melhorias, decorei a parte de cima do sobrado à beira-mar com uma sala de televisão e uma pequena academia de ginástica, equipada com esteira ergométrica, espaldar fixo na parede, bolas infláveis e vários pesos. Contratei uma fisioterapeuta e iniciei um período de exercícios visando uma vida mais saudável.

Muito motivado, praticava exercícios regularmente há mais de um ano, caminhando velozmente ou correndo na esteira ergométrica. No começo de novembro de 2017, contudo, comecei a sentir dor na região lombar. Desconfiei de que a dor poderia ser proveniente de deslocamento de pedras no rim... Ora bolas, esse é o início da história que comecei a contar na abertura desta narrativa. Caramba!

POSFÁCIO

Termino no dia do meu aniversário, 20 de junho de 2019. Hoje. Daqui a quatro dias será o aniversário da minha tia, vizinha de minha mãe durante a minha infância. Cento e um anos. Mais de um século. É a tia que vai morrer por último!

Nessa quinta-feira, feriado de Corpus Christi, completo 76 anos de existência, dos quais 27 anos foram compartilhados com os vários grupos de AA que tive a oportunidade de conhecer. Mantive a total abstinência de álcool desde o dia que entrei na atmosfera esfumaçada da sala do Grupo Jardins em 1992. A sobriedade e relativa serenidade só alcancei neste último ano, decerto em função do trabalho psicológico a que me submeti com todo o entusiasmo e, em especial, pelo inventário moral, minucioso e destemido que finalmente consegui escrever.

Minha mulher continua como a única filha de Obá no Ilê de Xangô, ainda que passados catorze anos de seu bori (iniciação na religião), cujo intuito é despertar ou aproximar seu orixá, de modo que tal divindade possa atuar na sua vida, protegendo-a.

Recentemente regressamos de uma viagem a Portugal. Fui prestigiar meu filho psicólogo na defesa de um doutorado em filosofia na Universidade de Évora. Aproveitei a estada na Europa para dar uma esticada até Paris, cidade que não conhecia e que desejava há muito tempo visitar.

A emoção de estar sereno, no retorno de uma viagem aérea a Lisboa e depois a Paris, é nova para mim, embora tenha o conhecimento de que, para a maioria dos turistas, trata-se de um fato corriqueiro. Constatar que, durante este último ano, não consultei médicos, não fui a hospitais e não me preocupei com doenças, fatos triviais para a maioria dos mortais, foi uma conquista para um ser humano medroso e hipocondríaco desde a maioridade, enfim, a sensação de sentir-me "normal" às vésperas de completar 76 anos está sendo uma experiência prazerosa.

No fim da tarde, convidei meu cão a um passeio extra até o largo da igreja, com o intuito de apreciar, de um local mais privilegiado, o sublime pôr do sol que minguava no horizonte. Liberto de ansiedade e angústia, meu coração agradecido ficou propenso a estimular meu cérebro a produzir os hormônios necessários para sentir-me uma pessoa alegre e feliz com os acontecimentos do último ano.

Não foram poucas as vezes em que acordei assustado, suando em bicas e com o coração disparado, estimulando os mensageiros químicos a produzirem mais e mais suores, até me deixarem completamente encharcado. Sempre permanecia estático por alguns segundos até me conscientizar de que se tratava do pesadelo recorrente: encontro-me perdido no meio da noite chuvosa, dirigindo um carro velho por uma estrada estreita, esburacada e sombria, passando por várias comunidades sinistras e desertas, rumo à subida de uma ladeira íngreme. Ao chegar ao topo, vejo que a estrada se divide em dois atalhos: um desaparece subitamente, no meio do mato; e o outro segue ladeira abaixo, serpenteando até onde a vista alcança. E com frequência desperto apavorado, avistando os dois atalhos, sem ter decidido ainda que caminho tomar.

Ao terminar esta obra que, ao longo de um ano, iniciou-se na escrita de uma regressão temporal psicológica e foi se transformando num minucioso inventário moral e histórico da minha vida, dou asas à minha fértil imaginação, parodiando de uma maneira fantasiosa os pesadelos recorrentes, metamorfoseando a pequena colina na qual me encontro, numa montanha formada por uma imensidão emaranhada de letras, frases, números e símbolos, a que cheguei depois de percorrer caminhos desconhecidos, repletos de sinais, placas, indicações, restrições e proibições.

Contemplando o pôr do sol por detrás dos casarios coloridos da freguesia e absorto na situação ilusória que, momentaneamente, suplantou a real, assustei-me, retirado do transe de forma súbita, quando uma conhecida garota nativa tocou meu braço e perguntou-me baixinho:

— Que há com o senhor?

— Estou com uma gastura — respondi.

— O que é gastura?

— Gastura é alguma coisa aqui — falei, com a mão no peito e uma fisionomia aflita.

Intuitivamente eu sabia que o aperto no coração e o vazio no peito repercutiam a perspectiva de que, do outro lado dessa paisagem imaginária, um dos caminhos poderia levar-me à publicação deste inventário, transformando-o num livro. Gastura literária!

Esta obra foi composta em Adobe Garamond Pro 13,2 pt e impressa em papel Polen Natural 80 g/m² pela gráfica Digitop.